贵州大学民族学人类学长江学者创新团队学术文库

本书为贵州省第六次人口普查资料开发项目"贵州省少数民族人口变动研究"、贵州大学奖励性科研项目"贵州民族人口与发展问题研究"(GDZX2015023)和贵州大学"民族学重点学科群建设资助项目"的成果总汇

贵州省少数民族人口与经济社会发展问题研究

杨军昌 杨应旭 常岚 / 著

知识产权出版社
全国百佳图书出版单位

图书在版编目(CIP)数据

贵州省少数民族人口与经济社会发展问题研究/杨军昌,杨应旭,常岚著.—北京:知识产权出版社,2016.11
ISBN 978-7-5130-4589-6

Ⅰ.①贵… Ⅱ.①杨…②杨…③常… Ⅲ.①少数民族—人口—研究—贵州②少数民族—民族地区经济—区域经济发展—研究—贵州③少数民族—民族地区—社会发展—研究—贵州 Ⅳ.①C924.247.3 ②F127.73

中国版本图书馆CIP数据核字(2016)第276629号

内容提要

本书立足于历次人口普查关于贵州省少数民族人口的资料实情,在人口学、民族学等学科理论指导下,就贵州少数民族人口数量变动、地区分布、婚姻家庭、出生率与死亡率、人口构成、人口现代化以及待识别人们共同体、人口与经济、人口与资源环境等进行了较为系统、深入的研究,对于政府决策、相关研究及贵州民族人口自身的现代化发展具有一定的参考价值。

责任编辑:王 辉　　　　　　责任出版:孙婷婷

贵州省少数民族人口与经济社会发展问题研究
GUIZHOUSHENG SHAOSHU MINZU RENKOU YU JINGJI SHEHUI FAZHAN WENTI YANJIU

杨军昌　杨应旭　常岚　著

出版发行:	知识产权出版社有限责任公司	网　址:	http://www.ipph.cn	
电　话:	010-82004826		http://www.laichushu.com	
社　址:	北京市海淀区西外太平庄55号	邮　编:	100081	
责编电话:	010-82000860转8381	责编邮箱:	wanghui@cnipr.com	
发行电话:	010-82000860转8101/8029	发行传真:	010-82000893/82003279	
印　刷:	北京中献拓方科技发展有限公司	经　销:	新华书店及相关销售网点	
开　本:	720 mm×1000 mm　1/16	印　张:	17.5	
版　次:	2016年11月第1版	印　次:	2016年11月第1次印刷	
字　数:	280千字	定　价:	56.00元	

ISBN 978-7-5130-4589-6

出版权专有　侵权必究
如有印装质量问题,本社负责调换。

贵州大学民族学人类学长江学者创新团队学术文库

编委会

主编：纳日碧力戈

委员（按姓名汉语拼音首字母为序）：

封孝伦　黄才贵　刘　锋　罗正副

石朝江　陶渝苏　杨军昌　杨培德

杨庭硕　杨志强　张　晓

贵州大学民族学人类学长江学者
创新团队学术文库总序

2009年7月,我作为全国人类学民族学领域首位长江学者与时任贵州大学校长的陈叔平教授签约,贵州大学民族学人类学长江学者创新研究团队正式成立。从2001—2005年,我在美国卡尔顿学院先后任"弗里曼人类学访问教授"和"珍妮-拉斐尔·伯恩斯坦东亚研究与人类学访问教授",并于2005—2009年就任"珍妮-拉斐尔·伯恩斯坦东亚研究与人类学讲座教授",讲授文化人类学系列课程,从2001—2009年,前后居留美国八年有余,归国怀旧,感慨万千,就任长江学者之际,深知责任重大,遂于"长江学者致辞"中写道:

贵州人杰地灵,物产丰富,民族众多,社会与自然构成天人合一的生态系统。民族学家和人类学家杨汉先、鲍克兰、吴泽霖、陈国钧、罗荣宗等,在这里深入田野,开展研究,从学术角度彰显了"各美其美,美人之美"的人文精神。

在全球化和数字化的时代背景下,民族共生成为常态。它是人与自然和谐相处的社会隐喻,也是社会良性运转的政治体现。市场经济的无限制发展已经带来社会和文化的种种危机,与高速发展之后的价值真空和贫富不均相对应,各种版本的民族主义升温,试图把社会和经济问题与民族问题挂钩。多民族的中国也面临着同样的挑战。保持可持续社会进步,促进民族和谐,更加凸显为国家大事。过去的中国民族经验大多建立在北方模式和自治区模式之上,而基于山地民族学人类学研究的贵州经验,却没有得到国家民族话语的应有关注。

可以肯定,在注重文明生态的当今世界,贵州经验必将成为国家民族经验的重要补充。贵州山地人与社会、人与自然的大生态共生经验,可供中国乃至世界借鉴。民族学人类学意义上的贵州经验必将走向全国,走向世界,走向未来。

三年多过去了,在贵州大学尤其是人文学院的全面支持下,经过大家共同努力,团队取得了显著成就,基本实现既定目标。2011年9月,我们整合内部资源,借助本校生态学一级学科博士点的优势,论证并确立了"生态民族学"这一目录外交叉二级学科,向教育部申请博士学位授权点,并成功获批。纳日碧力戈、封孝伦、刘锋被遴选为"生态民族学"第一批博士研究生导师,于2012年正式开始对外招收博士研究生。我和团队在学校及人文学院的大力支持下,在贵州大学原有民族学二级学科硕士点的基础上,经过反复深入的研究和论证,向教育部申报民族学一级学科硕士学位授权点,于2011年3月成功获批。2011年4月,以民族学人类学长江学者团队为支撑的民族学学科正式被遴选为贵州省首批特色重点学科。2011年6月,在人文学院挂牌成立"贵州大学民族学人类学研究中心",由我担任中心主任。作为核心平台,该中心负责统筹我校民族学人类学学科建设和人才培养相关的各项工作。2010年1月,由我出面组织长江学者创新研究团队相关成员组成专家团队,以《中国各民族的国家认同研究》为题申报国家社科基金重点项目,成功获得立项,在项目组成员的共同努力下,已经完成研究和撰写工作,进入了结项阶段。最后,长江学者团队还多次举办校内外的学术研讨会,学术访问和学术交流空前活跃,除完成并发表大量学术论文之外,还按照计划完成并出版《西南地区多民族和谐共生关系研究》文集(纳日碧力戈、杨正文、彭文斌主编,贵州大学出版社2012年版),完成并准备出版《中国各民族的国家认同》项目成果,完成并即将出版《贵州大学民族学人类学长江学者创新团队学术文库》中的6部书稿。

民族学人类学是沟通的学问,要沟通不同的语言、不同的文化、不同的认知、不同的观点、不同的价值、不同的实践、不同的人群、不同的国度、不同的世界;既注重中层的相对,尊重和理解本土人的社会文化,从本土人的观点看问题,也注重高层的普遍,追求人类心理的一致性,承认生命与非生命的现实关联,相信跨越各种界限的"重叠共识"。民族学人类学的关怀在于统一合理性、正义、伦理和美德,兼顾相对于普遍,发展对立统一价值观,建设"美美与共"的认知和实践体系。

中国古人讲形气神勾连,社会生活的建设要兼顾形气神,尤其注重三元互动,不能把"形"和"神"分割开来,造成"形枯""气滞""神衰"的忧患。来自"田野"的物象和物觉要重新撞击"城市"的心智和灵魂,产生丰富多彩的语言,发出万众高歌的和声,让图像和文本不断交融,让天地重新相通,让巴别塔最终建成。

本文库为贵州大学民族学人类学长江学者创新研究团队成员的协力之作,是三年来大家投身田野、勤奋研究的重要成果。由于团队成员来自不同学科背景,各位作者写作风格不尽相同,但是我们原来就秉持"美美与共"的合作初衷,何况跨学科研究也是国内外学界的共识,这叫作"千灯互照,光光交彻"。

最后,谨借此机会感谢贵州大学民族学人类学长江学者创新团队成员的无私合作,感谢贵州大学各级管理部门及其领导对于我们团队的全面支持,尤其感谢贵州大学人文学院对于我们团队坚定不移、方方面面的慷慨投入和组织管理上的全面支持。

纳日碧力戈 2012 年 12 月 9 日谨识于贵大校园

前　言

人口是社会物质生活的必要条件,是社会生产行为的基础和主体。人口问题涉及人口的数量、质量、分布和结构等因素,是一个复杂的系统工程。从数量上准确把握人口发展各项指标的现状、差异及趋势,对于制订与社会经济发展协调的、科学的人口发展计划有着决定性的意义。民族人口问题,亦即少数民族人口问题,是国家关注的重大问题之一,其与社会、经济的发展密切相关,直接关系国家的安全稳定民族间的团结与社会的和谐发展。除了广泛的人口问题研究议题外,民族人口还有它独特的研究面:民族文化、地区生态环境、生计方式、自然灾害、贫困与反贫困、习俗观念等在很大程度上影响着少数民族聚集地人口的发展,而民族人口问题的实质既是民族地区事关人口与社会、经济、资源、环境协调、可持续发展的问题,又是一个事关民族团结与共同发展繁荣,实现边疆安全与社会稳定的重大问题,因而一直为国家高度重视。

有学者曾这样说过,中国的任何问题都能从人口数量规模上找到答案。我国大部分少数民族地区生态环境脆弱,自然资源相对分布不平衡,经济发展的基础薄弱,制约少数民族地区的发展,是问题的一个方面;从发展的主体——少数民族人口来看,人口本身的问题又是至关重要的另一方面。少数民族地区人口问题的解决程度,直接关系着民族社会的稳定和繁荣。

不同时期的民族人口发展状况是我国在不同时期制定与完善民族人口政策的重要依据。坚持计划生育的基本国策,提高出生人口素质,逐步完善生育政策,促进人口长期均衡发展,是我国人口政策的方向引领。新的时期,适时完善民族人口政策,注重民族人口的数量、质量、结构等各要素的内部均衡,以及民族人口与资源环境的协调可持续发展,促进民族人口长期均衡、和谐发展,是新时期我国经济社会健康发展的重要保障。

贵州是多民族世居而又没有平原支撑的高原山地省份,是中国民族人口大省之一,也是国家高度关注的欠发达民族省区。新中国成立近70年来,中共贵州省委、贵州省人民政府及贵州民族自治地区认真贯彻落实党和国家的民族政策,围绕团结、稳定、进步这个主题,大力发展民族地区政治、经济和文化,巩固和发展平等、团结、互助的社会主义新型民族关系,民族地区经济不断得到发展,社会各项事业取得了显著的成绩。但由于历史、社会、自然等各方面的原因,总体仍处于欠发达的状态。而在人口上,"六普"时,在全省常住人口中,少数民族人口1255万人,占总人口的36.11%,少数民族的人口总量在全国位居第四,比重位居第五,在我国56个民族中,除塔吉克族和乌孜别克族外在贵州省均有居住。

贵州民族人口问题与贵州经济社会发展关系密切,抑或是其总量的变动、结构的变化,或是其经济社会行为的变迁、迁移流动的加剧等,既深深影响着民族人口自身的发展,又对所在区域方方面面的变革产生持续不断而又相辅相依的影响力。作为一个多民族聚居而又欠发达的省份,贵州民族人口问题始终与民族平等团结共同发展繁荣、后发赶超同步小康、精准扶贫发展经济、社会和谐生态良好等交织共进,紧密相连。普查数据显现的贵州省民族人口发展存在的系列问题:民族人口增长快、比重大,同时内部差异显著;人口结构问题日益凸显,人口性别比整体偏高,总体上已步入老龄化社会,"未富先老"现象突出;人口素质虽有显著提高,但整体水平仍然较低,人均受教育年限、平均预期寿命低于全国均值;人口经济密度小,贫困人口数量大;待识别民族人口为全国最多;人口经济总量不足;人口对资源环境的压力长期处于高位态势;人口现代化进程不容乐观。等等诸端问题,影响着贵州全面进入小康社会和实现现代化的进程。因此,重视对贵州民族人口与经济社会发展问题的研究,其意义与价值无疑十分重大,具体在于:可为政府决策提供参考素材;直接服务于民族人口均衡发展工作;利于推进贵州全面小康建设实现的进程和促进贵州人口安全环境的建构;利于贵州民族地区的人口与资源、环境、经济、社会的协调发展和可持续发展;还可推动贵州民族人口文化的时代建构与发展创新。

本书为贵州省2010年第六次人口普查资料开发课题和贵州大学人文社科奖励性课题的成果汇集。我们在研究中,立足于历次人口普查中关于贵州省民族人口的实情,在人口学、民族学等理论指导下,力图综合、全面、系统、深入地就贵州民族人口与发展问题进行较为系统的研究。研究的基本思路是运用辩证唯物主义和历史唯物主义的方法,在对已有研究对象的历史和现状资料进行系统、全面的收集并对之全面把握和消化基础上,根据研究方案进行较为系统研究,力图展示贵州民族人口发展的历程与规律,揭示其与经济社会、资源环境的关系及其影响,并在现代化的语境下,思考贵州民族人口发展的方向与路径,以为政府决策、相关研究及民族人口自身的现代化发展提供积极的参考素材。

学术研究的生命力在于分析问题、揭示规律、指导实践。因此,本书的每一章都力求在方法上做到理论、方法与资治目的兼容,在阐述事实、分析现象的基础上发表见解,阐述观点。由于研究者智低识短、思浅力微而使其中肤浅、片面、疏漏等不足较多存在,但作为一家之说,代表了研究者对贵州民族人口与发展问题的关注与情结,对贵州民族人口实现长期均衡、和谐发展的期盼,以及为贵州少数民族和民族共同发展繁荣以尽绵薄之力的良好愿望。在此,期待此书能引发人们更加关注民族人口与发展领域的相关问题,并开展积极的研究与实务工作,更期待贤者识者对本书批评指正,不吝赐教,以帮助我们能在该领域研究的道路上走得更远、更好。

目 录

第一章 绪 论 ··· 1
  第一节 研究背景 ·· 1
  第二节 文献综述 ·· 5

第二章 贵州少数民族人口数量的变动历程与分析 ······················· 15
  第一节 贵州少数民族人口变动史迹 ·· 15
  第二节 明代以来贵州人口记载数量变动 ································ 18
  第三节 新中国成立后贵州少数民族人口数量变动 ················ 30
  第四节 贵州少数民族人口数量变动原因分析 ························ 41

第三章 贵州少数民族人口的地区分布 ·· 48
  第一节 各民族人口的行政区域分布 ·· 48
  第二节 贵州少数民族人口城乡分布 ·· 54
  第三节 贵州民族自治地区人口密度 ·· 58
  第四节 各民族人口地区分布状况分析 ···································· 61

第四章 贵州少数民族婚姻家庭 ·· 67
  第一节 婚姻制度与习俗 ·· 67
  第二节 家庭组织及其变动 ·· 83
  第三节 婚姻家庭状况 ·· 88

第五章 贵州少数民族人口出生率与死亡率 ································ 97
  第一节 人口出生率与妇女生育率 ·· 97
  第二节 死亡率与平均预期寿命 ·· 119

第六章　贵州少数民族人口构成 ……………………………………… 132
第一节　贵州少数民族人口的性别构成 ………………………… 132
第二节　贵州少数民族人口的年龄构成 ………………………… 143
第三节　贵州少数民族人口的社会经济构成 …………………… 155

第七章　贵州少数民族人口与经济发展 ………………………………… 170
第一节　贵州少数民族人口与经济变动回顾 …………………… 170
第二节　贵州少数民族人口与经济发展的当代分析 …………… 174

第八章　贵州少数民族人口与资源环境 ………………………………… 193
第一节　贵州少数民族人口生态观与生态行为 ………………… 193
第二节　贵州少数民族人口发展的环境条件及其相互影响 …… 198

第九章　贵州未识别人们共同体的现状与讨论 ………………………… 210
第一节　民国政府对贵州少数民族的调查 ……………………… 210
第二节　新中国成立后贵州民族识别的历史回顾 ……………… 213
第三节　当前贵州未识别民族的地理分布 ……………………… 217
第四节　贵州待识别民族人口众多的原因 ……………………… 224

第十章　贵州少数民族人口发展预测与分析 …………………………… 229
第一节　研究方法简介 …………………………………………… 229
第二节　贵州少数民族人口预测 ………………………………… 230
第三节　预测结果分析讨论 ……………………………………… 236

第十一章　贵州少数民族人口现代化基本战略与实现路径 …………… 238
第一节　少数民族人口现代化基本战略 ………………………… 239
第二节　贵州民族人口现代化实现路径 ………………………… 243

参考文献 ………………………………………………………………………… 252

后　记 …………………………………………………………………………… 260

第一章 绪 论

第一节 研究背景

我国是一个拥有56个民族的统一的多民族国家,是世界上最大的人口国,目前人口达13.75亿人,占世界人口约1/5。我国56个民族都是中华民族大家庭的一员,促进各民族共同团结奋斗、共同繁荣发展是我国政府既定的发展目标。然而,中国是一个内部社会经济发展不平衡的发展中国家,我们可以清晰地看到中国在城乡与区域之间存在的方方面面的差异。其中在人口发展上我国少数民族与汉族之间人口发展存在着较大差异,从1953年第一次全国人口普查到2010年第六次全国人口普查,我国总人口增加近73778万人,其中少数民族人口增加近7847万人,占总人口比重由6.06%上升到8.49%,增加了2.43个百分点。各少数民族之间人口发展也不平衡,有的民族如朝鲜族在2010年自增率已为-0.51%,有的如维吾尔族、阿昌族等还在15%以上。民族地区的人口问题伴随着社会经济的发展日益凸显,尤其是老年化进程加快、出生性别比严重失调、受教育程度偏低、人地矛盾突出、贫困人口比例大等正严重制约着民族地区的发展和进步,并直接影响到区域乃至全国全面建设小康和构建社会主义和谐社会大局的进程,因而愈益受到社会各界的关注和重视。

长期以来,中国民族人口分布形成了一个最基本的地理格局,主要集中在西部及边疆地区:广西、云南、贵州、新疆4个省区的少数民族人口之和占全国少数民族人口的一半以上,加上辽宁、湖南、内蒙古、四川、河北、湖北、西藏、吉林、青海、甘肃、重庆和宁夏,16个省区的少数民族人口占全国少数民族人口的91.32%。在中国 18000 千米的大陆海岸线上,民族自治地方仅占 9%;而在 22800 千米的陆地国界线上,民族自治地方却占了 85%。

从我国少数民族主要聚居的西北和西南来看,西北地区干旱缺水,土地破碎,荒漠化现象严重;西南地区地貌复杂多样,地形崎岖陡峭,高寒缺氧地域广布。这些地区面积广大,资源丰富,但同时大部分地区生态环境脆弱,自然资源相对分布不平衡,经济发展处于相对落后和缓慢的状况。

在 20 世纪 50 年代之前,少数民族的人口增长速度较汉族人口相对缓慢,之后增长势头开始加快,加上与汉族相比差异化的生育政策的影响,少数民族人口增长颇为明显,同时其分布和流动也发生了一定的变动。从统计资料可知,新中国成立后,我国民族人口数量增长迅速,增长幅度一直高于全国平均水平。1953—1964 年少数民族净增人口 456.4 万人,平均每年增加 41.49 万人,平均每年递增为 1.11%。1964—1982 年净增人口 2735.5 万人,平均每年增加 151.97 万人,平均每年递增 2.94%。1982—1990 年净增人口 2408.5 万人,平均每年增加 301.06 万人,平均每年递增 3.90%。2000 年后,民族人口增长势头不减。2000 年在 1990 年 9132.31 万人基础上,突破了 1 亿大关,达 10522.60 万人,10 年间年均增长率为 15.22%。2010 年为 12208.45 万人,年均增长率为 6.41%。其中,1990—2010 年年均增长率为 10.2%,分别超过全国水平、汉族水平 1.9 个百分点、2.1 个百分点。人口在百万以上的民族不断上升,已从 1982 年的 15 个,增加到现在的 18 个。

第六次人口普查资料显示,少数民族人口主要分布在西部地区,有 8138.82 万人,占全国少数民族总人口的 72.69%,占所在地人口总数的 22.06%。其中西南(四川、重庆、云南、贵州、广西、海南、西藏)5588.85 万人,占全国少数民族总人口的49.42%,占所在地人口总数的 22.57%(下同);西北(陕西、甘肃、青海、宁夏、新疆、内蒙古)2549.97 万人,占 22.77% 和 21.01%;东部地区 3057.82 万人,占 27.31% 和 3.18%。少数民族人口分布的区位商(地区少数民族人口/全国少数民族人口÷地区总人口/全国总人口)是衡量少数民族分布的参考指标,区位商大于 1 的地区,是少数民族人口分布的优势区域。具体通过第六次人口普查资料的计算得出,少数民族分布的优势区域是:西藏(10.93)、新疆(7.09)、青海(5.59)、广西(4.42)、贵州(4.25)、宁夏(4.18)、云南(3.97)、内蒙古(2.44)、海南(1.96)、辽宁(1.81)、湖南(1.19)、甘肃(1.12)。与 2000 年比较,少数民族人口的这一基本分布格局保持着总体稳定的态势。

从各省级行政区少数民族人口占比看,2010 年少数民族人口占当地总人口比例最高的是西藏(91.83%),其次是新疆(59.52%)、青海(46.98%)、广西(37.17%)、贵州(36.11%)、宁夏(35.15%)、云南(33.39%)、内蒙古(20.46%),占比最低的是山西(0.26%)、江西(0.34%)、江苏(0.49%)、陕西(0.51%)、安徽(0.66)、山东(0.76%)。占比超过 8.49% 的还有海南(16.44%)、辽宁(15.19%)、湖南(9.97%)、甘肃(9.42%);占比在 8.49% 以下的有吉林(7.96%)、重庆(6.72%)、四川(6.10%)、湖北(4.31%)、河北(4.17%)、北京(4.09%)、黑龙江(3.59%)、天津(2.56%)、浙江(2.23%)、福建(2.16%)、广东(1.98%)、上海(1.20%)、河南(1.19%)。把 2010 年少数民族人口占比的地域格局与 2000 年比较,少数民族人口占比上升较大的有浙江(增加了 1.37 个百分点)、四川(增加了 1.1 个百分点)、青海(增加了 1.01 个百分点);占比增加的还有甘肃、宁夏、上海、广东、福建、重庆、江苏、新疆、山东、江西、陕西等;其余地区占比都有所下降,下降最大的是西藏(下降了 2.11 个百分点),其次是贵州(下降了 2.14 个百分点),下降了 1 个百分点以上的还有黑龙江(1.3)、广西(1.21)、吉林(1.19)。少数民族人口占比的变化,显示着少数民族人口分布的地域格局发生了些微的变化,一方面反映了不同地区少数民族人口自然状况的增减,另一方面折射出了民族人口流动的流向与规模。

人口问题涉及人口的数量、质量、分布和结构等因素,是一个复杂的系统工程。从数量上准确把握人口发展各项指标的现状、差异及趋势,对于我国制定与社会经济发展相协调的健康人口发展计划有着决定性的意义。民族人口问题是国家关注的重大问题,与社会、经济的发展状况密切相关,直接关系到国家的安全稳定与和谐发展。少数民族人口问题除了广泛的人口问题研究议题外,还有它独特的研究面:民族文化、地区生态环境、自然灾害、贫困与反贫困、习俗观念等与少数民族人口发展的关系和联系。民族人口问题的实质既是民族地区事关人口与社会、经济、资源、环境协调、可持续发展的问题,又是一个事关民族团结与共同发展繁荣,实现边疆安全与社会稳定的重大问题,因此,一直为党和国家高度重视,也为学界格外的关注。

中国少数民族地区的经济社会发展,是增进民族团结、实现现代化建设战略目标的题中之意。我国少数民族地区大部分生态环境脆弱,自然资源相对分布不平衡,经济发展的基础薄弱,制约着少数民族地区的发展,是问题的一个方面;从发展的主体——少数民族人口来看,人口本身的问题又是至关重要的另一方面。少数民族发展的基础在于人口的发展。

但一个民族的强大和兴旺发达,不取决于民族人口是否众多,而在于民族群体素质的高低和经济实力的强弱。中国是一个人口大国,有学者曾这样说过,中国的任何问题都能从人口数量规模上找到答案;人口是社会物质生活的必要条件,是社会生产行为的基础和主体。人口问题研究历来是民族学研究不可或缺的组成部分,明晰人口重要组成部分的少数民族人口数量的变化趋势、探究这种变化的原因之所在进而提出相应的应对措施,对于制定我区社会和经济的发展规划、建设"和谐"社会的战略实施、推进民族人口发展的现代化进程等都具有重要的意义。

人口问题解决程度如何关系到一个国家和地区经济社会是否能良性循环发展。从历次人口普查资料可看出,我国少数民族人口存在着人口数量多、增长速度快、健康水平不高、受教育程度低、部分地区男女结构失调、老龄化开始出现等问题,都影响着少数民族地区的经济社会发展。少数民族地区出现的人口与环境、资源问题已经较为严重,人口规模的惯性扩张加剧了对自然资源的争夺,人口总量的膨胀加大了对自然资源与生态环境的压力,资源环境容量承载越来越重。人口素质上的问题如出生缺陷的高发生率与人口受教育年限时间短,直接影响了少数民族地区人力资源的开发和利用,而人口安全和人口结构上的一些问题则对少数民族地区的社会稳定和长期发展有着消极影响。人口具有广大性、自发性、个体性等特点,但政府能够通过制定和实行人口政策,从宏观上调控人口数量,改善人口素质,引导人口结构,从而促进人口本身的健康发展和人口与经济、社会的协调发展。

贵州省是西部典型的少数民族聚集地区,具有少数民族地区人口与发展问题的代表性。贵州是我国民族人口大省之一,在我国56个民族中,除塔吉克族和乌孜别克族外在贵州省均有居住。第六次人口普查数据表明,在全省常住人口中,少数民族人口1255万人,占总人口的36.11%,少数民族的人口总量在全国位居第四,比重位居第五。可以说,贵州是西部典型的少数民族聚集区域,具有少数民族地区人口与发展问题的代表性。普查数据同时表明,贵州省民族人口发展存在系列问题:民族人口增长快、比重大,同时内部差异显著;人口结构问题日益凸显,人口性别比整体偏高,总体上已步入老龄化社会,"未富先老"现象突出;人口素质虽有显著提高,但整体水平仍然较低,人均受教育年限、平均预期寿命低于全国均值;

人口经济密度小,贫困人口数量大;待识别民族人口为全国最多。贵州民族人口存在的上述问题产生的原因固然是多种因素叠加的结果,但其发展的主体——少数民族人口本身的问题无疑有着至关重要的影响。不同时期的民族人口发展状况是我国在不同时期制定与完善民族人口政策的重要依据,了解贵州省的民族人口发展的现状,促进贵州民族人口和谐、均衡、协调和可持续发展既是未来民族人口发展的基础,也是推动贵州经济社会后发赶超的重要前提。

第二节 文献综述

一、全国层面的民族人口问题研究

总体来看,我国民族人口研究与其他领域的研究相比,处于相对薄弱的状态。究其原因,一是民族学是一门新兴的学科,直到 20 世纪 80 年代才步入正轨,所以相对于经济学、政治学等学科来说,无论是其理论基础、方法论,还是其研究成果都是比较不足的。二是我国民族人口问题本身比较复杂,涉及面广,资料来源少。尽管如此,改革开放以来,尤其是"十五"以来,我国学者在党的十六大、十七大、十八大精神的指引下,围绕中国各民族人口发展的基本问题和重大战略,紧密结合政府出台的有关民族发展的一些重要决策,也积极开展了一系列的研究工作,取得了较丰硕的成果。表现为:

在民族人口上,除黄荣清的《中国各民族人口的增长:分析与预测》(1995)等专著的系统论述外,系列学术论文如张天路的《中国少数民族人口五十年》(1999)、《对民族地区人口规模动态变化的分析》(才让加,2005)、《当前我国少数民族人口发展形式分析》(黄荣清,2006)、《少数民族人口转变阶段探析》(张兴华,2010)、《少数民族人口分布及其变动分析》(骆为祥,2008)、《中国各民族人口发展状况的度量》(黄荣清,2009)、《我国西部少数民族人口的发展趋势与特点研究》(吕华,杨风,2005)、《中国少数民族人口布局的变迁及其诱因分析》(蒋荣,2006)等对少数民族人口增长、人口转变、人口结构、人口流动分布及计划生育等进行了研究和讨论。

对于少数民族人口流动,一些学者紧紧结合我国改革开放和市场经济发展的脉搏,对少数民族人口流动规模、流向、经济效应、社会影响、文化冲突与建构等问题进行了积极的研究。

讨论少数民族人口与民族政策、民族文化、民族生产方式的关系,以及人口与社会经济资源环境的成果较为丰富,如朴莲玉的《黑龙江人口较少民族和谐文化建设研究》(2008),杨军昌的《文化、人口文化与民族人口文化研究刍论》(2008),梁中堂的《我国五个民族自治区经济发展与人口变动研究》(2008),陈化育的《西北地区信仰伊斯兰教人口较少民族经济发展问题研究》(2008)等。这些研究,拓展了领域,丰富了视野,创新了方法,并且多与少数民族和民族地区发展紧密结合,在实践中发挥了积极的资治价值。

讨论不同区域少数民族的人口问题的文章有:金枫的《辽宁省少数民族人口现状、特点及存在问题》(2005),吴克尧的《黑龙江少数民族人口变化探析》(2004),郑长德的《凉山彝族自治州少数民族人口变化研究》(2008)。上述文章均针对特定区域少数民族的人口变化及其规律所进行的探讨,内容较为全面,数据来源都是国家几次人口普查的资料,有一定的可资性。

以上研究积累的资料与素材,体现的视角与方法,提供的经验与创建,对本书的撰写均有积极的借鉴意义和参考作用。

二、贵州民族人口问题研究

贵州是一个有着17个世居民族的多民族省份。从地理位置上来看,贵州地处祖国西南的云贵高原,东部与湖南接壤,南部与广西交界,西部与云南毗邻,北部与四川、重庆市相连。贵州行政区域面积17.6万平方千米,全省民族自治地方共辖46个县(市、区),占全省87个县(市、区、特区)的52.87%。此外,还建立了254个民族乡。民族自治地区面积97626平方千米,占全省面积的55.4%,实行区域自治的民族有苗族、布依族、侗族、土家族、仡佬族、水族、回族8个少数民族。全省环境优美,气候适宜,素有"公园省"之称,是适宜人类生存繁衍的优良环境。而特有的地理位置和地形地貌,使贵州高原在历史发展过程中成为古代民族交汇的大走廊和民族集结地。

第一章 绪 论

从历史上来看,贵州是西南古代氐羌、百濮、百越、苗瑶四大族系族际的联结点。少数民族是贵州早期开辟的先驱者,明代随着贵州建省,卫所屯田及征战讨伐,中原及汉族移民逐渐增加,并随时间的流逝形成了民族交错杂居和局部聚居的分布格局。各民族在贵州这块神奇的土地上,共同创造了贵州的历史,创造了璀璨多姿的文化和文明。

对于贵州民族人口研究的成果,《改革开放以来的贵州人口研究状况述论》(杨军昌,2010)一文以2000年为界对之做了两个阶段的划分、总结,即在2000年以前,代表性的成果有《彝族人口状况初探》(吴文,1982)、《试论贵州少数民族人口问题》(张正东,1982)、《贵州少数民族人口发展和民族繁荣问题》(张天路,1983)、《镇宁、关岭布依族苗族自治县人口调查纪实》(北京经济学院人口所,1987)、《民族人口与民族繁荣——关岭布依族苗族自治县调查小记》(韦民,1989)、《贵州待识别民族人口的初步分析》(吴安华,柯震豪,1992)、《试析影响少数民族生育的文化基因——以贵州少数民族为例》(杨宗贵,1994)、《贵州少数民族人口和经济发展的宏观认识和思考》(任录,1996)、《贵州省少数民族人口展望》(王朝科,1997)、《鉴村侗族人口长期保持恒定数量探析》(石开忠,1997)等。2000—2010年,研究向着深度化、系统化的趋向发展。主要文章有:《侗寨占里长期实行计划生育的绩效与启示》(杨军昌,2001)、《苗族人口的历史变迁及其发展趋势分析》(石伶亚,2002)、《布依族的人口分布》(阿伍,2003)、《贵州少数民族人口结构变动对养老保险的影响》(钟立灿,2004)、《贵州省少数民族自治地方人口素质研究》(谢红梅,2004)、《贵州少数民族地区ABO新生儿溶血症》(潘钦瑞,2005)、《贵州少数民族人口增长及其地区差异研究》(李旭东,2006)、《贵州少数民族人口状况及其发展变化分析》(万力,2009)、《贵州民族地区人口文化素质与劳动力就业》(李国和,等,2009)、《贵州未识别民族人口的分布特点和历史成因》(严奇岩,2009)等。研究课题上,有国家社科课题"从五次人口普查看少数民族的发展"(石开忠,2001—2005)、"西南民族地区出生性别比失调问题研究"(杨军昌,2005—2009)、"人口生殖健康的影响因素与促进战略问题研究——少数民族人口生殖健康研究"(陆卫群,2006—2009)、"西南民族人口文化研究"(杨军昌,2010—2012)等;省部级课题上,有"贵州民族地区的人口与可持续发展问题"(杨军昌,2002—2003)、"贵州少数民族地区的城乡统筹发展问题研究——基于人口学、社会学、发展学的综合思考"(杨军昌,2004—2005)、"第五次人口普查贵州省各民族人口状况分析"(石开忠,2006)、"贵州民族地区出生性别比失调问题调查研究"(2005—2007)、"贵州少数民族地区农村放弃'二孩生育权'现象研究"(徐静,2009)等。

2010 年以来,贵州民族人口问题研究进入了一个新的时期。具体就其研究的内容来讲,可作如下方面的梳理。

(一) 人口分布与流动

人口都是沿着一定的地理格局分布,聚落而居,同时又会因为经济、政治、文化等因素的改变而发生人口的流动。人口分布研究是进行人口研究的基础阶段,可以分为人口分布和人口流动两个小类。对区域内人口分布和流动情况进行深入调查研究是人口问题研究的基础工作。

人口分布方面,由于贵州是一个民族人口大省,同时明清以来卫所屯田制度的施行及其经济的渐以发展,不同时期不同地域的汉人纷纷涌入贵州,使得贵州的民族成分极其复杂,待识别人们共同体较多。除对贵州民族人口分布现状的研究外,对未识别人们共同体人口分布的研究也多有成果面世。如《民族识别原则的变化与民族人口》(胡鸿保,张丽梅,2009)以贵州黎族的形成和穿青人的身份归属为研究对象,从变迁的视角来看待民族识别原则的发展变化及进行相应的理论思考。《贵州未识别民族人口的分布特点和历史成因》(严奇岩,2009)叙述了古苗疆走廊一带未识别人口的分布状况和特点,认为历代的民族迁移和移民开发是造成该地未识别人口众多的原因。

对于贵州民族人口流动的研究主要是从人口流动的原因、流动人口现状和人口流动的影响三方面开展研究。《18 世纪末到 20 世纪中叶苗族从贵州等地向滇东南和中印半岛北部的迁徙》(娄自昌,2011)一文认为,乾嘉苗族起义、"咸同变乱"等战乱,玉米技术的应用和推广、耕地不足等经济因素是 18 世纪末到 20 世纪中叶苗族从贵州向滇东南和中印半岛北部迁徙并成为该地区分布非常广泛、人口众多的民族的原因。《都市少数民族流动人口的边缘人状况分析——贵州凯里苗族擦鞋群体在昆明的生存状况研究》(粮丽萍,2008)以在昆明做擦鞋匠的凯里苗族群体为个案,指出城乡二元结构及内外身份认同的尴尬地位使得这些在城市中打工的农民工处于城市社会边缘的现状。人口分布的影响集中在探讨人口流动对民族地区(流出地)的影响,不仅涉及村落变迁而且从政治、经济、文化等方面进行具体的研究。《少数民族人口流动与村落变迁——以贵州9个少数民族村落为典型》(罗贤贵,2015)以贵州9个少数民族村落为对象,发现农村青壮年劳动力流入城市,不仅使得这些青壮年劳动力观念发生转变、增加他们的收入,同时也使得村落在生产、建筑和文化等方面发生了巨大的改变,从而造成了村落的整体变迁。《对人口流动影响下的少数民族村寨权力格局的人类学解读——以贵州省黔东南州旺寨为例》(袁本罡,2013)考查了农村青壮年流出后引起的乡村权力格局的改变,从人类学的角度探讨了格局变动后村落的积极应对。《人口流动对贵州少数民族地区经济发展的影响》(张昌拥,2013)分析了人口流动与民族地区(流出地)经济发展的相关性,提出了协调二者关系以促进民族地区经济发展的相应建议。《少数民族人口流动对民族婚姻的影响——以贵州两个村寨为例》(龙翠芳,2009)通过调查问卷的方式来进行研究,发现少数民族人口流动对少数民族群体的婚姻产生了非常大的影响,一方面扩大了婚姻的范围,增加了择偶的机会,另一方面提高了离婚率、混乱了性爱观、增加了违法婚姻现象。

(二)人口结构与发展

人口结构与社会建设、经济发展和人民幸福紧密相关,是人口研究中的一大重要方面。《贵州少数民族地区高龄人口状况与生活质量保障体系建设——基于黔东7个民族县的实证资料分析》(杨军昌,陈萧洁,2010)分析了贵州民族地区女性老龄人口多于男性、农村老龄人口多于城市、高龄老人增速快于其他年龄组、老龄人口健康状况良好等特征及存在的地方财政对老年事业投入少、"家庭养老"模式的衰落影响高龄老人生存、医疗水平低等问题,并对相应的解决措施进行了思考。《贵州民族地区农村女性老年人口养老问题研究——以黔东南苗族侗族自治州为个案》(杨蕴希,2011)对老龄人口中的农村女性老龄人这一群体的状况进行了具体的分析研究。《民族地区农村贫困老年人卫生服务需要及利用研究》(路正,2012)作者通过调查法、问卷法对贵州省少数民族地区贫困老年人卫生服务需要与利用状况进行调查,发现民族地区农村贫困老年人卫生服务需要量大,但卫生服务利用程度低,由此希望政府能够加强在这方面的作用,满足农村贫困老年人的卫生医疗需要。《浅谈贵州农村少数民族地区养老问题——以家庭养老为研究视角》(刘萍,2010)从养老方式入手,探讨在家庭养老方式功能衰退的情况下新型养老方式的建设。在人口结构研究方面,贵州学者不仅研究老龄化问题,同时也注意到出生人口性别比失调的问题。《黔东南苗族侗族自治州出生性别比失调问题研究》(杨军昌,王希隆,2008)一文就对贵州黔东南苗族侗族自治州出生人口比例失调的原因和影响进行深入的分析研究。

(三)人口数量与质量

《贵州省少数民族人口变动特点、未来趋向与发展路径》(杨军昌,2013)一文中以第五次和第六次人口普查资料为基础,运用资料分析、年龄移算等方法对贵州人口发展进行了较为全面的归纳,认为贵州少数民族人口变动显现出了经历前期高速增长后的首次出现减少、民族种类较多但人口比例差异大、性别构成低年龄组突出于高年龄组、老年型人口类型转变较快、婚姻稳定和谐核心家庭比例最高、待识别民族人口数量为全国最大等特点进行了概括分析,同时结合贵州实际就民族人口未来发展进行了预测与总结,认为未来贵州民族人口发展的道路应该是和谐、均衡与可持续发展之路,实现的途径是在坚持低生育水平的基础上,实行优先投资于人的战略,发展经济,优质服务,并做好待识别民族的发展工作。《从"五普"到"六普"看贵州省各民族人口数量变化及原因》(石开忠,2014),对贵州省各民族人口数量变化进行了梳理,认为人口迁移和民族成分变动是贵州各民族人口数量在第五次到第六次人口普查时期内变动的关键原因。

人口素质也称人口质量,它是指人们认识世界的能力。一般包括人口的身体素质和科学文化素质。学者在人口质量方面的研究基本上是以此定义来实践的。《贵州省少数民族自治地方人口素质研究》(谢红梅,2004)一文,在分析贵州少数民族地区人口素质偏低原因的基础上,为提高少数民族人口素质提出了控制人口数量,发展经济、教育和医疗事业,建立地方特色人力资源管理模式,普及优生优育观念等具体措施。《民族亚文化人群健康状况研究》(刘国琴,2007)一文以贵州的苗族、布依族、仡佬族、侗族和汉族为研究对象,分析各群体的健康状况及影响因素,为政府部门在进行医疗资源配置和医疗政策制定时提供了一个广泛的背景和文化视野。《贵州少数民族男性生殖健康状况调查研究》(何江,2009)以贵州少数民族中的男性群体为研究对象,通过问卷调查、定量分析的方法发现贵州少数民族男性群体存在对生殖健康知识缺乏、两性性交过程中保护意识淡薄等问题,强调了加强生殖健康知识宣传教育的重要性。《安顺市各民族人口受教育程度对当地族群关系的影响研究》(贾效儒,2014)探讨了人口受教育程度与族际通婚、族群交往、族群认同及文化交融等要素之间的关系。在人口素质与就业方面,《少数民族地区人口素质对劳动力就业问题的影响分析——以贵州为例》(赵清源,2013)通过研究发现人口素质不仅影响了农村少数民族的择业范围和结构,也影响了城市少数民族职工的竞争力,提出了发展基础教育和职业培训以提高劳动力素质的相关建议。《贵州民族地区人口素质与旅游业发展刍议——以贵州省三个民族自治州为例》(程聪,2007)通过分析认为,民族地区人口素质偏低,一方面会影响主体对本民族文化和风光的认同,另一方面也会造成无序、混乱地开发旅游资源,从而阻碍旅游业发展。

(四)人口文化

"人口文化是指人口再生产过程中,人口系统内部的变动及其与外部诸因素的相互联系和作用而形成的观念意识、伦理道德、制度习俗和行为规范。"(杨军昌,2013)杨军昌在《传统与跨越——贵州民族人口文化研究》一书中将人口文化分为:人口婚姻家庭文化、人口生育文化、人口性别文化、人口素质文化、人口迁移流动文化、老年人口文化、人口死亡与丧葬文化、人口生态文化、人口法律文化九大方面。但从CNKI的论文来看,研究并没有这么全面,主要集中在人口婚姻家庭文化、人口生育文化、人口性别文化、老年人口文化、人口生态文化、人口法律文化6个方面。代表性成果有:《少数民族流动人口婚姻观念与状况调查——以贵州两个农村社区为例》(龙翠芳,2011)在调查中发现少数民族流动人口由于与外界接触机会的增加,使得他们的婚姻观念、行为发生了转变,"人口婚前恋爱方式以自由恋爱和经人介绍为主、早婚人口减少、民族通婚地域范围扩大、择偶标准由家庭本位向个人本位转变、婚姻自主权增强。同时,离婚率提高、性爱观出现混乱、违法婚姻增多。"《贵州高原少数民族传统生育文化生成的地理背景——从地理环境与文化生成的角度阐述》(李旭东,张善余,2007)从自然地理环境和人文社会背景角度对贵州少数民族传统人口生育文化的产生进行了较为细致的探讨。《社会性别与贵州民族人口发展》(郭璇,2009)一文从人口性别的角度审视了人口性别文化的优缺点,思考了为实现贵州民族人口社会性别公正、构建新型人口性别文化的对策。《贵州民族地区高龄人口与长寿文化——基于黔东七个民族县的实证资料分析》(杨军昌,罗婧,2011)以黔东七个民族县长寿人口为基础,分析其中所共同具有的高龄与长寿文化特征。《贵州少数民族地区人口生态文化研究》(张敏,2009)对贵州少数民族地区的人口生态文化进行了详细的论述。《贵州民族人口法律文化研究》(颜峰,2008)分析了贵州民族传统人口法律文化的特征,着重论述了贵州民族传统人口法律文化的内容。占里是一个人口非常稳定的侗寨,有"七百占里"之称,《民族习惯法对占里人口发展的影响》(廖艳,2010)一文就考察了占里人口稳定的法律因素,借此希望国家在制定民族人口政策时能够考虑到各民族传统的人口法律文化,以达到事半功倍的效果。

(五)人口政策

《民族人口政策与贵州民族人口均衡发展》(史巧灵,杨文浩,陆卫群,2014)一文整理了新中国成立以来贵州民族人口政策的发展变化,考察了贵州民族人口的现状,在此基础上提出了当前民族人口政策制定的建议。《贵州三江水族乡强化新任村级人口计生队伍建设》(杨山,2011)则是处于基层的地方计生办事处人员对计划生育队伍建设的思考。此外,马玉华的《试论民国政府对贵州少数民族的调查》(马玉华,2005)一文论述了民国时期,民国政府对西南少数民族的民族、文化、经济等的调查,其中就包括了人口的调查。

(六)人口与发展

发展是当代的一大主题,人口是发展中的一个重要组成部分。关于"人口与发展"的研究一直是人口研究中的热点问题。《贵州人口较少民族区域发展、扶贫开发与生态建设良性互动机制探析》(李英勤,2013)致力于区域发展、贫困问题、生态环境三者的恶性制约发展现状转变为良性互动发展的研究,并进行了有价值的思考。《贵州毛南族人口与社会发展问题试论》(杨军昌,华骅,2014)探讨了毛南族这样一个经济落后、人口质量偏低、环境不佳的地区发展问题,提出了"完善毛南族聚居区基础设施建设和社会保障制度,培育优势产业,发展教育文化事业,进一步加快人口城镇化步伐"的策略。《贵州少数民族人口状况与经济发展浅析》(杨益华,2004)着重考察了贵州少数民族的人口状况和经济状况。《欠发达民族社区特困人口迁移扶贫开发与安置问题实证研究》(杨军昌,丁仁船,罗凌,2003)跟踪调查了贵州三个少数民族社区的迁移安置情况,分析了相应迁移安置模式的特点与绩效。在人口与发展的主题上,人力资源的开发至关重要,《贵州少数民族地区人力资源开发研究》(杨应旭,2008)、《贵州少数民族地区人才资源开发现状及对策研究》(华骅,邹媛媛,2011)两文就主要调查、整理和分析了贵州少数民族地区的人力资源开发现状和问题。《贵州省少数民族地区的教育发展与人力资源开发》(杨益华,刘中黎,2003)重点关注了少数民族地区教育发展与人力资源开发之间的关系,论证了教育发展与人力资源开发的重要性、特征和影响因素。而《人力资源开发与贵州民族地区的经济发展》(杜鹃,2006)则重点论述了如何从人力资源开发角度来促进贵州少数民族地区的经济发展。《生态脆弱地区人口较少民族发展问题研究——以贵州毛南族为例》(李英勤,梁珊,2011)以毛南族为例分析了贵州喀斯特地貌下人口较少民族的发展现状并探索发展对策。《贵州少数民族地区农村人口城镇化的制约因素及发展路径》(蒋焕洲,2010)展现了少数民族地区农村人口城镇化的现状,论述了城镇化的制约因素,探索了城镇化的发展途径。《贵州民族地区人口城镇化建设和生态环境保护研究》(胡海兰,安和平,2015)讨论了贵州民族地区城镇化过程中产生的环境问题,分析了环境问题产生的表现、原因、影响和解决对策。

总的来说,对贵州少数民族人口研究的论文非常少,还未具规模。在知网中输入"贵州、民族和人口"进行检索,得到 174024 篇的文章,但人工确定后,只有 73 篇是跟"贵州少数民族人口"有关,占比 0.042%,就是说 1 万篇中只有 4 篇有关"贵州少数民族人口"研究。而输入"贵州、人口和综述"无法找到有关贵州少数民族人口研究的综述,这更说明了对于贵州少数民族人口研究的薄弱及其关注度的势微。

自从 1662 年格兰特发表了《关于死亡表的自然的和政治的考察》一书后,人口学得到了不断的发展,在当今人口学已经成为一门具有自己独特研究方法、形成完备学科体系的学科。但从 CNKI 得到的论文来看,关于贵州少数民族的研究还远远未涉及人口学的所有方面,要达到形成一个关于贵州少数民族人口研究的体系任重道远。

关于人口研究一般可分为人口分布研究、人口结构研究、人口数量研究、人口质量研究、人口文化研究、人口政策研究、人口与发展研究 7 大方面。贵州少数民族人口研究虽然在每个方面都有涉及,但大多都是蜻蜓点水式,距离构成一个贵州少数民族人口研究体系还有较长的路要走。例如,人口分布研究主要集中在未识别人口,而几乎未涉及贵州那些已经确定的民族人口分布状况的研究。人口结构方面几乎全都是老年人口研究,而忽略了对其他年龄结构的研究。对于老龄人口的研究又都主要集中在农村。虽说贵州少数民族高龄老人以农村居多,但随着社会经济发展和政府扶贫工作的展开,许多老人也都随子女搬迁到城市中,这些从农村来到城市或者本来就生活在城市中的老龄人,在进入老龄化时代的生活状况如何,以及如何提高他们的生活水平等问题,学者们都少有涉及。人口质量方面,虽然都注意到了提高人口素质的重要性,但对少数民族人口科学文化素质本身的研究却很少;虽然对少数民族教育的研究不少,但是很少有学者能够从人口的角度来研究教育,思考教育与人口素质之间的关系;虽然看到了人口素质对劳动力就业的影响,但却很少看到人口素质的其他作用。人口文化方面的研究多集中于生育文化研究,而于人口文化的其他方面则明显薄弱。人口政策的研究,多随国家人口相关政策法规的出台跟着研究和阐述,很难从实际研究中为少数民族人口的发展、生活的提高提出能够得到政府认可或采纳的成果。还有一个共同的问题就是,居住在贵州的有17个世居少数民族,但关于少数民族人口的研究主要集中在苗族和侗族,对于其他少数民族关注有限。诸多问题和不足,值得学术界认真分析和思考。

第二章　贵州少数民族人口数量的变动历程与分析

第一节　贵州少数民族人口变动史迹

贵州古称"苗疆",虽地处边陲,但与中原及邻近各省的联系却较早,秦汉时就被纳入中央王朝的版图,成为中国领土不可分割的一部分,因此,贵州历史的发展,深受中国历史发展的制约,更受到相邻四川、云南、广西、湖南的较深影响。但由于贵州远离中原,山重水复,信息闭塞,开发较晚,民族复杂,其历史发展在许多方面又与内地有所不同,显示了它的地方特点、历史特点和民族特点。而在民族人口问题上呈现出的显著特点是:原初土著人口为少数民族人口;汉族虽在春秋战国时期始有进入,但在13世纪前,汉族移民数量不多且多被迁入地土著居民所同化,人口构成上少数民族占绝对多数;明代而始,随着西平云南"梁王"大军的入黔、在黔卫所屯田制度的建立,尤其是贵州建省后的军事、经济、灾荒等因素带来的大量汉族人口的迁入,汉族人口比例渐增,但直到清初仍然是少数民族"十居六七",汉族人口仅占1/3左右,"汉多夷少"局面的形成是雍正年间"改土归流"后的事情;民国初期护国运动、北伐战争、实业建设等使得规模不等的汉族相继于贵州落户。到抗日战争期间,沿海、华北和邻近各省的汉族人口大量移入贵州,汉族人口逐渐占全省人口的60%左右。

在今贵州世居的17个少数民族中,除回、蒙、满三族为元、明、清时期由北方陆续迁入外,其他民族在先秦时分属于南方的濮、夷、蛮、越四大族系。其中今贵州、云南及川西一带的濮、夷族系的各部在战国秦汉时期,被统治者统称为"西南夷"。

据《史记·西南夷列传》所述,"西南夷"包括夜郎、滇、嶲和昆明、邛都、徙和筰都、冉駹、白马7个民族集团,其中,夜郎、滇、邛都的主要居民"皆魋结,耕田,有邑聚",均属"魋结之民",主体民族为濮人;在此以西的嶲和昆明、徙和筰都、冉駹、白马"皆氐类","随畜迁徙","或土著,或迁徙",是为氐羌民族。在"西南夷"以南为"南越",其地在今两广及越南,《史记·南越列传》谓,南越王赵陀并南海、桂林、象郡而自立,"和集百越"。"西南夷"以东为"南蛮"之区。据《后汉书·南蛮传》记载,其民"皆槃瓠种",其俗"织绩木皮,染以草实,好五色之服","语言侏离,好入山壑,不乐平旷。……气候滋蔓,号曰蛮夷",是为今苗瑶畲等民族之源。由此观之,贵州最早的居民当是濮人,其西为氐羌民族,其东为苗瑶民族,其南为百越民族,其北为汉族。

濮人是我国古代人数最多、支系纷繁的族系,分布于滇、黔、川、桂一带辽阔区域。春秋后,楚国强盛,多次征伐濮人,部分邻楚濮人被迫迁入黔东北。其时,濮人在今贵州中西部、川西南、桂西北等地区分别建立的夜郎、句町、邛都等地方政权,已进入奴隶制阶段,影响较大。但秦汉以降,川、湖、两广、云南相继开发,种种历史原因促使四大族系发生变动,濮人渐次衰落,氐羌、苗瑶及百越民族涌向地广人稀的贵州山区,从而使贵州成为西南四大族系交汇的结合点。

自唐蒙通夜郎以来,汉朝累次对"南夷"用兵,灭且兰,伐夜郎,攻打鉤町、漏卧,其后又有李特"引僚入蜀",濮人大挫,趋于衰落。氐羌族系中的昆明各部,汉晋以后日渐强大,遍布滇东、川南,爨氏得势以后,将其统治区分为东、西二境,东境的昆明各部称为"东爨乌蛮",是为彝族的先民,他们在爨氏的支持下,彝族布系和默系不断沿乌蒙山东进,并多居于今黔西北一带。苗瑶民族古称"三苗""九黎"。"涿鹿大战"后,苗瑶大部分退至长江中游,活动在洞庭湖与鄱阳湖之间,即"左洞庭,右彭蠡"。自秦汉以来,王朝势力不断深入,迫使苗族西迁,至武陵而称"五陵蛮",至五溪而称"五溪蛮"。东汉马援伐五溪,苗族再次西迁,沿清水江、苗岭而深入贵州腹地,遍布山谷,过着"赶山吃饭"的生活。苗瑶民族以迁徙求生存,在迁徙中求发展,自东而西,由贵州及广西、云南,并由于迁徙的分散而形成了较多的支系。住在岭南的百越民族,秦汉时期即成为中央王朝征服的主要对象。秦始皇伐五岭,汉武帝击南越,使越人的活动范围缩小,其中一部分越过红水河而北移至中央王朝鞭长莫及的贵州东部山区,并散布在山间盆地及河谷地带,聚族而居,"饭稻羹渔"。到了元代,"色目人"(主要是回族)和"寸白军"(白族)随元军自云南入贵州,散布在贵州西部。清代始有满族人口迁入。

而至春秋战国后,汉族渐次移入贵州。楚将庄蹻入滇、秦开五尺道,贵州与外地渐有交通。汉武帝开"南夷",巴蜀之民随军屯驻,源源进入,龙、傅、东、尹、赵、谢等望族日渐兴盛而成"牂牁大姓",魏晋时独霸牂牁各郡。唐宋时期,王朝统治西南边疆的据点在川、湖,控制乌江以北地区,汉族移入黔北及黔东北者日众。元代大兴"站赤",驿道相继开通,贵州与邻省连成一片。明代卫所屯田制度推行,贵州汉族人口剧增。清雍正年间,在贵州实行大规模"改土归流",于是汉族人口更是大量迁入,布满穷乡僻壤,自此以后,逐渐形成"汉多夷少"的局面。

从宏观上看,汉族自北而南,氐羌民族自西而东,苗瑶民族自东而西,百越民族自南而北,他们从四面八方进入贵州,相互对流,相互穿插,逐渐形成"又杂居,又聚居"的分布状况。这种分布状况经由隋唐至宋元间贵州经济的不断发展,以及贵州境内各民族之间、与域外族系之间的联系日益加强,民族的分化过程也愈益加剧,逐渐形成了新的人们共同体,分化出来一个个单一民族,形成了今天贵州的各个少数民族及其分布格局。其中,彝族首先从氐羌中分出,史书上称为"乌蛮""爨蛮""东爨",往后又称为"卢胪""罗罗"或"倮倮"。百越族系在唐宋时期分化较为明显,其中较多的一部分被称为"没夷""夷子""东谢蛮""西照蛮",以后或称"西南五姓蕃""西南七姓蕃""八蕃",或称"仲家",形成了今天居于黔南、黔西南及贵阳一带的布依族;住在湘黔桂边境的一部分,史称"仡伶""峒人",即今天的侗族;居于黔桂湘边境者,史称"抚水州蛮",即今水族。散居贵州及川南、湘西的濮人后裔,唐代形成仡佬族,史书上写作"仡佬"或"仡僚""佶佬"或"葛僚"。苗瑶民族大抵在唐宋时期逐渐分化为苗族和瑶族,而以苗族在贵州的分布为最广。此外,属于氐羌族系的巴人,古称"瘰君蛮""板楯蛮"者,散布在川、鄂、湘、黔毗连地区,逐渐形成土家族。

新中国成立后,贵州省的民族人口相对于汉族人口的大规模迁入迁出(以迁入为主)来讲,迁移较少且规模不大,距离较近,又多属于经济型的迁移类型。规模较大者是改革开放后,贵州民族地区的建设移民。贵州民族地区的万峰湖水库、乌江洪家渡水电站、思林水电站、构皮滩水电站、三板溪水电站等在改革开放后的相继建设使数以万计的少数民族同胞入为经济移民之列。其中,三板溪水电站是国家总投资100亿元的国家"十五"期间重点工程。该电站位于沅水干流上游河段的清水江中下游,坝址位于黔东南州锦屏县平略镇境内,下距锦屏县城25千米。水库正常蓄水位475米,相应库容37.48亿立方米,装机容量100万千瓦,多年平均发电量24.28亿千瓦时,是沅水干流梯级电站中唯一具有多年调节性能的龙头水电站,开发的任务以发电为主,兼有防洪、航运、养殖、旅游等综合效益。为了支持水电站建设,黔东南州的锦屏、黎平和剑河三个县的19个乡镇、125个村、491个村民小组的47198人依照水电站有关规划,服从国家建设需要,在长期补偿(随价格浮动补偿)移迁政策作用下,告别了祖祖辈辈栖息的土地,告别了熟悉的家园,分别以上靠后山移动、迁入其他乡镇、随迁县城等途径异地搬迁,在新的环境开始新的生产和生活。

从历史上看,贵州人口的数量变化很大。古代贵州辖区较小,全省人口也少。据史书记载,明万历二十五年(1597年)贵州人口约有50万人;清道光二十年(1840年)全省人口有540多万人。到了近代,随着贵州的社会、经济发展,人口迅速增长。民国元年(1912年)全省人口已超过900万人;临近新中国成立时则超过了1000万人。1953年第一次人口普查为1504万人,1982年第三次人口普查为2855万人,1990年第四次人口普查为3239万人,2010年第六次人口普查为3474.86万人,2015年1%人口抽样调查数达3529.5人。而在少数民族人口变动上,新中国成立后第一次至第六次人口普查分别为393.89万人、401.16万人、742.35万人、1123.66万人、1333.60万人、1254.80万人。

第二节　明代以来贵州人口记载数量变动

一、明代贵州人口的记载

明代以前有关贵州人口的记载,因粗疏、零散,本书不录。明永乐十一年(1413年)贵州虽正式建省,但之后人口状况也缺乏全面、准确的记载。由于各个时期人口统计的目的、范围和方法不同,因此也很难得出科学、全面的人口数据。在此仅据《贵州省志·地理志·人口篇》的记述,选录部分历史人口记载以供参考。

第二章 贵州少数民族人口数量的变动历程与分析

（嘉靖）《贵州通志》、郭子章《黔记》和《明史》，以及清乾隆《贵州通志》等书记载有贵州的人口资料。这些书分别反映了明代不同时期贵州的人口状况，有一定的参考价值。但是，它们所记人口主要是军户和国家控制的民户，少数民族人口数大多缺略，与当时贵州实际人口数有较大差距，特以说明。

（1）（嘉靖）《贵州通志·户口》中记载了贵州布政司所属各府、州、县、司及贵州都指挥使司所属各卫、所的人口数字。当时遵义军民府、乌撒军民府、荔波县及天柱县等地不属贵州布政司；镇远、清浪、平溪、偏桥、五开、铜鼓6卫不属贵州都司。故文中未包括以上各地人口数字。原文如下：

贵州布政司　司、府、州、卫、所军民人户一十四万八千九百五十七户，五十一万二千二百八十九丁口。军户六万二千二百七十三户，二十六万一千八百六十九丁口。民户五万六千六百八十四户，二十五万四百二十丁口。

贵州宣慰使司　官民二千一百四十五户，一万二千九百二十四丁口。

思州府　官民七百五十七户，九千一百一丁口。

思南府　官民二千六百三十七户，二万三千六百六十六丁口。

镇远府　官民杂役八百七十二户，八千六百五十七丁口。

石阡府　官民杂役八百一十七户，七千四百一十一丁口。

铜仁府　官民杂役九百三十九户，四千一百五十三丁口。

程番府　官民杂役五千九百四十八户，三万七百四十四丁口。

都匀府　官民杂役九千二百一十九户，二万四千六百一十八丁口。

黎平府　官民杂役三千六百六十五户，二万四千五百一十四丁口。

永宁州　官民杂役二千三百六十九户，一万九千九十六丁口。

镇宁州　官民杂役一万五千二百一户，二万五千五百七十八丁口。

安顺州　官民杂役八千二百七十户，二万五千二百二十七丁口。

普安州　官民杂役三千一百四十一户，三万九千五百二十五丁口。

贵州卫　屯城站铺官军二千三百一十六户，五千三百九十七丁口。

贵州前卫　屯城官军二千九百六十四户，六千二百三十七丁口。

龙里卫　屯城站铺官军一千一百一十六户，五千二百四十五丁口，蛮民六十六户，一千四百六十五丁口。

新添卫　屯城站铺司官军二千三百五十七户，二万一千九百七十七丁口。

平越卫　屯城站铺司官军三千一百五户,二万一千九百七十九丁口。

清平卫　屯城站铺官军八百九十七户,二千一百八十四丁口。

兴隆卫　屯城站铺官军一千九十四户,三千九百一十五丁口。

都匀卫　官军一千三百一十二户,二万一千一百一十三丁口。

威清卫　屯城站铺官军六千三十五户,一万三千七百五十八丁口。

平坝卫　屯城站铺官军一千六百一十七户,六千六百六丁口。

普定卫　屯城站铺官军六千五百六十五户,二万四千四百七十丁口。

安庄卫　屯城站铺堡官军七千八百七十三户,四万八千八百五十七丁口。

安南卫　屯城站铺官军二千四百八十六户,六千八百九十二丁口。

普安卫　屯城官军二千六百五十六户,六千九百九十八丁口。

毕节卫　屯城站铺官军二千八百八十五户,六千六百四十一丁口。

乌撒卫　屯城站铺官军三千五百五十一户,八千三百五十五丁口。

赤水卫　屯城站铺官军五千六百一十五户,三万三千六百八十二丁口。

永宁卫　屯城站官军六千七百八十九户,一万五千二百四十七丁口。

黄平千户所　屯城官军五百四十七户,一千四百六十七丁口。

普市千户所　屯城官军四百九十三户,一千三百八十九丁口。

凯里宣抚司　官民六百四十六户,二千八百四十一丁口。

(2)《黔记·贡赋志》户口部分记有万历二十五年(1597年)和三十年(1602年)全省的人口数字,并分别记有各府、州、司、卫的人口数字。原文如下:

旧志府、州、县、司、卫、所军民通共一十四万八千九百五十七户,五十一万二千二百八十九丁口。内军户七万二千二百七十三户,二十六万一千八百六十九丁口,民户六万六千六百八十四户,二十五万四百二十丁口。万历二十五年查存一十万五千九百六户,五十万九千九百七十五丁口。内军户五万九千三百四十户,一十八万四千六百一丁口,民户四万六千五百六十六户,三十二万五千三百七十四丁口。……三十年大造黄册四万八千七百四十六户,三十二万四千九百八十九丁口,连黄平、瓮安等四州、县并九股降苗新旧通共五万一千二百一十二户,三十四万四千一百八十丁口。

(3)《明史·地理志》记载较略,仅有弘治四年(公元1491年)和万历六年(公元1578年)的编户数,原文如下:

弘治四年编户四万三千三百六十七,口二十五万八千六百九十三。万历六年,户四万三千四百五,口二十九万九百七十二。

二、清代贵州人口的记载

记载清代贵州人口的书籍较多,主要有康熙《贵州通志》、乾隆《贵州通志》《钦定大清会典》《嘉庆重修一统志》《清史稿》、民国《贵州通志》及清政府内阁部分档案。《黔南识略》和《黔南职方纪略》两书虽有部分人口记载,但仅记苗寨及苗民、客民、典买产业户数,人口资料不全,在此不予转录。

(1)康熙《贵州通志》成书于康熙三十六年(1697年),当时贵州省辖区不包括遵义府及广西泗城州所属红水河以北地区(今黔西南布依族苗族自治州的一部分)。该书《户口》中记载有贵州各府的户口、人丁等。摘录如下:

贵州布政司户口 原额一十七万五千三百三十五户,人丁原额一十五万八千二百九十丁,内除原不征差并随田带派亦不征差人丁九万六千六百九十八丁外,实额编差人丁六万一千五百九十二丁,内除三十一、三十五两年清编抵补外,尚逃亡人丁四万二千八百六十三丁七分一厘一毫六丝。又于三十一年新编额外并提督举报官庄人丁四百一十七丁,三十五年新编额外人丁八百四十七丁。

(2)乾隆《贵州通志》成书于乾隆六年(1741年),此时贵州已有遵义府及南笼府,书中所记范围基本上与今贵州疆域相符,原文如下:

贵州布政司 原额户口一十七万五千三百三十五户,雍正五年新收四川割归遵义一府五州县户口三万八百八十四户,又收湖南、粤西割归天柱、荔波二县及永丰州,开泰、锦屏、玉屏、青溪等县原无户口。雍正五年割永宁县隶四川,除户口二千二百四十五户,八年割威宁州属可渡桥西地隶云南,除户八百六十六户。雍正十年又收四川叙永厅赤水河南地方隶毕节县,户口五十八户,又割毕县属赤水河北地方隶四川,无原额户口,又各府新增户口六万九千五百十八户,实在户口二十七万二千六百八十七户。

(3)嘉庆《重修一统志》,开始编修于嘉庆年间,成书于道光二十二年(1842年),材料以嘉庆二十五年(1820年)为下限。其中所记有贵州各府人丁、男妇名口、户数。其中,贵州统部户口原文如下:

贵州统部户口 康熙五十二年,原额人丁三万七千五百三十六。乾隆三十七年停编丁。今滋生男妇大小共五百二十九万二千九百九十八名口,计一百一十万五千四百八十户。又古州等卫屯民男妇共五万八千五百五十三名口,计一万三千四百四户。

(4)《清史稿·地理志》中记有宣统三年(1911年)全省的编户和人口。原文如下:

宣统三年,编户一百七十七万一千五百三十三,人口八百五十万三千九百五十四。

(5)(民国)《贵州通志》卷三十四记有宣统二年(1910年)全省的正户、附户、男子、女子、学童及壮丁数。原文如下:

贵州全省正户一百六十三万四千七百八十二户,附户十三万六千七百五十一户,男子四百六十三万六千九百六十五丁,女子三百六十八万六千九百九十八口,附查学童八十六万二千九百五十一名,壮丁一百九十八万七千八百三十六名。

(6)据清政府《内阁黄册》,记有道光二十年(1840年)至光绪二十四年(1898年)贵州全省的各年人口数,其中虽有残缺,但大体可以看出清代贵州后期人口的变动情况,所记人口数如下:

道光二十年 5410035 人。二十一年 5411907 人。二十二年 5414126 人。二十三年 5417863 人。二十四年 5420262 人。二十五年 5422854 人。二十六年 5424842 人。二十七年 5427373 人。二十八年 5429485 人。二十九年 5431859 人。三十年 5433932 人。

咸丰元年 5435590 人。二年 5437204 人。三年 5438856 人。四年 5441092 人。五年 4298880 人(缺八寨等 21 厅州县数)。六年 4301086 人(缺八寨等 21 厅州县数)。七年 4301895 人(缺八寨等 18 厅州县数)。八年 3964568 人(缺八寨等 21 厅州县数)。十年 4344368 人(缺都匀等 2 府 18 厅州县数)。十一年 4410989 人(缺都匀等 2 府 17 厅州县数)。

同治元年 4085479(缺兴义等 3 府 22 厅州县数)。九年 3286548 人(缺都匀等 3 府 27 厅州县数)。十年 3289198 人(缺都匀等 3 府 27 厅州县数)。十一年 3291999 人(缺都匀等 3 府 27 厅州县数)。十二年 3957379 人(缺兴义等 3 府 20 厅州县数)。十三年 4171121 人(缺兴义等 3 府 20 厅州县数)。

光绪元年 4484140 人(缺都匀等 2 府 16 厅州县数)。二年 4487349 人(缺都匀等 2 府 14 州县数)。三年 4490433 人(缺都匀等 2 府 7 厅州县数)。四年 4493481 人(缺都匀等 2 府 7 厅州县数)。五年 4608309 人(缺都匀 1 府 13 厅州县数)。六年 4738528 人。十二年 4803658 人。十三年 4806572 人。十四年 4811273 人。十五年 481632.0 人。十六年 4821396 人。十七年 4826623 人。十八年 4831244 人。十九年 4835601 人,二十年 4840900 人。二十一年 4845316 人。二十二年 4849721 人。二十三年 4854078 人。二十四年 4859377 人。

三、民国时期贵州人口的记载

民国期间政局多变,人口统计时断时续。民国初年的贵州人口数字零星见于《内政年鉴》等书及有关档案。民国 21 年(1932 年)贵州省自治筹备处对全省人口作过一次调查,有比较详细的数字,见于《贵州省各县划编区乡镇报告表》。贵州推行保甲制度后,对户口的管理较严,历年皆有统计,有关资料见于民国 28 年(1939 年)张肖梅主编的《贵州经济》,民国 36 年(1947 年)贵州省政府编的《贵州统计年鉴》(胜利纪念特辑)和《统计年鉴》等书。

(1)民国元年至民国 20 年(1912—1931 年)的人口数字记载不全,且资料来源不一。这一时期有关的人口记载如下:

民国元年 9665227 人(见《内政年鉴》)。民国 2 年 10901135 人(见《中国户口统计研究》)。民国 14 年 11291261 人(见邮局统计)。民国 17 年 14745722 人(见《内政年鉴》)。民国 18 年 11331431 人(见《中国户口统计之调查》)。民国 20 年 8221659 人(见《内政年鉴》)。

(2)民国 21 年(1932 年)《贵州各县划编区乡镇报告表》记有全省各县分区的人口数、户数。具体为:全省总户数 1583056,总人口 6905551 人。

(3)民国 22 年(1933 年)、民国 24 年(1935 年)和民国 25 年(1936 年)的人口数字分别见于《中国经济年鉴》、贵州省政府第一次篇制保甲档案、贵州省民政厅统计及张肖梅主编的《贵州经济》。《中国经济年鉴》记载民国 22 年(1933 年)贵州全省人口为 6909361 人。民国 24 年(1935 年)贵州省政府第一次编制保甲时,全省人口为 9195514 人。据贵州省民政厅统计,民国 25 年(1936 年)全省人口为 9918794 人;据张肖梅《贵州经济》记载,同年贵州总人口为 10486618 人。

(4)民国 26 年至民国 34 年(1937—1945 年)的全省人口逐年均有统计,现根据《贵州统计年鉴》(胜利纪念特辑)的数字抄录于此:

1937 年,全省总户数 1797718,人口 10302507 人;

1938 年,全省总户数 1790067,人口 10326322 人;

1939 年,全省总户数 1889872,人口 10255909 人;

1940 年,全省总户数 1880829,人口 10212661 人;

1941 年,全省总户数 1886624,人口 10551989 人;

1942 年,全省总户数 1924447,人口 10728565 人;

1943 年,全省总户数 1926913,人口 10792535 人;

1944 年,全省总户数 1919714,人口 10827768 人;

1945 年,全省总户数 1910809,人口 10602405 人。

(5)民国 35 年至民国 38 年(1946—1949 年),贵州人口数未见正式公布,但贵州省档案馆馆藏档案有其记载:

1946 年,10528293 人(贵州省档案馆馆藏 28-486 卷);

1947 年,10489747 人(贵州省档案馆馆藏 28-486 卷);

1948 年,10174457 人(贵州省档案馆馆藏 28-486 卷);

1949 年,10159444 人(贵州省档案馆馆藏 60-2198 卷)。

四、新中国成立以来贵州人口基本状况

中华人民共和国成立以后,由于社会主义制度的优越、经济的发展、人民生活水平的提高、医药卫生条件的改善,贵州和全国一样,人口的死亡率显著降低,出生率、成活率有较大提高。1950 年全省人口为 1417.20 万人,2010 年全省人口为 3479.00 万人,60 年间人口增长 2061.80 万人,增长了 1.45 倍。1950 年以来,贵州省人口变动大体经历了以下几个阶段。

(1)1950—1958 年人口快速增长。1949 年新中国成立后,经历了建国初期的国民经济恢复时期和第一个五年计划时期,社会生产力得到快速发展,城乡人口生活逐渐有了保障,人民安居乐业,医药卫生事业速度发展,结婚生育人口增多。同时,根据国家经济社会发展的总体需要,东南沿海部分厂矿企业搬迁到贵州,加上不少南下和西进干部及家属迁入贵州而带来的人口增加,贵州总人口由 1950 年的

1417.20万人,上升到1958年的1710.00万人,8年中净增292.80人,平均年净增36.60人,年平均增长率为2.4‰。这一时期人口出生率增长很快,年平均出生率为34.94‰,人口增长率由15‰左右提高到20‰以上。

(2)1959—1961年人口负增长。在"跑步进入共产主义"口号下,1958年开展的工业"大跃进"、1959年开展的农业"深耕"违反了自然规律与经济规律;同时,1959—1961年遭受严重自然灾害,加上工作中"左"的思想干扰,国民经济发展受到重大损失,人民生活陷入困境。作为重灾区的贵州人口负增长突出。1958年贵州人口为1710.00万人,1961年为1623.50万人,三年净减86.50万人,平均每年净减28.83人,年平均递减率为17.15‰。在增长率上,1960年为-5.79‰,1961年为-1.18‰,两年平均增长率为-3.5‰,下降幅度大于全国平均-1‰的水平。从统计数据看,两年共减少120.43万人。

(3)1962—1964年人口恢复增长。随着国民经济的恢复发展,人口增长又逐年增加。1961年贵州人口为1623.50万人,1964年为1752.00万人,三年中净增128.50人,平均每年净增42.83人,年平均增长率为25.7‰。

(4)1965—1975年人口数量持续上升,外来人口有所增加。在其中的1965—1970年这一时期,虽然提倡计划生育,但因着重在机关、厂矿、县以上城镇和人口稠密的农村进行,在少数民族聚居地区暂未提倡计划生育,又未采取有力措施,以致人口自然增长仍然较快。1964年贵州人口为1752.00人,1970年为2180.50万人,6年中净增428.40万人,平均每年净增71.40万人,年平均增长率为37.14‰。在1971—1975年"文化大革命"后期,计划生育工作有所放松,有些地方完全陷于停顿,因而导致人口有较大幅度增长。1975年为2530.95万人,5年中净增350.55万人,平均每年净增70.11万人,年平均增长率为30.27‰。

(5)1976—1990年,人口稳定增长阶段。1975年中共贵州省委《关于开展计划生育工作的决定》发布后,1976年起,贵州开始了以行政为主要手段的人口与计划生育工作,全省人口高速增长的势头受到遏制,自此逐步进入稳定增长时期。人口增长率从1978年的21.24‰下降到1990年的15.19‰。人口从1978年的2686.40万人增长到1990年的3267.53万人,年均增长16.45‰,增长率下降到20‰以下。

(6)1990—2000年,人口增长显著下降阶段。1988年《贵州计划生育试行条例》的颁布,在政府强制性行政干预下,人口增长速度显著下降。自然增长率从

1990 的 15.19‰下降到 2000 年的 13.06‰。人口数量从 1990 年的 3267.53 万人增加到 2000 年"五普"时 3524.76 万人,增长 257.23 万人,年均增长 0.76‰。人口出生率、死亡率、自然增长率由 1978 年的 28.62‰、7.38‰、21.24‰转变为 20.59‰、7.53‰、13.06‰,人口再生产类型由"高出生、高死亡、高增长"向"低出生、低死亡、低增长"的方向转变。

(7)2000 年以来,人口增长进入低生育阶段。以 2009 年 9 月 25 日贵州省第十一届人大常委会修订、颁布《贵州省人口与计划生育条例》和 2000 年 7 月中共贵州省委八届五中全会《关于加强人口与计划生育工作严格控制人口过快增长的决定》两个法规和法规性文件的贯彻、执行为标志,贵州人口计划生育工作进入了综合治理阶段,人口增长进入低生育水平时期。人口出生率、死亡率、自然增长率分别从 2000 年的 20.59‰、7.53‰、13.06‰下降到 2010 年的 13.96‰、6.55‰、7.41‰。妇女总和生育率为 1.75,低于 2.1 的更替水平。总人口也从第五次人口普查时的 3524.76 万人下降到第六次人口普查时的 3474.65 万人,减少 50.11 万人。

表 2-1 1949—2014 年贵州省人口总数变动情况

年度	总人口(万人)	比上年增长(%)	年度	总人口(万人)	比上年增长(%)
1949	1416.40	—	1959	1743.96	1.98
1950	1417.20	0.06	1960	1642.99	-5.79
1951	1444.70	1.94	1961	1623.50	-1.18
1952	1489.90	3.13	1962	1664.29	2.51
1953	1525.50	2.39	1963	1703.56	2.36
1954	1557.05	2.07	1964	1752.00	2.84
1955	1586.77	1.91	1965	1820.71	3.92
1956	1628.09	2.06	1966	1885.00	3.53
1957	1680.86	3.24	1967	1957.00	3.82
1958	1710.00	1.73	1968	2035.00	3.09

续表

年度	总人口(万人)	比上年增长(%)	年度	总人口(万人)	比上年增长(%)
1969	2108.00	3.59	1992	3360.96	1.40
1970	2180.50	3.44	1993	3408.69	1.42
1971	2259.00	3.60	1994	3458.41	1.46
1972	2323.21	2.84	1995	3508.08	1.44
1973	2395.23	3.10	1996	3555.41	1.35
1974	2463.41	2.85	1997	3605.81	1.42
1975	2530.95	2.74	1998	3657.60	1.44
1976	2585.11	2.14	1999	3710.06	1.43
1977	2640.14	2.13	2000	3524.76	1.23
1978	2686.40	1.75	2001	3798.51	1.14
1979	2730.99	1.66	2002	3837.26	1.02
1980	2276.67	1.67	2003	3869.66	0.84
1981	2826.78	1.80	2004	3903.70	0.88
1982	2875.21	1.71	2005	3730.00	-4.45
1983	2901.46	0.91	2006	3990.00	-1.07
1984	2931.85	1.05	2007	3632.00	-1.57
1985	2972.18	1.38	2008	3596.00	-0.99
1986	3025.86	1.81	2009	3537.00	-1.64
1987	3072.58	1.54	2010	3474.65	-1.64
1988	3127.27	1.78	2011	3469.00	-0.03
1989	3171.00	1.40	2012	3484.00	0.43
1990	3267.53	3.04	2013	3505.22	0.52
1991	3314.63	1.44	2014	3508.00	0.08

资料来源:《贵州人口统计资料汇编》(1949—1984);《世纪之交的中国人口》(贵州卷);《迈向小康社会的中国人口》(贵州卷);贵州省统计局 www.gz.stats.gov.cn/We。

表 2-2　2014 年年末各市(州)、县(市、区、特区)常住人口

单位:万人

行政区名	2013年	2014年	人口增减	行政区名	2013年	2014年	人口增减
贵阳市	452.19	455.60	3.41	万山区	11.43	11.48	0.05
南明区	86.30	87.07	0.77	江口县	17.29	17.36	0.07
云岩区	99.09	99.21	0.12	玉屏县	11.93	11.99	0.06
花溪区	63.08	63.34	0.26	石阡县	30.42	30.47	0.05
乌当区	23.23	23.47	0.24	思南县	49.90	49.95	0.05
白云区	27.18	27.35	0.17	印江县	28.40	28.46	0.06
观山湖区	22.72	23.66	0.94	德江县	36.80	37.05	0.25
开阳县	36.29	36.42	0.13	沿河县	45.02	45.03	0.01
息烽县	21.90	22.01	0.11	松桃县	48.67	48.93	0.26
修文县	25.91	26.19	0.28	黔西南州	282.22	281.12	-1.10
清镇市	46.49	46.88	0.39	兴义市	78.88	78.86	-0.02
六盘水市	287.45	288.20	0.75	兴仁县	41.98	41.78	-0.2
钟山区	59.78	60.08	0.3	普安县	25.61	25.60	-0.01
六枝特区	49.66	49.78	0.12	晴隆县	24.81	24.80	-0.01
水城县	73.86	74.01	0.15	贞丰县	30.55	30.54	-0.01
盘县	104.15	104.33	0.18	望谟县	25.26	24.46	-0.8
遵义市	614.25	615.49	1.24	册亨县	19.15	19.14	-0.01
红花岗区	67.48	67.74	0.26	安龙县	35.98	35.94	-0.04
汇川区	45.23	45.36	0.13	黔东南州	348.34	347.75	-0.59
遵义县	93.64	93.90	0.26	凯里市	48.87	53.41	4.54
桐梓县	52.20	52.38	0.18	黄平县	26.30	26.25	-0.05
绥阳县	38.15	37.96	-0.19	施秉县	13.08	13.06	-0.02
正安县	38.33	38.39	0.06	三穗县	15.57	15.50	-0.07
道真县	24.38	24.47	0.09	镇远县	20.40	20.36	-0.04

续表

行政区名	2013年	2014年	人口增减	行政区名	2013年	2014年	人口增减
务川县	31.87	31.95	0.08	岑巩县	16.14	16.04	-0.10
凤冈县	30.98	31.03	0.05	天柱县	26.08	26.04	-0.04
湄潭县	37.64	37.71	0.07	锦屏县	15.38	15.35	-0.03
余庆县	23.57	23.62	0.05	剑河县	18.09	18.06	-0.03
习水县	51.77	51.80	0.03	台江县	11.12	11.10	-0.02
赤水市	24.04	24.09	0.05	黎平县	38.93	38.86	-0.07
仁怀市	54.98	55.09	0.11	榕江县	28.67	28.59	-0.08
安顺市	230.05	230.81	0.76	从江县	29.12	29.02	-0.1
西秀区	76.64	76.90	0.26	雷山县	11.70	11.68	-0.02
平坝县	29.83	29.93	0.1	麻江县	16.64	12.20	-4.44
普定县	37.89	38.02	0.13	丹寨县	12.25	12.23	-0.02
镇宁县	28.40	28.49	0.09	黔南州	323.50	323.30	-0.2
关岭县	30.21	30.28	0.07	都匀市	45.54	45.48	-0.06
紫云县	27.08	27.19	0.11	福泉市	29.24	29.20	-0.04
毕节市	653.82	654.12	0.3	荔波县	12.73	12.71	-0.02
七星关区	113.47	113.50	0.03	贵定县	23.92	23.92	持平
大方县	77.90	77.94	0.04	瓮安县	38.86	38.82	-0.04
黔西县	68.99	69.02	0.03	独山县	26.95	26.93	-0.02
金沙县	55.59	55.62	0.03	平塘县	23.88	23.88	持平
织金县	78.53	78.55	0.02	罗甸县	25.64	25.65	0.01
纳雍县	67.28	67.31	0.03	长顺县	18.64	18.62	-0.02
威宁县	126.73	126.82	0.09	龙里县	16.03	15.99	-0.04
赫章县	65.33	65.36	0.03	惠水县	35.37	35.35	-0.02
铜仁市	310.40	311.65	1.25	三都县	26.73	26.74	0.01
碧江区	30.54	30.93	0.39				

资料来源：贵州省统计局人口处：2014年贵州分县常住人口变化情况。www.gz.stats.gov.cn/We，2015-04-03。

第三节　新中国成立后贵州少数民族人口数量变动

贵州各民族人口的历史资料较为匮乏,时间越久远则越显奇缺。随着时代的发展和需要,各民族人口的历史资料才零星地散见于一些史籍中,或是凤毛麟角,或如蜻蜓点水。如《史记·西南夷列传》《汉书·地理志》《晋书·地理志》《旧唐书·地理志》《元和郡县志》《唐书·地理志》《太平寰宇记》《宋史·地理志》《宋史·蛮夷列传》《元史·地理志》等史籍的记载也仅是片言只语。

明、清及以后,封建统治阶级的势力逐步深入到贵州各民族地区,为了施行统治的需要,一些少数民族人口的数字始初见载籍。这些史籍有《明史》《招捕总录》《续文献通考》《明通鉴》《读史方舆纪要》《黔书》《贵州通志》,以及各府、州、县志等。民国时期张肖梅的《贵州经济》、杨森主编的《贵州省统计年鉴》(胜利纪念特辑)、贵州省民政厅编印的《统计年鉴》等文献有部分民族人口资料。

历代封建统治阶级编造户口的目的在于征收课税。因少数民族多不征课税,不曾列入户籍;加之,统计的目的与方法的不同,对民族认识的不一致,特别是长时期统治阶级实行民族压迫和民族歧视政策(即使在民国时期承认有少数民族,也只是"五族共和"),对于民族人口问题多不重视。从已有文献看,贵州历代人口资料不具有现代人口学意义的各民族人口资料。

1949年新中国的成立,标志着新民主主义革命的完成和社会主义革命的开始,中国自此进入了发展史上的一个崭新时期。随着政治、经济制度的根本变革,也给人口增殖创造了良好的条件。少数民族地位得到空前提高,少数民族地区经济社会都得到较快发展。与此同时,国家逐步地健全了常年人口统计及定期的人口抽样普查,这些普查、统计和抽样调查所积累的准确度较高的系统人口资料,基本反映了60多年来全国人口总量变动的全过程,也是我们研究贵州各民族人口的依据。

人口普查是在国家统一安排下,在规定的时间内,按照统一的项目、统一的表格和统一的填写方法,对全国人口普遍地逐人进行的一次调查登记。新中国成立以来,先后在1953年、1964年、1982年、1990年、2000年、2010年共进行了六次人口普查。

1953年,国民经济恢复工作刚刚结束,随即开始大规模的经济建设,开始着手执行国民经济第一个五年发展计划的时候,党和政府决定在全国普选工作的同时,进行第一次全国人口普查。中央人民政府政务院于1953年4月3日公布的《全国人口调查登记办法》第一条中指出,"为准备全国人民代表大会及地方各级人民代表大会选举,做好选民登记工作,并为国家的经济、文化建设,提供确实的人口数字,特举行全国人口调查登记"。这次普查结果,1953年6月30日24时,我国共有6亿人口。贵州省人口为15037310人,其中,汉族11098431人,占全省总人口的73.81%;各少数民族人口(包括待识别的人们共同体人口)3938879人,占全省总人口的26.19%,其中,壮族13857人,维吾尔族1人,回族40964人,彝族274486人,藏族16人,苗族1424957人,满族186人,蒙古族26人,布依族1222296人,侗族439369人,瑶族13697人,白族(原表称"民家")86人,傣族4人,哈尼族1人,水族(原表称"水家")132547人,待识别人们共同体376386人。当时的苗族、布依族、侗族、彝族、水族、回族、壮族、瑶族属世居民族,总人口为3562173人,占少数民族人口总数的90.4%。

1964年第二次全国人口普查,中共中央和国务院于1964年2月11日发出了《关于进行第二次全国人口普查工作的指示》和《第二次全国人口普查登记办法》。普查的直接目的是为"着手编制国民经济建设第三个五年计划和长远规划"提供数据。1964年6月30日24时,贵州省总人口为17140521人。其中,汉族13128918人,少数民族人口(含待识别人们共同体人口)4012965人,占全省总人口的23.4%。在少数民族中,苗族1579097人,回族54666人,布依族1346532人,侗族475870人,彝族344889人,水族153090人,壮族14978人,瑶族10915人,仡佬族26235人,满族589人,蒙古族122人,藏族76人,朝鲜族9人,白族706人,土家族419人,景颇族511人,黎族27人,维吾尔族2人,土族18人,其他(包括待识别人们共同体、民族不详人口)2797人,外国人加入中国籍55人。当时认定的世居贵州的民族是苗族、布依族、侗族、彝族、水族、回族、仡佬族、壮族和瑶族9个,总人口为 3906272 人，占全省少数民族人口总数的 97.3%。

1982 年 6 月 30 日我国开展第三次人口普查。这时的贵州省总人口为 28552942 人，其中，汉族人口 21129487 人，少数民族人口（包括待识别人们共同体的人口）7423455 人，占全省人口总数的 26%。全省申报的民族成分有 47 种，其人口如下：蒙古族 719 人，回族 98452 人，藏族 205 人，维吾尔族 22 人，苗族 2582587 人，彝族 564556 人，壮族 27691 人，布依族 2098852 人，朝鲜族 167 人，满族 10367 人，侗族 851119 人，瑶族 19398 人，白族 4858 人，土家族 1625 人，哈尼族 34 人，傣族 137 人，黎族 70018 人，傈僳族 97 人，佤族 10 人，畲族 37 人，高山族 345 人，拉祜族 12 人，水族 275680 人，东乡族 291 人，纳西族 194 人，景颇族 56 人，土族 13509 人，仫佬族 1142 人，羌族 12 人，布朗族 1 人，撒拉族 15 人，毛南族 58 人，仡佬族 51521 人，锡伯族 64 人，阿昌族 5 人，普米族 4 人，塔吉克族 3 人，怒族 2 人，德昂族 10 人，保安族 1 人，裕固族 1 人，京族 1424 人，独龙族 12 人，赫哲族 3 人，门巴族 12 人，珞巴族 32 人，待识别人共同体 748080 人，外国人加入中国籍 15 人。有关部门认定世居贵州的少数民族是苗族、布依族、侗族、彝族、水族、仡佬族、壮族、瑶族、满族、白族和土家族等 12 个，其总人口为 6586706 人，占全省少数民族人口的 89%。

1990 年 6 月 30 日我国进行第四次人口普查。普查的目的是为了准确地查清我国人口数量、地区分布、人口结构等，为科学地制定国民经济和社会发展战略与规划、统筹安排人民的物质和文化生活、检查人口政策执行情况提供可靠的资料。第四次人口普查时，贵州省总人口为 32391066 人。其中，汉族 21154520 人，少数民族人口（包括待认定族称的人们共同体人口）11236546 人，占全省人口总数的 34.7%。当时全省申报的民族成分有 48 种，其族称和人口如下：蒙古族 24025 人，回族 126500 人，藏族 711 人，维吾尔族 40 人，苗族 3686900 人，彝族 707413 人，壮族 37783 人，布依族 2478107 人，朝鲜族 217 人，满族 16760 人，侗族 1400344 人，瑶族 31240 人，白族 122166 人，土家族 1028189 人，哈尼族 210 人，傣族 488 人，黎族 80252 人，傈僳族 106 人，佤族 73 人，畲族 333 人，高山族 169 人，拉祜族 28 人，水族 322562 人，东乡族 1300 人，纳西族 204 人，景颇族 528 人，土族 1968 人，达斡尔族 7 人，仫佬族 1079 人，羌族 1024 人，布朗族 7 人，撒拉族 15 人，毛南族 611 人，仡佬族 430519 人，锡伯族 120 人，阿昌族 1 人，普米族 1 人，怒族 7 人，俄罗斯族 3 人，鄂温克族1人，德昂族26人，京族1022人，独龙族99人，鄂伦春族3人，赫哲族10人，门巴族1人，珞巴族8人，基诺族1人，待认定人们共同体733400人，外国人加入中国籍5人。有关部门认定世居贵州的少数民族是苗族、布依族、侗族、土家族、彝族、仡佬族、水族、回族、白族、壮族、瑶族、满族、蒙古族、羌族14个，总人口为10413532人，占少数民族人口的92.7%（毛南族是在第四次人口普查以后的7月27日定为世居，故未列入）。

2000年11月1日进行的全国第五次人口普查时，贵州省总人口为35247695人。其中，汉族为21911687人，占全省总人口的62.16%，少数民族人口总数为13336008人，占全省总人口的37.84%。与第四次人口普查相比，贵州省总人口增加了2856629人，比第四次人口普查时的人口数，增长了8.82%。第五次人口普查全省登记的有55个少数民族，其中，蒙古族47531人，回族168734人，藏族1787人，维吾尔族1149人，苗族4299954人，彝族843554人，壮族52065人，布依族1798200人，朝鲜族1192人，满族21932人，侗族1628568人，瑶族44392人，白族187362人，土家族1430286人，哈尼族891人，哈萨克族226人，傣族755人，黎族56082人，傈僳族120人，佤族1148人，畲族44926人，高山族228人，拉祜族82人，水族369723人，东乡族412人，纳西族294人，景颇族413人，柯尔克孜族17人，土族24942人，达斡尔族120人，仫佬族28435人，羌族1431人，布朗族30人，撒拉族87人，毛南族31240人，仡佬族559041人，锡伯族171人，阿昌族28人，普米族4人，塔吉克族16人，怒族21人，乌孜别克族1人，俄罗斯族31人，鄂温克族46人，德昂族2人，保安族3人，裕固族1人，京族641人，塔塔尔族2人，独龙族82人，鄂伦春族8人，赫哲族13人，门巴族5人，珞巴族70人，基诺族6人，其他未识别的民族710486人，外国人加入中国籍22人。在少数民族中，被有关部门认定为世居贵州的民族有苗族、布依族、侗族、土家族、彝族、仡佬族、水族、回族、白族、壮族、瑶族、满族、蒙古族、羌族、仫佬族、毛南族、畲族17个，总人口为12529342人，占少数民族人口的93.95%。

从表2-3中可以看出，第五次人口普查贵州省的人口总体上无论是从绝对数量，还是相对比例均呈增长趋势，尤其是少数民族人口增长较快。第四次人口普查贵州省总人口为32391066人，第五次人口普查其人口增加到35247695人，比第四次人口普查增加了2856629人，增长了8.82%。其中，汉族人口从21154520人增加到 21911687 人,增加了 757167 人,增长了 3.58%,增长幅度低于全省 5.24 个百分点,其人口在总人口中的比重从第四次人口普查的 65.31% 下降到第五次人口普查的 62.16%,下降了 3.15 个百分点;少数民族人口(包括未识别的民族和外籍人口)从 11236546 人增加到 13336008 人,增加了 2099462 人,增长了 18.68%,其增长幅度大于全省和汉族,比全省高 9.86 个百分点,比汉族高 15.10 个百分点。少数民族人口在总人口中的比重从第四次人口普查的 34.70% 上升到第五次人口普查的 37.84%,提高了 3.15 个百分点。在全省净增的 2856629 人口中,少数民族为 2099462 人,占 73.49%,汉族为 757167 人,占 26.51%,少数民族人口增量在总人口增量中占绝大比例。因此,汉族人口在全省总人口的比例下降了,少数民族人口的比重增加了。

表 2-3 贵州各民族人口变动情况表

民族	1953 年第一次人口普查		1964 年第二次人口普查		1982 年第三次人口普查		1990 年第四次人口普查		2000 年第五次人口普查		2010 年第六次人口普查	
	人口数(人)	比重(%)	人口数(人)	比重(%)	人口数(人)	比重(%)	人口数(人)	比重(%)	人口数(人)	比重(%)	人口数(人)	比重(%)
总计	15037310	100.00	17140521	100.00	28552942	100.00	32391066	100.00	35247659	100.00	34746468	100.00
汉族	11098431	73.81	13128918	76.60	21129487	74.00	21154520	65.30	21911687	62.16	22198485	63.89
少数民族	3938879	26.19	4011603	23.40	7423455	26.00	11236546	34.70	13336008	37.84	12547983	36.11
蒙古族	26	—	122	—	719	—	24025	0.07	47531	0.13	41561	0.12
回族	40964	0.27	54666	0.32	98452	0.34	126500	0.39	168734	0.48	184788	0.53
藏族	16	—	76	—	205	—	711	—	1787	0.005	1281	0.004
维吾尔族	1	—	2	—	22	—	40	—	1149	0.003	548	0.002
苗族	1425036	9.48	1579097	9.21	2582587	9.04	3686900	11.38	4299954	12.20	3968400	11.42
彝族	274486	1.83	344889	2.01	564556	1.98	707413	2.18	843554	2.39	834461	2.40
壮族	13857	0.09	14978	0.09	27691	0.10	37783	0.12	52065	0.15	52577	0.15
布依族	1222296	8013	1346372	7.86	2098552	7.35	2478107	7.65	1798220	5.10	2510563	7.23
朝鲜族	—	—	9	—	167	—	217	—	1192	0.003	664	0.002

续表

民族	1953年第一次人口普查		1964年第二次人口普查		1982年第三次人口普查		1990年第四次人口普查		2000年第五次人口普查		2010年第六次人口普查	
	人口数（人）	比重（%）	人口数（人）	比重（%）	人口数（人）	比重（%）	人口数（人）	比重（%）	人口数（人）	比重（%）	人口数（人）	比重（%）
满族	186	—	589	—	10367	0.04	16760	0.05	21932	0.06	23086	0.07
侗族	439369	2.92	475870	2.78	851119	2.98	1400344	4.32	1628568	4.62	1431928	4.12
瑶族	13697	0.09	10915	0.07	19398	0.07	31240	0.10	44392	0.13	40879	0.12
白族	86	—	706	—	4858	0.02	122166	0.10	187362	0.53	179510	0.52
土家族	—	—	419	—	1625	0.01	1028189	3.17	1430286	4.06	1436977	4.14
达斡尔族	—	—	—	—	—	—	7	—	120	—	32	—
俄罗斯族	—	—	—	—	—	—	3	—	31	—	25	—
哈尼族	1	—	—	—	34	—	210	—	891	0.002	1092	0.003
哈萨克族	—	—	—	—	—	—	—	—	226	—	2093	0.006
傣族	4	—	—	—	137	—	488	—	755	0.002	1217	0.004
黎族	—	—	27	—	70018	0.25	80252	0.25	56082	0.16	135173	0.39
傈僳族	—	—	—	—	97	—	106	—	120	—	337	—
佤族	—	—	—	—	10	—	73	—	1148	0.003	831	0.002
畲族	—	—	—	—	37	—	333	—	44926	0.13	36558	0.11
高山族	—	—	—	—	345	—	169	—	228	—	191	—
拉祜族	—	—	—	—	12	—	28	—	82	—	182	—
水族	132547	0.88	153090	0.89	275680	0.97	322562	1.00	369723	1.05	348746	1.00
东乡族	—	—	—	—	291	—	1300	—	412	0.001	958	0.003
纳西族	—	—	—	—	194	—	204	—	294	—	353	—
景颇族	—	—	511	—	56	—	528	—	413	0.001	572	0.002

续表

民族	1953年第一次人口普查		1964年第二次人口普查		1982年第三次人口普查		1990年第四次人口普查		2000年第五次人口普查		2010年第六次人口普查	
	人口数（人）	比重（%）	人口数（人）	比重（%）	人口数（人）	比重（%）	人口数（人）	比重（%）	人口数（人）	比重（%）	人口数（人）	比重（%）
柯尔克孜族	—	—	—	—	—	—	—	—	17	—	2	—
土族	—	—	18	—	13509	0.05	1968	0.01	24942	0.07	5154	0.01
仫佬族	—	—	163	—	1142	—	1079	—	28435	0.08	24956	0.07
羌族	—	—	—	—	12	—	1024	—	1431	0.004	1605	0.005
布朗族	—	—	—	—	1	—	7	—	30	—	49	—
撒拉族	—	—	—	—	15	—	15	—	87	—	99	—
鄂温克族	—	—	—	—	—	—	1	—	46	—	1	—
鄂伦春族	—	—	—	—	—	—	3	—	8	—	24	—
毛南族	—	—	—	—	58	—	611	—	31240	0.09	27332	0.08
仡佬族	11667	0.08	26235	0.25	51521	0.18	430519	1.33	559041	1.59	495182	1.43
锡伯族	—	—	—	—	64	—	120	—	171	—	185	—
阿昌族	—	—	—	—	5	—	1	—	28	—	26	—
普米族	—	—	—	—	4	—	1	—	4	—	16	—
塔吉克族	—	—	—	—	3	—	—	—	16	—	—	—
怒族	—	—	—	—	2	—	7	—	21	—	28	—
乌孜别克族	—	—	—	—	—	—	—	—	1	—	—	—
德昂族	—	—	—	—	10	—	26	—	2	—	16	—
保安族	—	—	—	—	1	—	—	—	3	—	8	—

续表

民族	1953年第一次人口普查		1964年第二次人口普查		1982年第三次人口普查		1990年第四次人口普查		2000年第五次人口普查		2010年第六次人口普查	
	人口数（人）	比重（%）	人口数（人）	比重（%）	人口数（人）	比重（%）	人口数（人）	比重（%）	人口数（人）	比重（%）	人口数（人）	比重（%）
裕固族	—	—	—	—	1	—	—	—	1	—	1	—
京族	—	—	—	—	1424	—	1022	—	641	0.002	1143	0.03
塔塔尔族	—	—	—	—	—	—	—	—	2	—	3	—
独龙族	—	—	—	—	12	—	99	—	82	—	87	—
赫哲族	—	—	—	—	3	—	10	—	13	—	8	—
基诺族	—	—	—	—	—	—	1	—	6	—	10	—
门巴族	—	—	—	—	12	—	1	—	5	—	9	—
珞巴族	—	—	—	—	32	—	8	—	70	—	85	—
待识别人共同体	376386	2.42	2797	0.02	748080	2.62	733400	2.26	710486	—	612780	1.76
外国人入籍	—	—	55	—	15	—	5	—	22	—	6	—

资料来源：根据第一次、第二次、第三次、第四次、第五次和第六次人口普查资料整理。

由于多方面的原因，第四次人口普查至第五次人口普查间，贵州各少数民族人口增长状况不尽相同，有的民族增长较快，有的民族增长较慢，只有极少数民族人口为负增长。表2-3中17个世居贵州的少数民族人口均呈增长趋势，其中人口增长较快的是畲族、毛南族、仫佬族、蒙古族、白族、瑶族、羌族、土家族、壮族、回族、满族等少数民族，其增长率分别为13391.29%、5012.93%、2535.31%、97.84%、53.37%、42.10%、39.75%、39.11%、37.80%、33.39%、30.86%，均在30%以上，人口增长速度相对较慢的是布依族，其增长率为12.92%。除17个世居的少数民族外，其他少数民族绝大多数的民族人口为正增长，只有黎族（从80252人下降到56082

人)、东乡族(从 1300 人下降到 412 人)、景颇族(从 528 人下降到 413 人)、德昂族(从 26 人下降到 2 人)、京族(从 1022 人下降到 641 人)、独龙族(从 99 人下降到 82 人)6 个少数民族的人口为负增长。由于这几个少数民族占总人口的比例很小,因此,它们的人口负增长对整个贵州少数民族人口增长的影响很小,改变不了整个少数民族人口的增长方向。

2010 年 11 月 1 日进行的全国第六次人口普查时,贵州省总人口为 34746468 人。其中,汉族为 22198485 人,占全省总人口的 63.89%,少数民族人口总数为 12547983 人,占全省总人口的 36.11%。与第五次人口普查相比,贵州省总人口减少了 501227 人(第五次人口普查贵州省人口为 35247695 人),减少 1.42%,年平均递减 0.14%。第六次人口普查全省登记的有 53 个少数民族,其中,蒙古族 41561 人,回族 184788 人,藏族 1281 人,维吾尔族 548 人,苗族 3968400 人,彝族 834461 人,壮族 52577 人,布依族 2510563 人,朝鲜族 664 人,满族 23086 人,侗族 1431928 人,瑶族 40879 人,白族 179510 人,土家族 1436977 人,哈尼族 1092 人,哈萨克族 2093 人,傣族 1217 人,黎族 135173 人,傈僳族 337 人,佤族 831 人,畲族 36558 人,高山族 191 人,拉祜族 182 人,水族 348746 人,东乡族 958 人,纳西族 353 人,景颇族 572 人,柯尔克孜族 2 人,土族 5154 人,达斡尔族 32 人,仫佬族 24956 人,羌族 1605 人,布朗族 49 人,撒拉族 99 人,毛南族 27332 人,仡佬族 495182 人,锡伯族 185 人,阿昌族 26 人,普米族 16 人,塔吉克族 0 人,怒族 28 人,乌孜别克族 0 人,俄罗斯族 25 人,鄂温克族 1 人,德昂族 16 人,保安族 8 人,裕固族 1 人,京族 1143 人,塔塔尔族 3 人,独龙族 87 人,鄂伦春族 24 人,赫哲族 8 人,门巴族 9 人,珞巴族 85 人,基诺族 10 人,其他未识别的民族 612780 人,外国人加入中国籍 6 人。在少数民族中,被有关部门认定为世居贵州的民族有苗族、布依族、侗族、土家族、彝族、仡佬族、水族、回族、白族、壮族、瑶族、满族、蒙古族、羌族、仫佬族、毛南族、畲族 17 个,总人口为 11639111 人,占少数民族人口的 92.76%。世居贵州的民族因居住的时间较长,民族特点较为突出,其人口占少数民族人口比例绝对多数,因此,他们的人口状况能说明贵州整个少数民族的人口特征。

第六次人口普查贵州人口总体上从绝对数量和相对比例方面均呈下降趋势,其中少数民族人口数量变化较大。全省常住人口中,汉族人口为 22198485 人,占 63.89%;各少数民族人口为 12547983 人,占 36.11%。同 2000 年第五次人口普查相比,汉族人口增加 286798 人,其在总人口中的比重从第五次人口普查的 62.16%上升到 63.89%,提高了 1.73 个百分点;各少数民族人口减少 788025 人,其在总人口中的比重从第五次人口普查的 37.84%下降到 36.11%,降低了 1.73 个百分点。由于多方面的原因,贵州各少数民族人口状况不尽相同,17 个世居少数民族中,土家族、回族、壮族、满族和羌族 5 个民族的人口数量有所增长,其中增长幅度最大的是羌族,增长 12.16%,其次是回族,增长 9.15%,其他 12 个民族人口数量有所下降,下降幅度最大的是畲族,下降 18.63%,其次是蒙古族,下降 12.56%(见表 2-4)。

虽然排名前 5 位的少数民族(见图 2-1),除土家族外,均有所减少,但减少幅度并明显。观察图 2-1 可以看到,2000 年的图形与 2010 年区别并不明显。这也就是说,2010 年少数民族人口的减少,对未来贵州民族人口的发展情况的影响,可能比较有限。

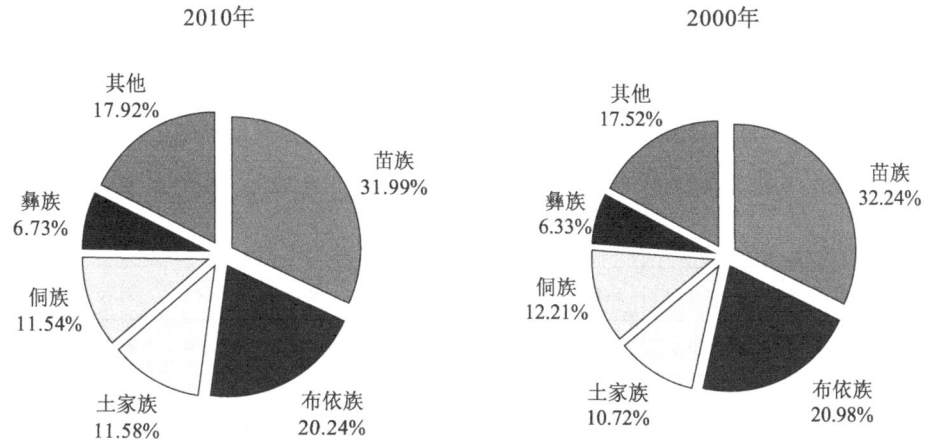

图 2-1 数量排在前 5 位的少数民族人口比例图

总之,自 1953 年开始,贵州少数民族人口一直呈现增长状态,1964—1982 年增长速度最高,为 5.75%。此后,增长速度逐次减缓。1990 年普查增长率为 3.85%,2000 年为 1.57%。2010 年较 2000 年下降了 1.73 个百分点。

表 2-4 第一至第六次人口普查贵州世居民族人口及增长幅度

民族	1953年（万人）	1964年（万人）	1982年（万人）	1990年（万人）	2000年（万人）	2010年（万人）	人口增长幅度(%)				
							1964年比1953年	1982年比1964年	1990年比1982年	2000年比1990年	2010年比2000年
总计	1503.73	1714.05	2855.31	3239.11	3524.77	3474.65	14.02	66.58	13.40	8.82	-1.42
汉族	1109.84	1312.90	2112.95	2115.45	2191.17	2219.85	18.34	60.88	0.12	3.58	0.81
少数民族人口总数	393.89	401.16	742.35	1123.66	1333.60	1254.80	1.85	86.04	51.40	18.68	-2.24
苗族	142.50	157.91	258.26	368.70	430.00	396.84	10.82	63.55	42.76	16.63	-7.71
布依族	122.23	134.65	209.89	247.81	279.82	251.06	10.16	55.87	18.07	12.92	-10.28
侗族	43.94	47.59	85.11	140.03	162.86	143.19	8.31	78.85	64.53	16.30	-12.07
土家族	—	0.04	0.16	102.82	143.03	143.70	—	130.10	63173.17	39.11	0.47
彝族	27.45	34.49	56.46	70.74	84.36	83.45	26.75	63.56	25.30	19.24	-1.08
仡佬族	1.17	2.62	5.15	43.05	55.90	49.52	124.80	96.30	736.62	29.85	-11.42
水族	13.26	15.31	27.57	32.26	36.97	34.88	15.50	80.10	17.01	14.62	-5.67
回族	4.10	5.47	9.85	12.65	16.87	18.48	35.51	80.02	28.49	33.39	9.51
壮族	1.39	1.50	2.77	3.78	5.21	5.26	8.09	84.88	36.45	37.80	0.98
瑶族	1.37	1.09	1.94	3.12	4.44	4.09	-20.31	77.71	61.05	42.10	-7.91
满族	0.01	0.06	1.04	1.68	2.19	2.31	216.60	3014.52	61.67	30.86	5.26
蒙古族	—	0.01	0.07	2.40	4.75	4.16	369.20	489.30	3241.45	97.84	-12.56
羌族	—	—	—	0.10	0.14	0.16	—	—	3433.30	39.75	12.16
仫佬族	—	0.02	0.11	0.11	2.84	2.50	—	600.60	-5.80	2535.31	-12.23
毛南族	—	—	—	0.06	3.12	2.73	—	—	953.00	5012.93	-12.51
畲族	—	—	—	0.03	4.49	3.66	—	—	800.00	13391.29	-18.63
白族	0.01	0.07	0.49	12.22	18.74	17.95	720.90	840.48	2414.74	53.37	-4.19

资料来源：根据第一次至第六次人口普查数据整理。

注：第一次人口普查时，满族人口为86人，白族人口为86人；第二次人口普查时，土家族人口为419人，蒙古族人口122人，满族人口589人，仫佬族人口163人，白族人口706人；第三次人口普查时，土家族人口1625人，蒙古族人口719人，羌族人口12人，毛南族人口53人，畲族人口37人；第四次人口普查时，毛南族人口611人，畲族人口333人。

第四节　贵州少数民族人口数量变动原因分析

从新中国成立以来的六次人口普查资料看,由于党的民族平等、团结政策的进一步贯彻落实;因工作、学习等原因,迁居贵州的民族种类逐渐增多,人口数量也在不断增长。但就贵州各民族人口的增长速度来看,有些年份增长较快,有些年份增长较慢;各个民族人口的增长速度也不尽相同。

一、1953—1964 年贵州少数民族人口数量变动原因

从表 2-1、表 2-4 可以看出,从 1953—1964 年的 11 年,贵州省人口总数由 15037310 人发展为 17145499 人,增长 14.02%。其中,汉族人口由 11098431 人发展为 13133598 人,增长 18.34%,增长幅度高出全省 4.34 个百分点,因而占全省人口的比重也由 73.81% 上升到 76.59%。各少数民族人口由 3938879 人增长为 4011901 人,增长 1.85%,比汉族人口的增长幅度低 16.49 个百分点,占全省人口的比重由 26.19% 下降为 23.41%。民族人口增长幅度最快的是回族,最慢的是壮族,出现负增长的是瑶族。汉族人口与各民族人口增长速度不同的原因,主要如下。①人口的自然增长较快,汉族人口多居住在平坝或交通方便的地方,加之,生活水平、经济收入也比较高,医疗卫生条件也比较好,死亡率比较低,使自然增长率提高。而少数民族的人口出生率高,但死亡率也比较高。②由省外迁入的汉族人口较多,还有招工、招生而来的,也有国家直接调配到贵州工作的干部。例如,在此期间从全国有关省、区招收的大专院校学生和调入搞"四清"的各类干部就达数万人之众。③一些群众还不能正确申报自己的民族成分。少数民族因长期受阶级压迫和民族歧视的影响,新中国成立初期对民族政策了解不够,加之这一时期出现"左"的错误,"民族融合论"之风曾一度出现,不敢公开申报自己的少数民族成分,多将其民族成分申报为汉族。当然,少数民族地区经济落后,医疗卫生条件差,人口处于多生多死状态,乃是少数民族人口增长速度低于汉族人口增长速度的主要原因。

第二次人口普查时,在9个世居的少数民族人口中,回族、仡佬族、彝族等民族人口增长幅度较大。一方面是新中国成立后人口的自然增长率较高;另一方面是与两次普查期间这些民族的部分群众改报民族成分及有关部门对未识别人们共同体人口的分类调整有关。瑶族人口是这一阶段唯一出现负增长的民族。这是因为瑶族多居住在我省与广西壮族自治区交界的山区,经济落后,医疗卫生条件差,人口死亡率高。另外,该民族的部分群众当时尚未完全过定居生活,常常搬迁于两省(区)的崇山峻岭之中,人口普查登记时有一定困难,故使两次普查人口数字有一定差距。

在此期间,待识别人们共同体人口下降幅度较大,是与建国初期的民族识别有关;有些待识别人们共同体经过调查识别,被认定为某一种民族,有的则被确定为某一民族的支系,在1964年普查统计时就从"待识别人们共同体人口"中列出其归属,从而影响了其人口的总量。

二、1964—1982年贵州少数民族人口数量变动原因

1964—1982年,贵州省人口数由17145499人发展为28552942人,增长66.53%。其中,汉族人口由13133598人发展为21129487人,增长60.88%。由于增长速度减慢,占全省人口比重由76.59%下降为74%,下降了2.59个百分点。少数民族人口由4011901人发展为7423455人,增长85.04%,增长速度快于全省和汉族人口,占全省人口比重由23.41%上升26%;升高了2.59个百分点。经过有关部门的识别认定,满族、白族和土家族被确定为贵州省的世居民族,使贵州世居民族从9个上升到12个。

这一阶段少数民族人口的增长速度之所以高于汉族人口的增长速度,主要是与计划生育政策和民族政策有关。贵州省是从1975年开始在城镇和汉族地区开展计划生育工作,少数民族及其他地区则是在1980年以后才陆续进行,而且在生育胎数上"适当放宽",甚至在一些边远、偏僻的民族地区,计划生育工作尚未列入正式议程,或者是有名无实,超胎生育严重。因此,与汉族地区相比,人口出生率明显不同。例如,开展计划生育工作较早的贵阳市,其人口出生率由1971年的27.43%下降到1980年的10.03%;而开展计划生育工作晚并在生育胎数政策上适当放宽的苗族聚居的台江县,同一时期的人口出生率则由44.4%下降为28.14%。

又由于少数民族在生育胎数上适当放宽,也使妇女的生育率高于全省的平均水平。1981年全省育龄妇女各年龄组生育率为121.88‰。少数民族育龄妇女各年龄组生育率为141.36‰,比全省平均数高19.4个千分点。

1981年12月9日,贵州省人口普查领导小组、贵州省公安厅、贵州省民族事务委员会关于转发《关于恢复或改正民族成分的处理原则的通知》后,改变民族成分(指改报为少数民族成分)的人较多。另外,在1982年人口普查时,改变了原来将未识别人们共同体的人口单独计算而并入少数民族人口计算的方法,这也加大了少数民族人口在全省总人口中所占的比重。

这一时期,世居在贵州的少数民族中,布依族人口的增长速度较慢,而水族、回族和壮族人口增长的速度则较快。这一局面的形成,既与民族成分的申报有关,又与这些民族的婚姻习俗等有关。例如,布依族除使用"布依"这一经国家正式承认并公布的族称外,在一些地方的布依族群众中还使用"夷家""土家"等称谓,因而在申报民族成分时有人误报为彝族、土族或土家族等,导致布依族人口相应减少。又如,在贵州的一些民族中有夫妻结婚后不立即过夫妻生活而是各居母家的"不落夫家"习俗。婚后要经过若干年方到夫家生儿育女,布依族亦是如此。其结婚年龄虽早,但生育年龄则较晚,它与晚婚晚育具有同等含义,导致育龄妇女的可能生育的时间缩短,实际生育子女数降低,从而使人口的自然增长减慢,人口总量增长幅度与其他民族相比略有差距。

三、1982—1990年贵州少数民族人口数量变动原因

1982—1990年,贵州省人口由28552942人发展为32391066人,增长13.4%,其中,汉族人口由21129487人发展为21154520人,增长0.11%,少数民族人口由7423455人发展为11236546人,增长51.36%。在全省净增的3838124人中,少数民族为3813091人,占了99.35%;汉族为25033人,仅占0.65%。因而占全省人口的比重也发生了较大变化;少数民族由26%上升到34.7%,汉族由74%下降为65.3%。

从汉族与少数民族人口的增长速度来看,少数民族人口增长的速度快。其主要原因在于民族识别和一些民族成分的恢复、自治县的成立、民族人口政策的放宽,以及民族成分的主观改动等。

1981年11月28日国务院人口普查领导小组、公安部、国家民族事务委员会联合发出的《关于恢复或改正民族成分的处理原则的通知》(文号为〔81〕民政字第601号)在贵州执行。据之,原来仅有少量外地进入的干部、职工是少数民族的遵义地区的务川、道真等县,不少群众纷纷要求恢复少数民族成分。省人民政府于1986年即批准务川、道真二县恢复仡佬族、土家族等少数民族人口254880人,并成立了自治县。1982年4月28日,国家民族事务委员会在调查研究的基础上,发布了民族字第240号文件,开展对湘、鄂、川、黔四省毗邻地区部分群众土家族成分的识别恢复工作。按照文件的基本精神,时铜仁地区的沿河、德江、思南、印江等县人民政府成立了专门机构,组织大量人员进行土家族识别恢复工作。经过一定的报批程序,贵州省人民政府于1986年先后批准上述县份恢复土家族、侗族、苗族等少数民族人口991962人,沿河、印江分别在此基础上成立了沿河土家族自治县、土家族苗族自治县。铜仁地区的土家族人口从1982年的0.16万人增加到1990年的104.55万人,增长653倍。

这一阶段的民族识别在毕节等地也在进行。1988年省人民政府"从有利于民族团结和民族自身发展出发,对于相互近似的民族集团,即其语言基本相同,民族特点相近,地域相连,而且形成密切经济联系的,尽可能相互合为一体,认定为同一民族"原则出发,在科学论证和群众自愿、程序报批基础上,批准了毕节、大方、织金、赫章、黔西等县的龙家(含部分南京人)6万余人为白族。

四、1990—2000年贵州少数民族人口数量变动原因

1990—2000年,贵州民族人口持续增长。少数民族人口(包括未识别的民族和外籍人口)从11236546人增加到13336008人,增长了18.68%,其增长幅度高于全省9.86个百分点,高于汉族15.10个百分点。在总人口中的比重较"四普"提高了3.15个百分点。在全省净增的2856629人口中,少数民族为2099462人,占73.49%,汉族为757167人,占26.51%,少数民族人口增量在总人口增量中占绝大比例。由于多方面的原因,贵州各少数民族人口增长状况不尽相同,有的民族增长较快,有的民族增长较慢,只有极少数民族人口为负增长。其中17个世居贵州的少数民族人口均呈增长趋势。人口增长速度相对较慢的是布依族,其增长率在17个世居少数民族中最低,为12.92%。除17个世居的少数民族外,其他少数民族绝

大多数的民族人口为正增长,只有黎族、东乡族、景颇族、德昂族、京族、独龙族6个少数民族的人口为负增长。

从汉族与少数民族人口的增长速度来看,少数民族人口的增长速度较快,究其原因主要有以下几个方面:一是少数民族一般居住在自然环境和人文环境较差的地方,交通、通信等基础建设落后,经济不发达,在"人手"因素的作用下,人口增长较快。二是少数民族的生育观较传统。"不孝有三,无后为大""多子多福""传宗接代"的传统的生育观在少数民族中一直有着刚性的地位。三是计划生育政策对少数民族的倾斜。一方面,国家对少数民族人口的计划生育政策"适当放宽"未有改变;另一方面,《贵州省计划生育试行条例》对少数民族的放宽的生育政策直到1998年7月16日贵州省第九届人大常委会第三次会议公布施行《贵州省计划生育条例》才稍有收缩,即撤销了夫妻双方是少数民族国家工作人员、企事业单位职工、城镇居民"允许生育第二个孩子"的规定,但相对于汉族较宽的其他条款仍在保留。四是民族成分的识别改动仍在进行,一些汉族人钻人口生育政策的空子,改变自己的民族成分而获生育的正常许可。当然,在计划生育工作中的一些偏差和失误,比如方法简单、放任自流、弄虚作假、违规收费等也使得一些人口非计划出生。

五、2000—2010年贵州少数民族人口数量变动原因

2000—2010年,民族人口总量减少,增长率出现负值。根据第六次人口普查数据显示,贵州省少数民族人口数1255万人,比2000年第五次人口普查时,减少79万人,年均增长率-0.55%。这是贵州少数民族人口至新中国成立以来首次出现减少的情况,究其减少的缘由主要是大量民族人口外出务工、民族成分更改的刹车和贵州的人口问题"综合治理"等。

在贵州的所有民族中,无论是人口增长还是人口负增长的民族都与人口迁移有直接的关系。第六次人口普查资料显示,在贵州省的18个世居民族中,苗、布依、侗、彝、瑶、白、畲、水、仫佬、毛南、仡佬和蒙古12个民族人口负增长,而这种负增长则主要与人口的经济型流动有关。如苗族人口减少了331554人,迁到浙江(255646人)、广东(131364人)、上海(26543人)等省市打工。布依族人口减少了287635人,迁到浙江(104381人)、福建(17966人)、江苏(8460人)等省,还有一部分人是因为民族成分误报。侗族人口从2000—2010年浙江省增加70200人,广东

省增加 27704 人,福建省增加 9840 人,上海市增加 5817 人,江苏省增加 2752 人,北京市增加 2158 人。但也只有 95082 人,与贵州省实际迁出去的 196640 人还差 101558 人。瑶族人口减少 3513 人,主要是迁移到了浙江、福建打工。白族人口减少 7852 人,主要是迁移到广东省打工。畲族人口减少 8368 人,主要是到广东和上海打工。水族人口减少 20977 人,迁移到浙江的 10394 人,江苏的 10314 人。仫佬族人口减少 3479 人,他们多数到浙江、广东打工。毛南族减少 3908 人,多数到广东、浙江两省打工。仡佬族人口减少 63859 人,到浙江有 15606 人,广东 5115 人,上海 2469 人,重庆 1617 人,还有一部分在省内的城镇打工。蒙古族人口减少 5970 人,主要是到浙江、上海等省市打工。其他民族劳动力人口的减少也与上述人口的流向大致相同(国家统计局人口和就业统计司,国家民族事务委员会经济发展司,2012)。

1989 年 11 月 15 日,国家民委、公安部发出《关于暂停更改民族成分工作的通知》(以下简称《通知》)。《通知》指出:1986 年国家民委下达的两份文件,即(86)民政字第 252 号和(86)民政字第 37 号文,对于民族识别和更改民族成分问题做了政策性规定。"但近年来,有些地区没有按照上述两个文件精神执行,个别地区不适当地或大批地更改了民族成分,有碍于民族团结;产生了许多不必要的争议,确应引起各级政府部门的重视。鉴于上述情况,同时为做好 1990 年第四次全国人口普查中公民民族成分的填报,经研究决定,自本通知下发之日起,在全国各地一律暂时停止更改民族成分工作。"(濮予,1990)相继在 1990 年 5 月 10 日,国家民委、国务院第四次人口普查领导小组、公安部发布了《关于中国公民确定民族成分的规定》(民委政字[1990]217 号)(以下简称《规定》)。《规定》指出:"个人的民族成分,只能依据父或母的民族成分确定。""不同民族的公民结婚所生子女;或收养其他民族的幼儿(经公证部门公证确认收养关系的),其民族成分在满 18 周岁以前由父母或养父母商定,满 18 周岁者由本人决定,年满 20 周岁者不再更改民族成分。""不同民族的公民再婚,双方原来的子女如系幼儿,其民族成分在 18 周岁以前由母亲和继父或父亲和继母商定;双方原来的子女已满 18 周岁的,不改变原来的民族成分。""不同民族的成年人之间发生的收养关系、婚姻关系,不改变各自的民族成分。""原来已确定为某一少数民族成分的,不得随意变更为其他民族成分。""依照本规定申请变更民族成分的,须经本人所在单位人事部门或居住地区的街道办事处、乡镇人民政府调查核实,报经县级以上民族工作部门审批后,方可到户籍管理部门办理手续。"《通知》与《规定》的出台及其在贵州省的贯彻执行,使民族成分的识别与恢复走上了法制的轨道,任意更改民族成分,尤其以生育为目的的民族成分更改乱象得到了有效的制止,一定程度上缓解了民族人口增长的势头。

  世纪之交,与全国人口发展状况相比,贵州呈现出严峻的人口发展形势,人口问题亟待解决,主要表现为以下几点:①人口基数大,农村人口多,贫困人口比例高。1999年,全省人口3710万人,人口密度比全国水平高出71人;农村人口3181.28万人,占85.75%;贫困县占全省县数的55.81%,农村人均纯收入仅是上海的25.20,位居全国倒数第三位。②人口转变尚在进行,差距之大令人忧虑。1999年,贵州出生率为21.92‰,高出全国6.96个千分点,多孩率高于全国均值7%;人口自然增长率为14.26‰,高出全国平均水平4.83个千分点,粗死亡率为7.8‰,高出全国1.22个千分点,婴儿死亡率为54.4‰,接近全国平均值的2倍;0~14岁人口比例为28.13%高于全国均值4.19个百分点,65岁及以上人口比例为6.05%,低于全国平均值1.60个百分点,处于成年型向老年型的过渡阶段。③人口素质相对较低。1999年,贵州文盲、半文盲比率位列全国最高第三位,高出全国平均值13个百分点。④少数民族人口在总人口中的比重不断攀升。1953年占全省人口比重的26.19%,1982年占全省人口比重的26%,到1990年为34.69%,再到1999年的36.77%,已是全国第三民族人口大省(杨军昌,2001)。鉴于贵州严峻的人口形势,2000年7月12日至13日,中共贵州省委召开八届五中全会专题研究部署贵州人口与计划生育工作,出台了《关于加强人口与计划生育工作严格控制人口过快增长的决定》,要求"人口出生率和自然增长率逐年降低0.5个千分点以上。"在贵州全省上下的努力下,贵州省在2003年后,逐渐进入了低生育水平的行列。2007年7月,中共贵州省委、省人民政府面对新的人口问题及其对经济社会发展的制约,出台了《关于全面加强人口与计划生育工作统筹解决人口问题的决定》(以下简称《决定》)。《决定》的精神是坚持以人的全面发展为最终目标,统筹人口自身协调发展、统筹人口与经济社会资源环境协调发展。再加上贵州省出台的一系列计划生育奖励扶助政策与"少生快富"工程的实施,人们收入增加,生活水平提高,婚育观念转变,使得人口的增长渐次进入了良好的社会环境状态。

第三章 贵州少数民族人口的地区分布

第一节 各民族人口的行政区域分布

一、分布格局

人口的行政区域分布,它是按人口居住的行政建制区域来研究人口的分布状况。按人口的行政区域来研究人口的分布,对于掌握各行政区域的人口发展趋势,加强对人口的控制管理有着重要的意义。贵州1982年、1990年和2010年三次人口普查世居民族的行政区域分布见表3-1。

从表3-1可以看出,汉族人口遍布全省各地,但比较集中地分布在遵义、安顺、六盘水、贵阳等市,苗族主要分布在黔东南苗族侗族自治州、铜仁市、毕节市和黔南布依族苗族自治州;布依族主要分布在黔南和黔西南两个布依族苗族自治州;侗族主要分布在黔东南苗族侗族自治州和铜仁市;土家族主要分布在铜仁市;彝族主要分布在毕节市和六盘水市;仡佬族主要分布在遵义市、铜仁市;水族主要分布在黔南布依族苗族自治州、六盘水市;回族主要分布在毕节市、黔西南布依族苗族自治州和六盘水市;壮族、瑶族主要分布在黔东南苗族侗族自治州和黔南布依族苗族自治州;满族、白族主要分布在毕节市;蒙古族主要分布在毕节市和铜仁市;羌族主要分布在铜仁市;仫佬族主要分布在遵义市和铜仁市;毛南族主要分布在黔南布依族苗族自治州;畲族主要分布在黔东南苗族侗族自治州和黔南布依族苗族自治州。世居民族的分布状况基本反映了贵州民族的区域分布格局。

表 3-1　1982 年、1990 年和 2010 年贵州世居民族人口行政区域分布

单位：万人

民族	年度	贵阳	六盘水	遵义	铜仁	黔西南	毕节	安顺	黔东南	黔南
常住人口合计	1982	131.94	208.96	555.17	292.24	216.63	521.70	309.83	323.79	295.04
	1990	166.47	246.72	616.87	322.70	252.46	592.57	345.33	367.23	328.76
	2010	432.26	285.13	612.71	309.32	280.46	653.75	229.76	348.19	323.27
汉族	1982	115.16	167.70	550.96	269.83	132.05	390.01	233.76	107.34	146.14
	1990	143.53	185.75	559.20	144.39	150.96	436.47	253.05	88.58	154.54
	2010	361.02	212.60	545.01	92.72	170.01	484.57	147.88	75.66	144.95
少数民族	1982	16.78	41.26	4.21	22.41	84.58	131.69	76.07	216.46	148.90
	1990	23.04	61.16	57.85	177.95	101.78	156.20	92.22	278.76	175.33
	2010	71.24	72.54	67.70	216.60	110.46	169.18	81.88	272.53	178.32
苗族	1982	7.07	7.36	2.93	14.60	10.52	33.51	29.14	120.02	33.11
	1990	9.02	16.51	21.83	44.67	18.05	38.76	34.30	145.89	39.66
	2010	24.71	19.83	26.17	45.08	19.85	44.80	30.66	144.73	41.02
布依族	1982	8.17	6.94	0.17	0.04	63.83	4.18	34.34	1.29	90.93
	1990	9.61	8.50	0.25	0.09	74.16	4.99	40.53	3.62	106.06
	2010	20.28	8.24	0.23	0.17	77.30	5.51	34.67	3.46	100.92
侗族	1982	0.30	0.60	0.69	7.51	0.03	0.02	0.11	76.41	0.60
	1990	0.84	0.19	0.20	31.02	0.08	0.04	0.25	106.47	0.97
	2010	3.26	0.35	0.59	36.11	0.22	0.15	0.26	101.04	1.22
土家族	1982	0.01	0.00	0.01	0.08	0.00	0.00	0.01	0.01	0.04
	1990	0.90	0.16	7.26	91.22	0.09	0.03	0.26	2.69	0.20
	2010	6.01	0.41	9.42	122.98	0.27	0.27	0.31	3.37	0.72
彝族	1982	0.23	10.02	0.16	0.07	2.04	38.16	0.94	0.39	0.44
	1990	0.54	20.81	0.21	0.55	3.12	43.89	1.24	0.41	0.48
	2010	4.33	25.16	0.34	0.08	4.40	46.99	0.85	0.57	0.72
仡佬族	1982	0.02	0.81	0.61	0.00	0.17	1.81	1.54	0.07	0.10
	1990	0.22	1.06	27.54	9.53	0.33	2.09	2.10	0.08	0.11
	2010	2.55	1.17	29.80	10.28	0.47	2.09	2.47	0.32	0.40

续表

民族	年度	贵阳	六盘水	遵义	铜仁	黔西南	毕节	安顺	黔东南	黔南
水族	1982	0.06	1.10	0.00	0.00	0.03	0.86	0.14	4.18	21.19
	1990	0.11	0.83	0.02	0.01	0.05	0.73	0.09	5.43	24.98
	2010	0.48	1.11	0.05	0.03	0.11	0.55	0.04	5.54	26.99
回族	1982	0.37	0.76	0.09	0.04	1.55	5.93	0.97	0.04	0.10
	1990	0.49	1.16	0.11	0.27	2.06	7.10	1.18	0.14	0.15
	2010	1.01	1.77	0.17	0.27	2.73	10.66	1.40	0.24	0.23
壮族	1982	0.17	0.05	0.04	0.02	0.13	0.07	0.07	1.79	0.44
	1990	0.27	0.07	0.07	0.04	0.19	0.08	0.12	2.24	0.71
	2010	0.61	0.13	0.16	0.09	0.44	0.23	0.14	2.46	0.99
瑶族	1982	0.01	0.00	0.00	0.00	0.03	0.00	0.05	1.37	0.49
	1990	0.03	0.01	0.01	0.46	0.28	—	0.06	1.67	0.62
	2010	0.12	0.02	0.03	0.41	0.28	0.03	0.06	2.17	0.96
满族	1982	0.11	0.05	0.04	0.01	0.02	0.65	0.12	0.02	0.03
	1990	0.27	0.14	0.08	0.03	0.06	0.74	0.24	0.04	0.08
	2010	0.67	0.18	0.09	0.04	0.08	0.93	0.14	0.06	0.11
蒙古族	1982	0.01	0.01	0.00	0.00	0.01	0.01	0.01	0.01	0.01
	1990	0.05	0.19	0.01	0.78	0.05	1.26	0.04	0.02	0.01
	2010	0.44	0.33	0.05	0.77	0.12	2.19	0.11	0.03	0.12
羌族	1982	0.00	—	—	—	—	0.00	0.00	—	0.00
	1990	0.01	—	—	0.09	—	—	—	—	—
	2010	0.02	0.002	0.004	0.12	0.002	0.003	0.003	0.006	0.004
仫佬族	1982	0.01	0.00	0.00	0.00	0.00	0.00	0.00	0.01	0.10
	1990	0.01	—	—	—	—	—	—	0.02	0.08
	2010	2.55	1.17	29.80	10.28	0.48	2.06	2.47	0.32	0.40
毛南族	1982	—	—	—	—	—	—	—	—	—
	1990	—	—	—	—	—	—	—	—	0.06
	2010	0.04	0.002	0.003	0.001	0.002	0.006	0.001	0.006	2.67

续表

民族	年度	贵阳	六盘水	遵义	铜仁	黔西南	毕节	安顺	黔东南	黔南
畲族	1982	—	—	—	—	—	—	—	—	—
	1990	—	—	—	0.01	—	—	—	0.01	—
	2010	0.05	0.004	0.01	0.02	0.005	0.01	0.006	3.14	0.41
白族	1982	—	—	—	—	—	—	—	—	—
	1990	0.15	2.39	0.03	0.01	0.06	8.88	0.67	0.02	0.02
	2010	1.60	4.63	0.07	0.04	0.20	10.34	0.91	0.05	0.11

资料来源：1982年、1990年和2010年贵州人口普查资料。

从2010年各地区少数民族构成来看，大致可分为四种情况：比例在20%以下的贵阳市、遵义市，分别为16.48%、11.05%；比例在20%~30%的六盘水市、毕节市，分别为25.44%、25.88%；比例在30%~40%的安顺市、黔西南州，分别为35.64%、39.38%；比例在50%以上的黔南州、铜仁市和黔东南州，分别为55.16%、70.02%、78.27%。从第三到第六次人口普查的比例变动纵向看，在各州市中，贵阳、六盘水、毕节市、黔南州的升幅、波动均在10%以内；黔西南州、安顺、黔东南略高于10%。波动、升幅最大者为遵义市和铜仁市。遵义1990年较1982年急剧增长了11.84倍，铜仁增长6.25倍。而且，铜仁市的比例一直在持续上升，2010年较1982年增长8.20倍，处于贵州各地区少数民族人口比例最高第二位。两市少数民族人口比例的急剧升高，除了少数民族人口自然增长外，主要是与前述的民族识别、民族成分的恢复、更改，和相应的1984年玉屏侗族自治县和1987年务川仡佬族苗族自治县、道真仡佬族苗族自治县、沿河土家族自治县、印江土家族苗族自治县的成立关系致密。贵州各地区少数民族人口构成情况见表3-2。

表3-2 1982年、1990年、2000年和2010年贵州各地区少数民族人口构成变化

单位：%

民族	年度	贵阳市	六盘水	遵义市	铜仁市	黔西南	毕节市	安顺市	黔东南州	黔南州
汉族	1982	87.28	80.26	99.24	92.33	60.96	74.76	75.45	31.94	49.53
	1990	86.16	75.21	90.74	44.86	46.69	73.64	73.30	24.11	46.67
	2000	84.57	74.30	87.91	31.76	57.53	71.94	61.60	19.32	43.37
	2010	83.53	74.56	88.95	29.98	60.62	74.12	64.36	21.73	44.84

续表

民族	年度	贵阳市	六盘水	遵义市	铜仁市	黔西南州	毕节市	安顺市	黔东南州	黔南州
少数民族	1982	12.72	19.74	0.76	7.61	39.04	25.24	24.55	68.09	50.47
	1990	13.84	24.79	9.26	55.14	53.31	26.36	26.70	75.89	53.33
	2010	16.48	25.44	11.05	70.02	39.38	25.88	35.64	78.27	55.16

资料来源:1982年、1990年和2010年贵州人口普查资料。

二、民族地区人口状况

贵州全省有3个民族自治州、11个民族自治县,地级行政区划单位占全省的30%,县级行政区划单位46个,占全省的52.3%;少数民族自治地区国土面积9.78万平方千米,占全省面积的55.5%。此外,还有253个民族乡。千百年来,贵州各民族和睦相处,共同创造了多姿多彩的贵州文化。

新中国成立前,贵州少数民族地区长期处于社会、经济、文化、交通条件落后的状态下,人口发展较为缓慢。1949年年底贵州解放时,境内的一些少数民族人口几乎处于增长停止或萎缩的状况。1953年第一次人口普查时,贵州民族区域的人口占全省人口的比重超过了43%,但全省的少数民族人口只有393.88万人,占全省总人口的26.19%,长期世居在贵州省的瑶族、壮族平均不到1.4万人。之后,由于党的民族政策的贯彻实施和民族地区经济社会的发展,民族地区的人口增长较快。少数民族人口1950年为622.13万人,1960年为709.57万人,1970年为926.99万人,1980年为1144.14万人。之后,民族地区的总人口与少数民族人口都处于增长的状态。

表3-3数据显示出贵州民族地区人口增长变化有如下几方面的特征:一是从全省来看,民族人口增长自1982年来一直高于全省人口增幅。与1982年相比,2010年全省人口增长率为34.24%,少数民族则达69.03%,高出34.79个百分点。二是民族地区人口增长快于全省水平。2010年,民族地区人口较1982年增长54.17%,比同期全省增幅高出21.93个百分点。就是民族人口趋向平缓的1990—2010年,也要高出全省水平4个百分点。三是民族人口增长以1990年第四次人口普查为界,所有州县在1982—1990年出现了超越总人口增长比例的正增长,甚至

是"旋风式增长"。其中,增幅在20%以下的仅为黔南州、威宁县和三都县;增幅在50%以上的有5县,其中尤以遵义市的务川、道真两县和铜仁市的印江、沿河最为突出,增长率分别为1769%、963%、2460%、1214%,同期增长最高(印江2460%)与最低(威宁15.7%)者相差156.69倍。四是2010年与1990年相比,民族人口增长渐趋稳定。除个别县,即沿河67.61%、威宁33.61%、关岭20.13%外,增幅多在1%~20%,其中镇宁出现了负增长,印江也在"旋风式增长"后来了一个极端的下降,即-2.44。

表3-3　贵州民族地区人口增长变化表

地区	1982年		1990年		2010年		1982—1990年增长(%)		1990—2010年增长(%)	
	人口(万人)	少数民族(万人)	人口(万人)	少数民族(万人)	人口(万人)	少数民族(万人)	人口	少数民族	人口	少数民族
全省	2855.29	742.37	3329.11	1213.66	3474.65	1254.80	16.6	63.5	4.37	3.39
民族自治地方	1177.36	528.84	1331.92	752.13	1382.69	815.32	13.1	42.2	3.81	8.40
黔西南州	216.63	83.98	252.46	101.78	280.46	110.45	16.5	21.2	11.09	8.52
黔东南州	302.79	216.46	367.23	278.70	348.19	272.53	13.4	28.8	-5.12	2.21
黔南州	295.04	148.90	328.76	175.33	323.27	178.32	11.4	17.9	-1.67	1.71
威宁	76.08	18.90	88.32	21.87	126.35	29.22	16.1	15.7	43.06	33.61
关岭	24.32	12.74	26.81	16.00	30.14	19.22	10.2	25.6	12.42	20.13
镇宁	26.82	14.12	29.85	16.05	28.41	15.12	11.3	13.7	-4.82	-5.80
紫云	24.69	13.72	27.76	16.77	27.04	17.61	12.4	22.2	-2.60	5.01
三都	23.18	21.40	26.36	25.08	28.31	27.08	13.7	17.2	7.40	7.98
道真	27.13	0.01	29.33	17.70	24.42	18.01	8.1	1769.0	-.74	1.75
务川	31.65	0.03	35.05	28.92	32.20	29.16	10.7	963.0	-8.22	0.83
松桃	48.04	13.37	53.52	22.39	48.68	24.32	11.4	63.1	-9.04	.62
玉屏	10.67	6.22	11.87	8.06	11.85	9.54	11.2	29.6	-0.17	18.36
印江	32.22	0.01	34.96	24.61	28.42	24.01	8.6	2460.0	-18.71	-2.44
沿河	40.28	0.02	46.00	24.30	44.98	40.73	14.2	1214.0	-2.2	67.61

资料来源:1982年、1990年、2010年贵州人口普查资料。

第二节　贵州少数民族人口城乡分布

人口的城乡分布是指一个民族的人口居住在城市和居住在乡村的比例。由于城乡在社会、经济、文化、生产和生活等方面有着很大的差别，而人口现象又与社会、经济、文化等状况有着紧密的联系，因此，人们多认为，一个民族若居住在城市的人口比例较大，其社会文明程度就较高，反之，居住在乡村的比例大，其社会文明发展程度就低。

一般认为，在贵州，汉族居住在城镇的人口较多，少数民族（仅指世居贵州的少数民族）居住在城镇的人口较少，甚至几乎没有居住在城镇的。"城头客家（因汉族是后来才迁入该地区，而当地民族是土生土长，故称汉族为'客家'）、田头仲家（部分布依族旧称）、山头苗家"这句在贵州民间广泛流传的俗语，是贵州各民族人口历史分布状况的真实写照，基本上概括了其城乡人口分布的特点。它是新中国成立前漫长的历史时期形成的，具有明显的时代特征。人口学意义上的人口城乡分布不仅只是一个大概的质的含义，而是要有具体的量的数据来说明。

从表3-4中可以看出，总体上，贵州省人口中大部分人居住在乡村，只是数量在逐渐的下行。2010年，全省乡村人口2301.10万人，占总人口的比重已从2000年的76.04%下降到66.23%。少数民族乡村人口942.59万人，从84.55%下降到75.12%。乡村人口占总人口的大多数是贵州的人口省情，是贵州制定经济社会发展战略决不能忽视的决策基础。

2010年，除羌族、满族外（乡村人口比例分布为43.75%、35.50%），包括汉族在内的16个世居民族半数以上人口为农村人口。其中，乡村人在50%~59%的民族有2个，即蒙古族（59.86%）和壮族（54.94%）；在60%~69%的民族有4个，即汉族（61.20%）、回族（68.13%）、白族（68.91%）和仡佬族（68.03%）；在70%~79%的民族有5个，即土家族（71.24%）、侗族（71.90%）、仫佬族（74.80%）、布依族（78.62%）和苗族（78.76%）；在80%以上的民族有5个，即彝族（80.53%）、瑶族（81.42%）、畲族（82.79%）、水族（85.95%）和毛南族（87.91%）。

表 3-4 贵州省少数民族人口城乡分布

民族	人口总数（万人）		城市人口数（万人）		占总人口比例（%）		镇人口数（万人）		占总人口比例（%）		乡村人口数（万人）		占总人口比例（%）	
	2000年	2010年	2000年	2010年	2000年	2010年	2000年	2010年	2000年	2010年	2000年	2010年	2000年	2010年
全省	3524.77	3474.65	436.67	553.76	12.39	15.94	407.85	620.00	11.57	17.84	2680.26	2301.10	76.04	66.23
汉族	2191.17	2219.85	361.90	461.37	16.52	20.78	276.60	426.54	12.62	19.22	1552.67	1358.51	70.86	61.20
少数民族	1333.60	1254.80	74.77	92.39	5.61	7.36	131.25	193.46	9.84	15.42	1127.58	942.59	84.55	75.12
其中:蒙古族	4.75	4.16	0.51	0.71	10.64	17.07	0.59	0.95	12.37	22.84	3.66	2.49	76.99	59.86
回族	16.87	18.48	1.81	2.31	10.70	12.5	2.14	3.58	12.66	19.37	12.93	12.59	76.64	68.13
苗族	430.00	396.84	26.09	32.71	6.07	8.24	35.09	51.59	8.16	13.00	368.82	312.54	85.77	78.76
彝族	84.36	83.45	4.86	7.12	5.76	8.53	4.86	9.13	5.76	10.94	74.64	67.20	88.49	80.53
壮族	5.21	5.26	0.91	1.16	17.43	22.05	1.37	1.20	26.33	22.81	2.93	2.89	56.24	54.94
布依族	279.82	251.06	18.24	20.60	6.52	8.21	26.35	33.07	9.42	13.17	235.22	197.38	84.06	78.62
满族	2.19	2.31	0.83	1.00	37.98	43.29	0.42	0.49	19.00	21.21	0.94	0.82	43.02	35.50
侗族	162.86	143.19	7.36	10.99	4.52	7.68	22.01	29.25	13.52	20.43	133.49	102.95	81.97	71.90
瑶族	4.44	4.09	0.17	0.31	3.38	7.58	0.42	0.46	9.51	11.25	3.85	3.33	86.70	81.42

续表

民族	人口总数（万人）		城市人口数（万人）		占总人口比例（%）		镇人口数（万人）		占总人口比例（%）		乡村人口数（万人）		占总人口比例（%）	
	2000年	2010年	2000年	2010年	2000年	2010年	2000年	2010年	2000年	2010年	2000年	2010年	2000年	2010年
白族	18.74	17.95	1.29	2.32	6.87	12.93	1.73	3.27	9.22	18.22	15.72	12.37	83.92	68.91
土家族	143.03	143.70	6.44	11.60	4.50	8.07	18.74	29.72	13.10	20.68	117.85	102.37	82.39	71.24
畲族	4.49	3.66	0.44	0.24	9.89	6.56	0.26	0.39	5.80	10.66	3.79	3.03	84.31	82.79
水族	36.97	34.88	1.06	1.33	2.87	3.81	2.73	3.57	7.39	10.24	33.18	29.98	89.74	85.95
仡佬族	2.84	2.50	0.22	0.34	7.88	13.60	0.21	0.29	7.25	11.60	2.41	1.87	84.87	74.80
羌族	0.14	0.16	0.02	0.03	11.81	18.75	0.04	0.07	26.97	43.75	0.09	0.07	61.22	43.75
毛南族	3.12	2.73	0.04	0.08	1.38	2.93	0.25	0.26	7.92	9.52	2.83	2.40	90.70	87.91
仫佬族	55.90	49.52	2.10	3.98	3.75	8.04	7.00	11.85	12.51	23.93	46.81	33.69	83.74	68.03

资料来源：2000年、2010年贵州省人口普查资料。

数据说明,占总人口70%以上人口在乡村的世居民族有10个,尤其是人口总数居于世居民族前五位的苗族、布依族、侗族、土家族、彝族都在其中,一方面,显示出了贵州世居民族多数仍沿袭着传统的农耕生计方式而于乡村聚居的图景,另一方面,也从中折射出了加快贵州城镇化步伐的重点与难点所在。

实际上,贵州世居少数民族在城市、镇的人口数也在不断地增加着,但相对于全省水平来讲,增加速度无疑有些迟缓。从城市人口的角度看,2000—2010年10年,未有一个民族的增幅超过10个百分点,最高增长为蒙古族,增幅为6.43个百分点,也不到10个百分点;多在1~5个百分点的区间挪移,甚至畲族还下降了3.33个百分点。在镇人口变动上,相对城市来讲,略有稍许的变化,亦即增幅有超过10个百分点的民族,具体为蒙古族增长10.47%,羌族增长16.78%,仡佬族增长11.42%。在一定程度上可以说,贵州世居民族乡村人口的减少,进一步重视和加强城镇建设是一条最为便捷的途径。

从行政区域看,表3-5数据显示,总体上,贵州民族地区的乡村人口除玉屏外,全部高于全省66.23%的水平。其中在80%的县有威宁、松桃、关岭、紫云、沿河五县,城镇化水平在全省州市中均处落后位置。乡村人口的比例大反过来就是人口城镇化的低水平化。贵州民族地区的城乡人口结构状况,是贵州民族地区经济社会发展落后于全省水平在人口问题上的具体反映。只有依托资源,立足地情,采取积极有效措施,切实调整产业结构,加快地方经济发展,民族地区的城镇化水平才能得到快速的提升,人口的城乡结构才能趋于合理、协调。

从居住在农村的各个世居民族来看,人口的自然地域分布有其各自的特点,即呈垂直的立体分布。如苗族、瑶族等主要居住在地势较高的地区,因而生产、生活条件比较差。彝族居住地的自然条件如果从海拔高度来看,略低于苗族和瑶族的居住区,因而经济状况大体上比苗、瑶民族稍好一些。布依族、侗族、水族等民族多"依山傍水"而居,平地较多,有利于水稻等农作物的种植。仡佬族则多居住在自然条件较差的丘陵地区。因此,群众中流传着:"高山苗家、半山彝家、水边促家(布依族旧称),仡佬(族)住在石旮旯"的说法。当然,这种居住分布状况随着经济社会的发展、城镇化进程的加快,特别是近年来精准扶贫开发力度的增强,正在发生着局部的变化。

表 3-5 1990 年和 2010 年贵州省民族自治地区城乡人口分布比例

单位:%

民族自治地方	1990 年			2010 年			2010 年比 1990 年增减		
	城市人口	镇人口	乡村人口	城市人口	镇人口	乡村人口	城市人口	镇人口	乡村人口
全国	18.70	7.50	73.80	—	—	—	—	—	—
全省	13.40	5.70	80.90	15.94	17.84	66.23	—	—	—
民族自治地区	2.40	6.80	90.80	—	—	—	—	—	—
黔西南	4.20	5.30	90.50	8.90	19.23	71.87	111.910	262.83	-20.19
黔东南	3.60	8.40	88.00	7.15	19.24	73.61	98.61	129.05	-16.35
黔南	2.50	7.50	90.00	8.89	19.89	71.23	255.60	165.20	20.86
威宁	—	6.80	93.20	—	18.93	81.07	—	178.38	-13.02
松桃	—	7.60	92.40	—	17.45	82.55	—	129.61	-10.66
镇宁	—	5.90	94.10	—	24.53	75.47	—	315.76	-19.80
紫云	—	4.20	95.80	—	14.78	85.22	—	251.91	-11.04
关岭	—	8.70	91.30	—	18.41	81.59	—	116.61	-10.64
玉屏	—	13.20	86.80	—	39.54	60.46	—	199.55	-30.35
印江	—	2.00	98.00	—	23.34	76.66	—	1067.00	-21.78
沿河	—	4.30	96.70	—	17.22	82.78	—	300.47	-14.40
务川	—	3.60	96.40	—	26.56	73.44	—	637.78	-23.82
道真	—	3.60	96.40	—	25.52	74.48	—	608.89	-22.74
三都	—	7.30	92.70	—	12.79	87.21	—	75.21	-5.92

资料来源:1990 年、2010 年贵州省人口普查资料。

第三节 贵州民族自治地区人口密度

就贵州人口分布来看,汉族遍布全省各地,其他地区也有不同的少数民族居住,各民族形成了大杂居、小聚居的局面。因此,就各个民族居住地区的人口密度来说,是很难区别划分的,但民族自治地区的人口密度基本上可以反映出各民族人口密度的情况(见表3-6)。

表3-6 贵州民族自治地区人口密度变化表

民族自治地方	1982年(人/米²)	1990年(人/米²)	2000年(人/米²)	2010年(人/米²)	2010年比1990年增长(%)
全国	108	121	129	139	14.88
全省	162	189	200	197	4.23
民族自治地区	121	136	159	142	4.41
黔西南	129	150	171	167	11.33
黔东南	100	121	127	115	-4.96
黔南	113	126	136	123	-2.38
威宁	121	140	169	201	43.57
松桃	141	157	231	143	-8.92
镇宁	156	174	196	166	-4.60
紫云	108	122	144	118	-3.28
关岭	166	183	216	205	12.02
玉屏	206	230	268	229	-0.43
印江	164	178	205	144	-19.10
沿河	163	186	219	182	-2.15
务川	114	126	148	116	-7.94
道真	125	136	152	113	-16.91
三都	97	110	132	118	7.27

资料来源:1982年、1990年、2000年、2010年贵州省人口普查资料。

根据表3-6数据,总体来看,不管是贵州或是贵州民族地区,人口密度伴随着人口的增长均呈现出增加的现象。其中,全省2010年人口密度为197人,比1982年增加35人,增长21.61%;民族地区同期增长21人,增长17.36%。但与全国同期增长水平相比总体要低,前者低7.09个百分点,后者低11.44个百分点。但从人口数来讲,则分别比全国人口高58人、3人。2010年"六普"时,民族地区人口密度总体比全省少53人,低26.90%,各州县人口密度均在110人以上,其中玉屏229人为最高,道真113为最低,两者相差102.66%;在3个自治州中,黔西南167人为最高,黔东南115人为最低,相差45.22%,说明在贵州民族地区,人口密度具有不平衡性,人口的空间结构合理性问题值得重视。还有,虽然民族地区人口密度比全省水平低,但这种现象绝非表明贵州民族地区相较处于"地广人稀""人多地少"的境况,相反,若考虑到民族地区自然环境条件、经济发展水平、社会生产方式、人口数量变化的因素,贵州民族地区应该是地广而患其狭,人口已患其多。

在贵州民族地区人口发展的1990—2010年20年间,具体到州县来讲,人口密度也在发生着明显的变化,这就是总体微弱增长下的过半州县密度数量2010年的负增长现象。具体为黔东南州115人、-4.96%,黔南州123人、-2.38%,松桃县143人、-8.92%,镇宁县166人、-4.60%,紫云县118人、-3.28%,玉屏县229人、-0.43%,印江144人、-19.10%,沿河182人、-2.15%,道真113人、16.91%。上述州县人口密度的负增长,一方面,表明了民族地区的人口计生工作得到了切实的开展,取得了积极的实效;另一方面,是这一时期人口流动频繁、这些州县均为人口净流出地的折射;同时还表明了这一时期民族成分更改控制工作的严格执行。

还需讨论的是,威宁作为贵州省面积最大又地处西北的彝族回族苗族自治县,其人口密度的增长一直处于上升的态势,四次"普查"间的增长率分别为15.70%、20.71%、18.94%,2010年较1982年增加80人,增长66.62%,较1990年增加61人,增长43.57%,人口密度增幅在全省为最大。这一现象表明,威宁的人口控制工作在全省范围内显得力度较弱,人口增长相对来讲一直处于较高水平,这与威宁至今仍为一个国家级重点扶贫攻坚县之于对人口问题的综合治理目标要求存在着差距,也与作为以人口控制、生态恢复、经济发展为主题的"毕节试验区"建设要求存在着距离。实际上,威宁人均收入在全省排位上,居于落后位次的格局基本未有发生改变,同时海拔高度之于经济发展的局限,以及环境承载力的脆弱始终是制约经济发展的瓶颈,在这样的情况下的人口的不断增长,势必会影响该县人口经济资源环境的协调可持续发展,影响人民生活水平的提高和全面小康建设进程,对此,必须引起高度的重视和思考。

第四节 各民族人口地区分布状况分析

一、迁移流动

人口迁移和流动不仅仅是一种自然现象,更是一种社会经济现象,与社会形态,以及社会经济发展的水平有着密切的关系,由此也决定了人们迁移和流动观念的形成和发展。贵州省历史上几次大规模的人口迁移,对今天贵州省的人口分布有很大的影响,并促进了贵州省各民族的融合及经济文化交流。而人口迁移主要是由于经济、政治、军事、自然等因素造成的。

贵州古称"苗疆"。一般认为,贵州最早的土著居民是苗、布依、侗、瑶、仡佬等族。汉族被称为"客家",即内地迁来的人口。汉代人口迁入贵州大约始自春秋末年。但之后中央王朝对贵州的开发在施政目标上始终都放置于极次要的地位,以致在13世纪以前,贵州的汉族移民一直停留在很低的水平上,迁入的有限汉族移民往往被当地的土著居民所同化。

贵州虽然地处边陲,但与中原及邻近各省的联系却较早,秦汉时就被纳入中央王朝的版图,成为中国领土不可分割的一部分,因此,贵州历史的发展,深受中国历史发展的制约,更受到相邻四川、云南、广西、湖南的较深影响。但由于贵州远离中原,山重水复,信息闭塞,开发较晚,民族复杂,其历史发展在许多方面又与内地有所不同,显示了它的地方特点、历史特点和民族特点。

前已有述,秦汉以降,川、湖、两广、云南相继开发,种种历史原因促使濮人渐次衰落,氐羌、苗瑶及百越民族分别从西、东、南涌向地广人稀的贵州山区。到了元代,"色目人"(主要是回族)和"寸白军"(白族)随元军自云南入贵州西部。满族人口清代迁入贵州较多。

汉族在贵州分布最广,遍布全省各地,不仅人口多,而且对贵州各民族产生了很大影响。其分布状况,主要与其形成历史和民族关系、社会发展有关。从历史上考察,至少在明、清以前,贵州境内的汉人不多,当时的主要居民是少数民族,故史书上皆称贵州"夷多汉少"。汉族移入贵州的历史过程,大体经历五个阶段:两汉首开其端,唐宋稍有发展,明代大规模移入,清代已占多数,辛亥以来又有一些变化(相关变化前面已有述)。而明代以前移入贵州的汉人,在"夷多汉少"的情况下,大都"变俗易服",逐渐被少数民族同化,被视为少数民族中的一部分,并将其大姓统治下的居民称之为"东谢蛮""西赵蛮""西谢蛮""南谢蛮""西南蕃""八番"及"宋家蛮""蔡家蛮"等。

在历代进入贵州的汉民中,以明代"调北填南",把大批汉人移入贵州影响为最大。贵州为西南四省的咽喉之地,在军事上占有重要地位,故明初在贵州设有许多卫所,除贵州、贵前二卫羽翼都司而外,贵阳以西有威清、平坝、普定、安庄、安南、普安六卫(史称"上六卫");贵阳以东有龙里、新添、平越、清平、兴隆、都匀六卫(史称"下六卫");西北一隅有乌撒、毕节、赤水、永宁四卫(史称"西四卫");湘黔边境有偏桥、平溪、镇远、清浪、铜鼓、五开六卫(史称"边六卫")。每卫额定五千六百人,领前、后、左、右、中五个千户所,每千户所辖十个百户所,以百户所为基本单位分屯设堡,安置屯军。按明制,一人在军,合家同往,无妻室者予以婚配。其在军充役者为"正军",辅佐正军料理生活者为"军余",正军和军余皆有家小,注籍军户,世代不改。每军授地一份,官给牛具种子,在千户、百户、总旗、小旗等官督耕下,按规定缴纳"屯田子籽",实为穿军装的农户。据(嘉靖)《贵州通志》记载,仅贵州都司所辖上六卫、下六卫、西四卫及黄平、普市二千户所,计有军户62273,共261869丁口;如果加上湖广都司所辖的"边六卫"及天柱千户所,其数超过三十万;以四口之家计算,少则有百余万人。卫所皆分布在驿道沿线,湘黔、滇黔、川黔、黔桂及川滇几条驿道附近,屯堡星罗棋布,形成了许多汉族移民的聚居点,插入少数民族地区,成为传播中原文化和发展农业生产的据点。天启以后,卫所渐弛,屯军大部分逃散,故(万历)《贵州通志》载,万历二十五年(1597年)查存仅26840名。当时的法令规定,逃亡及倒流回乡的军户必须拘捕回卫,逃军走投无路,只好潜入少数民族地区,一部分以同乡关系结合而为所谓"南京人",另一部分则与少数民族婚配,形成"汉父夷母"或"夷父汉母"现象,故贵州各民族中都有"其先来自江西"之说未逃离者仍世代屯种,定居而成土著,如安顺、平坝一带的"屯堡人"便属此类。

二、民族历史

贵州的少数民族除与汉族杂居外,主要分布在省内的东部、南部和西部。其分布成因与民族历史关系密切。

苗族是中国人口较多的少数民族之一,历史悠久、分布面广。苗族又是一个世界性的民族,在五大洲都有足迹,主要分布在泰国、老挝、越南、法国、德国、英国、加拿大、阿根廷、澳大利亚、美国等国家。苗族与远古时代的"九黎""三苗""南蛮"有着密切的渊源。苗族先民在公元前三世纪以前就已生活在洞庭湖附近地区,后来他们溯沅江而上向西迁徙。至秦汉时期,苗族先民已经聚居在今湘西、黔东"五溪"一带。相继,苗族又陆续向西迁徙至贵州中部、西部及西南部。之后,由于历代统治阶级实行民族压迫、民族歧视政策,使苗族除保留有部分聚居地外,散及省内各地乃至省外和国外。在国内,全国苗族人口总数的一半以上在贵州,"贵州是苗族的大本营"。在贵州的各个世居少数民族中,苗族的分布范围最广,其中又以黔东南苗族侗族自治州最多,也最集中,其余分布在黔南、黔西南、毕节、铜仁、遵义、安顺、六盘水、贵阳市等。

布依族是一个有悠久历史的民族,贵州是布依族最主要的聚居地,布依族人口占了全国布依族总人口的97%以上。大约在战国时期,分布在长江以南广大地区的越人是其先民。唐宋时期,布依族居住地区被称为"蕃"。经过较长的历史发展,布依族居住地区变动不大,南部有明显的族际界线,即以红水河为界,以北为其世居地。在省内主要聚居黔南和黔西南两个布依族苗族自治州,以及安顺市的黄果树大瀑布所在地——镇宁布依族苗族自治县,关岭布依族苗族自治县、紫云苗族布依族自治县。此外,六盘水的盘县、六枝及毕节市的织金县也有布依族聚居。省外的布依族散居于云南、四川、越南北部等地。

侗族主要居住在黔东、桂北、湘西及鄂西一带,地理范围相对稳定。侗族主要是由我国古代"骆越"人的一个支系发展而来的。由于侗族先民多居住溪峒,唐代而后的史籍泛称"峒(硐、峝、洞)蛮"或"峒民"。宋代,又有"佶伶""仡伶"之谓。明洪武八年(1375年),江阴侯吴良征"五溪蛮"时,"侗、僮遐迩以居"。唐、宋时期,封建王朝在湘、黔、挂边境设置"羁縻州",并称其所辖地方为"峒"或"洞(硐、峝、洞)人"。明田汝成《炎徼纪闻》说:"洞蛮散处于牂牁舞溪之界"。洞并不是普通的山洞,而是围在四面山峰中的一片平地,因此史籍中,写作"峒"。由于"峒"人与这种特殊的地形有着密切的联系,而这种地形又以湘桂黔三省相交的地区最为发育,因此侗族没有散居到其他地区。侗族居住区域的自然特征是云贵高原向湘西丘陵的过渡地带,地势西北高东南低,海拔200~2000米,山脉纵横、江河溪流密布,雨量充沛,暖湿共节,宜于农林牧渔的生产和发展。现贵州侗族人口的地区分布与历史无异,即主要居住在现黔东南州黎平、天柱、榕江、从江、锦屏、剑河、三穗等县和铜仁市的碧江、石阡、玉屏、江口等县。

彝族的先民是我国古代氐羌族群中的一支。大约从东汉时期开始,贵州彝族的先民由今天云南东部和东北部的一些地方分批进入贵州,主要分布在今毕节市的大方县、威宁彝族回族苗族自治县、赫章县、黔西县、纳雍县、织金县、金沙县和七星关区,六盘水市的钟山区、盘县特区和六枝特区。

水族是由古代在岭南地区居住的"骆越"人中的一支发展而来。宋代时水族已经成为一个单一民族出现在今黔南、黔东南一带。明人邝露《赤雅》卷上"水人"条说:"水亦僚类"。现主要聚居在黔南布依族苗族自治州的三都、荔波、独山和黔东南苗族侗族自治州的榕江、从江等县。除上述聚居县份外,在安顺市、六盘水市也有少数水族居住。

回族先民在元、明两代随军入贵州后,先后定居在贵州省西部的一些地方。清代雍正年间又有一些回民随军或经商来贵州定居,主要聚居于威宁彝族回族苗族自治县和兴义市,此外平坝县、兴仁县、贵阳市、盘县特区、水城县、钟山区、普安县、安顺市西秀区、安龙县、赫章县也有一定数量的回族人口居住。

仡佬族是由古代的"濮""僚"等族群发展而来的,明时贵州仡佬之属有五种:剪头、猪豕、打牙、花、红各,"以其类不通婚姻。贵定、清平、石阡、黎平、古州往往有之"。现分布在贵州的中部、北部地区,聚居在务川县、道真县、石阡县、关岭县、黔西县、大方县、思南县、清镇市、普定县、平坝县、织金县和安顺市西秀区等地。

壮族主要分布在广西壮族自治区。黔东南苗族侗族自治州和黔南布依族苗族自治州从江、独山、都匀、荔波、黎平等县市是贵州省壮族的分布地。

瑶族是一个古老的民族,早在南北朝时就已形成并居住在湖南、广西、贵州等省区的崇山峻岭之中。贵州省境内的瑶族,相传是在五六百年前先后由广西和广东等省区迁入的,主要分布在与广西临近的从江、榕江、黎平、荔波、望谟等县。此外,铜仁市的石阡县有部分瑶族人口分布。

满族早期形成并聚居在我国的东北地区。1644年清王朝建立后,因政治、经济、军事等原因,满族人口逐渐分布到全国各地。17世纪中期,有一部分满族官兵随清军南下进入贵州定居。此后,又陆续有一些满族官兵和其他人员来贵州居住,主要分布在黔西县、金沙县和贵阳市等地。

白族形成并聚居在云南省的洱海地区。世居在贵州的白族,其先辈多是在元、明两代由云南随军入黔的,分布在贵州靠近云南的盘县特区、织金县、水城县、纳雍县、毕节七星关区、大方县和黔西县等地。

土家族是世居在湘、鄂、川、黔等省毗连地区的民族。贵州土家族族源与古代巴国有渊源关系。土家族自称"毕兹卡",意为本地人。自明以后,经历了土丁、土人、土蛮等称谓,直到最后被明确为土家族。今贵州土家族分布的主要县份是沿河土家族自治县、印江土家族苗族自治县、德江县、思南县、江口县、铜仁市碧江区、务川仡佬族苗族自治县、道真仡佬族苗族自治县等。

蒙古族大约是在13世纪形成于我国北方的蒙古草原。1271年元世祖忽必烈建立元朝。为了巩固祖国的西南边疆,元统治者一方面对西南用兵扫除宋朝的残余势力,另一方面又大量设置驿站以通达边情。元亡明兴后,因此,有一部分蒙古族官兵后代留居贵州。现蒙古族主要分布在大方县、六枝特区和石阡县。

羌族的羌字,原是古代汉人对居住在祖国西部的游牧民族的一个泛称。隋唐时代,羌人的一部分同化于藏族,另有一部分同化于汉族,还有一小部分在唐朝与吐蕃长期和战的不定局势下,得以单独保存并发展下来,形成了今天的羌族。主要分布在四川省阿坝藏族自治州汶川羌族自治县境内。贵州境内的羌族可能是因军事、经济等原因迁居而来的。1990年确定为世居民族,主要分布在石阡、江口等县。

贵州的畲族在1996年政府认定前,被称为"东家",意即从东边来的客人,自称"哈萌"(意为客人)。明初其先祖由江西迁入贵州,首先落居于贵定平伐一带,相继散居于今贵阳、开阳、修文、贵定、龙里、都匀、麻江、凯里、镇远、石阡一带。由于封建统治者的压迫,一部分畲族人被迫融合于其他民族。现在的畲族人居住区域,是以麻江县为中心及其临近的凯里炉山的干坝、六个鸡、角冲及都匀、福泉的部分地区、连城一片的有着共同语言和习俗的区域。

贵州的毛南族,旧称"佯僙人"。明《黔记》记载,今铜仁市、黔东南和黔南两自治州的部分县均有佯僙人居住。1990 年被认定为毛南族。现主要居住在黔南布依族苗族自治州的平塘、惠水、独山 3 县境内,居民多数住山间平坝,依山傍水。平塘县卡蒲毛南族乡是贵州唯一的毛南族乡。

贵州仫佬族是从古僚族群中逐渐发展而来的。自元代始有单独明确记载。明嘉靖《贵州通志》记载青平县(今凯里市)"诸蛮风俗"曰:"旧志:木老……科头、跣足,颇通汉语,衣楮皮制同汉人,妇人服短衣,婚姻以牛为聘礼,与人交易……用竹器盛食,牛角饮酒,亦听官府约束。"《黔南识略》:"木老分布贵定、平越、瓮安、都匀、麻哈、清平、凯里、黄平、石阡等地"。1993 年贵州省政府认定"木老人"为"仫佬族"。今仫佬族主要分布于黔东南州的麻江县、凯里市、黄平县等。

第四章 贵州少数民族婚姻家庭

家庭是以婚姻、血缘关系为纽带的社会生活组织形式,是最重要的社会细胞。家庭是由婚姻开始的,而婚姻通常是男女之间依照社会风俗或法律规定结为夫妻关系的一种社会制度。婚姻是家庭的基础和纽带,家庭是婚姻的组织形式;家庭自婚姻始,没有婚姻就没有家庭。婚姻是合法生育的前提,是人类自身生产的社会组织形式,家庭则是人口再生产的基本单位。由于婚姻仅意味着夫妻关系,家庭既包括夫妻关系,又包括由夫妻关系发展起来的父母子女关系和其他亲属关系,因而家庭文化与婚姻文化不可分割但又各自具有相对的独立性。但由于婚姻与家庭对人口再生产的关系特别密切,因而婚姻文化与家庭文化共同形成为人口文化的重要组成部分。贵州民族文化的多样性决定了民族人口婚姻家庭文化的丰富性,对其阐述,是为必须。

第一节 婚姻制度与习俗

一、婚姻制度

婚姻制度是指一定社会中以两性和血缘关系为特征的婚姻状态。恩格斯和美国人类学家摩尔根对此在进行深入调查研究后均认为,婚姻制度是在不断发展中的社会现象,它是一定的社会经济制度的产物。随着物质文明的进步及人类社会的发展,婚姻形式也经历了种种变异,在人类发展的历史上婚姻制度及由此产生的家庭制度经历了不同形态的发展过程。

尽管贵州少数民族种类多,婚姻礼仪形式繁杂而多样,从而使其所表现的文化现象丰富并别具特色,但从婚姻制度上来讲,贵州各民族婚姻普遍实行一夫一妻制。除汉族外,联姻的范围多在同一民族内部的同一支系进行,严禁同宗族者婚配,一般是异姓通婚,违者一般要受到习惯法的处罚。婚姻缔结主要有包办婚姻和自主婚姻两种形式,大都局限在一定的范围内,如民族内婚、姑舅表婚、姨表不婚等,超出该范围的两性关系或婚姻关系往往被视为不符合社会规范,从而遭到唾骂与歧视。由于民族多,分布广,居住零散,因而婚姻习俗地区差异较大,在此不可能一一赘述。尽管如此,贵州各少数民族的婚姻在若干主要方面基本一致,如一夫一妻、同宗(同姓)不婚、自由恋爱、自主婚配等。在几千年封建文化的影响下,贵州许多民族实行严格的本族内婚、家支外婚、姑舅表婚等婚制,即使是在现代化如此发展的今天,在贵州省一些偏远的少数民族地区,旧习惯法的婚姻陋习依然残存,并在一定程度上得到成员的认可与信守。

(一) 族内婚制

《辞海》释曰:族内婚制,是"以一定集团范围内选择配偶为特征。在原始社会,通常指部落内婚制,即部落内若干氏族之间通婚;而氏族内禁止通婚。在阶级社会,内婚制的通婚范围除与血缘有关外,还和民族、宗教、等级、阶级有关。有的民族不与外族通婚;有的宗教,只在教徒内通婚;有的古代民族和近代民族则实行同等级或同阶级内部通婚。"(辞海编辑委员会,2007:1221)

族内婚制主要是指通婚范围只限于本民族内部,表明不同民族之间不予通婚或鲜有通婚现象。这里,仅以黔西北彝族为例,黔西北彝族传统上很少与外民族通婚,而且同姓不婚,部分不同自称的彝族人之间也不通婚,如"青彝""红彝"均在各自内部通婚;彝族人认为自己的血统最纯洁、最优秀,加之历史上封建统治者所采取的民族隔离、民族歧视政策,逐渐使彝族人对其他民族尤其是汉族产生了敌对或排斥的态度。与其他民族通婚者,为习惯法所不容,为本族人所不齿,同等级的其他家支认为其血统不纯而从此不愿与之结婚,因此与外族通婚无异于自降等级。

(二) 家支外婚制

家支外婚即氏族外婚,亦即同族不婚或同宗不婚。家支外婚制是原始社会的一种婚姻规法,其特点是禁止同一家支内部通婚。家支是源自同一祖先的血缘集团,在贵州民族地方有的叫"房族",有的叫"宗族"。由于人口的增多,大家族分裂成许多小家族,这些小家族就叫家支。在历史发展进程中,家支的人口发展快慢不一,家支的规模也就有大有小。按辈分来说,家支内部同辈之间均为"兄弟姐妹",家支内部成员之间严禁通婚,婚姻只能在不同的家支之间缔结。大的家支必须通过祭祖分支仪式,分裂为不同的家支后方可通婚。否则,同一家支的成员即使长期散居各地,历经十几代甚至数十代,血缘关系已经极为疏远,在传统观念上仍然属于兄弟姐妹,相互之间通婚或发生两性关系,被视为是邪恶的乱伦行为,在旧时根据习惯法,男女双方甚至要被处死。

家支外婚制,是贵州少数民族普遍奉行的戒律。家支外婚制的严格遵行,就难免给聚族而居的大家支的婚配造成困难,因此,由寨老、族长、毕摩(巫师)等主持的有利于婚配的制度调整便得以进行。除直接的家支以大分小外,尚有以下几种变革。

一是破一为二,拆戚改亲。在黔东南州居住密度较大的地方,除采取把一个宗族分成两个宗族以实现就近开亲的愿望外,另一做法就是把宗族的一部分归附于另一姓,改姓开亲。如凯里市凯棠苗族,顾姓宗族人口发展快,王姓宗族人口发展慢,经商议,将部分顾姓改为王姓,从而协调婚配比例,实现"开亲在寨内,结戚在村中,牛角才长长,子孙代代昌"之愿。

二是倒栽枫树,划地开亲。三都县廷排境内有一株600龄的石枫,它是当地水族的婚界。历史上,当地水族同宗同姓的小寨发展成大寨,又扩展为若干大寨小寨,致使恪守同宗不婚的人们在方圆几十里内难以婚配。族长在族人的提议下,举行倒栽枫树仪式以求示苍天,树活则以此划界上下双方可联姻婚嫁。

三是使用"第二性",同姓开亲。所谓"第二性"即指姓氏之外,还有第二种姓氏,女性外嫁同姓(非同宗)可以另姓婚配。如都匀市富溪乡的坪寨及岩寨均为布依族罗姓寨子,坪寨女嫁岩寨男则易姓"李",岩寨女嫁坪寨男则易姓"于"。两寨赖有第二性能谈婚论嫁,世代联姻。

四是"破姓开亲"。过去侗族村寨坚守"同姓不婚"的规条,由于通婚圈限制在一两个固定的群体之间,对人们近距离结合往往造成不便,成为人口增殖的障碍。侗族《九十九公合款》载"我们总论姓氏结婚。三十天路程找女子,七十天路程寻郎婿,带肉肉生蛆,包饭饭变馊"反映了这一现象。为改变现状,清雍正八年(1730年),黔东南州的黎从榕三县和广西三江、龙胜、湖南通道等县共90寨共同制定《九十九公合款》,规定"同寨同姓可开亲。隔匹山做礼性,隔条河可结亲;寨头讨寨脚不犯罪,寨脚讨寨头不罚银;男喜哪处娶哪处,女爱嫁哪门嫁哪门"(贵州侗学会,1998)。"破姓开亲"实现了婚姻的自由缔结,促进了人口的变动增殖。

(三)姑舅表婚

所谓"姑舅表婚"就是姑与舅的子女互为婚配,这是一种近亲婚配方式。中国几千年古代社会,不少民族中一直认为,姑舅联姻是"亲上加亲",可以使本族的财产不外流。过去,贵州许多民族通行"姑舅表婚",如苗族、侗族、瑶族、布依族、毛南族、彝族、白族、回族、土家族、畲族等。"姑舅表婚"的基本形式有交错姑舅表婚(即舅舅的独生子可以优先娶姑家的女儿,而姑家的儿子也可以优先娶舅家的女儿,双方机会均等,又都是表亲内婚)、单向舅表婚(即姑家的儿子可以优先娶舅家女儿为妻,而舅家的儿子却不能娶姑家的女子)、单向姑表婚(即舅家的儿子有优先娶姑家女儿为妻的权利)。姑舅表婚是亚血缘婚的遗留形式。

在贵州苗族、侗族中,以姑家女儿嫁舅家儿子为多,称为"还娘头",又称"姑舅表单方优先婚"。而舅家女儿嫁姑家儿子,称为"侄女赶姑妈"。"姑舅表单方优先婚"是由苗族、侗族的财产继承制度决定的,为了保证嫁出的姑姑带走的家族财产不外流,必须要求姑姑的女儿再带回来。在姑舅表婚中,如果舅家没有合适的对象,姑家女要外嫁,需送给舅舅一笔"舅爷钱"。在苗、侗社区,舅舅享有较高的权力,苗族民间有"天上雷公最大,地上舅舅最大"之说即是。如外甥的婚事、祭祀祖先、母亲亡故等,均须与舅舅商量后方能办理;家中增添人丁,也先要向舅舅报喜。对于"姑舅表婚",古代文献也有较多的记载,如清田雯《黔书》曰:侗族"婚姻先外家,不则卜他族"(田雯,2010)。清李宗昉在《黔记》中说:苗族"姑之女必适舅之子,聘礼不能措则取偿于子孙。倘外氏无相当子孙抑或无子,姑女必重贿于舅,谓之'外孙钱',其女方许婚配。若无钱贿赂舅舅,终身不敢嫁也。"(李宗昉,1985)

在苗族的姑舅表婚中,有一种形式"你姜"。"你姜"是苗语音译,意为"拜亲戚钱",是姑姑的女儿出嫁后由甥女婿按一定程序献给妻子的舅舅的一笔钱。它是"单方面姑舅表优先婚制"在特定历史条件下的产物,又是苗族男女青年特别是近现代苗族女青年赎取婚姻自由的手段。苗族"你姜"有"大姜"和"小姜"之分,"大姜"主要是献给妻子舅舅的财礼,"小姜"则是酬谢参加议定"你姜"的双方理老、寨老和长者的礼仪。当代苗族的"你姜"用人民币支付,数额有五六十元到三五百元不等,视女方首饰多寡和男方经济实力而定。从江的加鸠、加勉和榕江八开地区的苗族没有"你姜",但新妇过门后,男家必须以一头或三五头牛作为聘礼,女方以数目大体相等的猪回赠。于此,史书有苗族"聘以牛酒"的记载。

贵州彝谚曰:"姑家的女儿是舅家的媳妇,姑家娶舅家的女儿也不费力。"因此姑家有女成人谈嫁,也要先征求舅家的意见,看舅家表哥、表弟有无迎娶的意向,如有,则其他求婚者一律无缘。如姑家女儿因外貌等原因嫁不出去,则舅家表哥、表弟义不容辞,必须将其娶回家。

水族社会也有"姑舅表婚"习俗,水族情歌道:"表哥表妹正好恋,表妹不要表哥钱;田坎上边起牛圈,肥水不流外人田。"姑家的姑娘特别是长女,必须嫁给舅舅家的长子,所谓"舅爷要外甥,哼都不敢哼"。女儿想外嫁必须请求舅爷"开恩",而娶到这个姑娘的人必须给舅爷家送"脸面钱"。

其他一些民族也同样在实行一夫一妻制下,有"姑舅表婚"之俗。如土家族将姑舅表婚称为"还骨种",有些土家族地区有"姑家女伸手取,舅家要隔河叫"之说。现在,姑舅表婚与舅权虽然已不如以前流行,但仍在一定程度上影响着人们的择偶、婚配行为。

姑舅表婚原因主要是"亲上加亲"和"财富不外流"的观念,但它的盛行,自然也带来了一定的不良后果。其中,最为突出的就是人口素质的降低。因此,在清乾隆年间,苗、侗等族便自觉倡导并推行了一系列的婚俗改革。其中,今锦屏县文斗的婚俗改革碑就是历史的印证。立于文斗的清乾隆五十六年(1791年)婚俗改革碑,碑文反对姑舅表婚,禁止近亲结婚,反对强迫婚姻,禁止勒索财物,反对铺张浪费,提倡勤俭办婚,反对女方亡故娘家追回嫁妆,反对喜新厌旧夺人妻室等。该碑引起国内外专家学者的高度关注,被称为"西南少数民族地区古代婚姻法"的"婚俗改革第一碑"。

与"姑舅表婚"相对的是,姨表兄弟姐妹之间禁止通婚。如在贵州的部分彝族的观念里,姨表兄弟姐妹虽不属于同一家支,但却是"没有住在一起的兄弟姐妹",对其的称谓也与亲兄弟相同,因此相互间的通婚被严格禁止。

(四)包办婚姻与转房

包办婚姻是指第三者(包括父、母)违反婚姻自主的原则,包办他人婚姻的不自主婚。其主要形式有定娃娃亲、扁担亲等。包办婚姻随着私有制和"一夫一妻制"的确立而产生,长期盛行于奴隶制和封建制社会,并往往和买卖婚姻相联系。

恩格斯说:"在整个古代,婚姻的缔结都是由父母包办,当事人则安心顺从。古代所仅有的那一点夫妇之爱,并不是主观的爱好,而是客观的义务,不是婚姻的基础,而是婚姻的附加物"(马克思,恩格斯,2008)。贵州许多少数民族都实行过较为严格的包办婚姻。"父母之命""媒妁之言"是婚姻成立的要件,包办子女、卑幼的婚事是父母、尊长的特权。娃娃亲是包办婚姻的一种,而且在一些少数民族地方历史上形成了缔结"娃娃亲"的习俗。很多家庭的父辈在子女年幼时便为其订婚,订婚时男方要向女方支付一大笔聘金,以此时为婚约成立,不得悔婚。结婚后,除非一方有重大过失,一般不得离婚。任何一方提出悔婚或离婚的,将被视为对本家族的侮辱,因此必须向对方支付高额的赔偿金。如果另一方不同意或对支付金不满意的,家族就会出面纠集大批成员前来闹事、械斗,直至问题的解决得到双方的认可。新中国成立后,包办婚姻渐行渐少。

  转房婚是指丈夫有变故,妻子转嫁给丈夫之兄弟的婚姻形式,转房婚又称"收继婚""续婚""换亲"等。也可叫"寡妇内嫁制"。主要有四种类型:①兄早死,嫂尚年轻或已有子女,而弟弟已长大,却苦于家贫仍未娶妻。于是,父母或亲友乃说合叔嫂成婚,俗称"叔嫂婚"。②长兄定亲未婚先夭,男家征得女家同意,改由弟弟顶替,迎娶未婚之女为妇。③父母为兄聘婚,兄不受。而其弟有意,且女方认可,便转嫁其弟。④长兄亡妇,弟媳丧夫,鳏寡两相将就,重新组合。转房婚产生于对偶婚过渡到一夫一妻之后,其形成有两个根源:其一,它是"夫兄弟婚""妻姊妹婚"这种族内群婚、共夫共妻群婚的历史残存形式;其二,它是财产继承人转移的变异形式。买卖婚姻的出现,使女人成了丈夫财产的一部分,因而丈夫死后,丈夫的亲属有权转移她的婚姻关系。转房,既继承和维护了原有的亲族系统,使死者子女和死者财产不致外流,又维持了原有两个家族间的和睦关系。转房婚在贵州许多民族都有存在,其中以兄死嫂嫁其弟、弟死媳嫁其兄为主要形式,举两例为示:

  黔西北彝族妇女在丈夫死亡后,再婚受到严格的限制,尤其是妻子仍在生育年龄,无子女或子女尚幼的情况下,必须转房给死者的同胞兄弟等平辈,特殊情况下还可以转房至死者的晚辈或长辈近亲属。对此,彝族谚语中有形象的描述:"兄死弟在,牛死圈在。"

  黔东南加宜苗族丈夫去世后,只要亡夫兄或弟没有妻子,寡妇可以转房给他们其中一人,但转房要双方同意认可。一旦决定转房,男方还要送给女方舅舅一头牛或一定钱物,向舅舅家赔礼。亡夫兄弟已有配偶,则由寡妇自行改嫁。寡妇改嫁前,一般都回娘家暂住,回娘家居住也即表明与亡夫家脱离关系,公婆对其改嫁不能进行干预。改嫁时,新夫给的彩礼由女方娘家支配。如留有子女,而原夫家又无力抚养,可随母改嫁,男孩长大后再回生父家,继承其父的财产。

二、婚姻习俗

在婚姻习俗上,贵州境内各个民族同中有异,异中有同,形形色色,绚丽多彩,形成一套独特的婚姻文化,并随着历史的发展愈显得丰富多彩。这里,特对各个民族基本一致的婚姻习俗——恋爱、说亲、订婚、结婚等作简要的阐述。

(一)恋爱

贵州少数民族能歌善舞,青年人长到十六七岁即可参加传统节日或集会以谈情说爱、选择配偶。一般每年春节、三月三、四月八、六月六等节日,青年男女通过对情歌、跳芦笙等活动自由择偶恋爱。各个民族对谈情说爱的方式有不同的叫法,苗族叫"游方""坐妹""玩表""踩月亮",黎平、榕江、从江等地的侗族人把谈情说爱叫作"走姑娘""玩姑娘""走寨""走聚堂""坐夜歌",布依族则叫"赶表"等,各种谈情说爱方式的基本内涵大致相同。恋爱之后,随着感情的日渐加深,双方均将恋爱之事告知各自的父母,父母如若同意,则由男方派人到女方家提亲,然后商议其他结婚事宜,按传统仪式缔结婚约。兹简要介绍贵州部分少数民族恋爱习俗如下:

"游方"是黔东南苗族青年恋爱的主要方式。"游方"又称"友方",有的又称"摇马郎",苗族小伙子和姑娘们往往通过这种活动结识朋友、物色对象或倾吐爱情。为了选择一个称心如意的终身伴侣,有的小伙子往往要跋山涉水到十几里、几十里甚至上百里的村寨去游方。

游方一般是在农闲季节(如从秋收结束到第二年插秧前等)、传统节日(如苗年、吃新节、芦笙节、斗牛节、爬坡节、翻鼓节、闹春节、对歌节等)和赶场天进行。在苗寨游方,一般都有固定的"游方场""游方坡"或"游方坪"。还可选在离村寨较远的河岸、桥头、田间或花木丛生、风景宜人的山谷去进行游方活动。为了参加游方,姑娘们身穿盛装,头戴银饰,发插鲜花,颈套银项,手戴银镯,以此来显示自己的富有和才艺,表现自己美丽的容貌和身姿,以吸引小伙子的爱慕。男女青年在游方中相识,之后经过对唱情歌和单独接触增进彼此的了解,直到确定恋爱关系。

"踩月亮"是威宁彝族回族自治县苗族的一种传统的恋爱方式,就是每当清风明月时,小伙子们便拿着芦笙或木叶走出家门,三三两两地来到山坡或高地上,趁着皎洁的月光,吹起动听的芦笙、木叶。优美动听的乐曲呼唤着寨内的姑娘出来赏月。小伙子的芦笙或木叶吹过三遍之后,仍不见姑娘的面,就说明姑娘已有对象或不喜欢这位小伙子,小伙子也不必再吹,若再吹则被认为不礼貌。随乐曲呼唤而来的姑娘,则通过对歌与小伙们交谈并寻觅意中人。意中人间的感情通过对歌来诉说,爱慕之情通过对歌来倾吐,并随着"踩月亮"次数的增多而逐渐加深。等到二人情意相通时,便互赠礼物表示定情。一般来说,小伙子送给姑娘的礼物是木梳、口弦或银器之类,姑娘回赠的是自己亲手织绣的花布带等。"踩月亮"与黔东南的"游方"大同小异。

"榔梢",布依语是会朋友的意思。这个社交活动不只限于未婚男女,已婚者也可参加。"榔梢"活动对未婚者来说是初恋,对"已婚"青年来说,如果他(她)对父母包办的婚事满意,那只是来炫耀唱歌的才能,反之,则表示对包办婚姻的反抗。"榔梢"通常在赶场天进行,身着艳装的姑娘和小伙各站一边,互相物色意中人,相中者便请媒介者转意牵线。媒介者俗称"银雀",多半是男方的姊妹。如果小伙相中了某个姑娘,"银雀"就带着礼物"飞"到女方身旁,先唱一首歌:"我替兄弟传情意,这块蓝靛送给你,他望这蓝靛染出色,他盼这蓝靛发出光……"等。如姑娘不同意则回歌谢绝;如若称心则回眸一笑,男女双双便可走出人群,上山对歌。对歌内容,除唱情歌外,还唱苦歌、告状歌和逃婚歌等。通过"榔梢"活动,小伙子用歌表达自己的情感,姑娘则用对歌来吐露自己的意愿。

"行歌坐月"又称"行歌坐夜",侗语的意思就是"月下对歌交流感情"。由于活动内容以唱歌、对歌为主,所以才以行歌为名;又因为是在夜晚进行,才有坐夜之称。行歌坐月是侗族男女青年唱歌交往相识并谈情说爱的一种习俗。侗族青年男女从十五六岁起,便常在相对固定的场所聚集集中"谈情唱歌"。这种男女交往活动,婚前人人皆可参与。姑娘们或纺织或绣花或做鞋,小伙子们则弹着琵琶,拉着牛腿琴,与姑娘们低声对歌吟唱,互诉衷情。每当夜深人静,歌声清晰,音韵悠扬,琵琶铮铮,如蝉鸣幽谷。"行歌坐月"中,有时"腊汉"(男青年)买来白砂糖煮稀饭或杀鸡、鸭吃"宵夜"。如有情投意合者则悄悄互递信物,诸如手镯、戒指、头巾、彩带、荷包等。在此过程中,青年人从相识到相知,有的从中找到了自己的意中人,订下终身。

除以上习俗外,贵州的许多节俗,如麻江跳月节、黄平踩亲节、凯里舟溪芦笙节、麻江畲族等郎会、榕江茅人节、镇远报京播种节、台江姊妹节、镇宁布依族"榔梢"、从江秋千节、三穗赶歌场、黎平月也、兴义查白歌节等,既是民族文化传承的重要载体和场域,同时又是未婚青年男女谈情说爱的重要节日,在民族婚恋文化中,有着重要的地位和影响。

(二)说 亲

说亲也称"提亲"。贵州少数民族中,无论是自由恋爱还是父母包办,都要经过"说亲"这一过程。男女青年经过恋爱找到意中人后,便由父母请人到女方家说亲。媒人多由男方的长辈担当,或由夫妇双全,子女双全而又善于言谈者担当。初到女方家,媒人一般都要随身带些礼物,如糖、酒、烟等以示礼仪。如果女方家对婚事有意,就会热情招待来者,接受礼品;反之,则会冷淡对待,甚至避而不见,或干脆直接拒绝。遇到这种情况,媒人可能就不会再次提亲。有时,女方家即使对男方家的提亲中意,也要故意让媒人多跑几次,以显示自家姑娘的尊贵——这就是所谓"多求则贵,少求则贱"。经过媒人多次说合,若双方父母均感到满意,就开始商议下一步的其他结婚事宜。

在贵州的苗族中,有"提亲找花带"之说。苗族人家按照乡俗要选定媒人前去说亲,媒人带上礼品到了女方家门口时,要说"我来你家找花带"。这时,女方家通常要以"四言八句"与媒人对言对唱,并从中得以了解说亲人家的条件环境、说亲人家后生的品貌德行。如果女方家同意这门亲事,女子的弟兄就会每人送一根花带系在媒人腰间,以示媒人大功告成。

黔东北一带土家族、侗族媒人前去说亲时,必须带上一把大红雨伞。雨伞是红纸圆形,象征吉祥、圆满的结果,因而,无论天晴或下雨,路途近或远,哪怕是在本村寨提亲,都要带上。第一次提亲时要带上红书一封和一定礼品,叫下头书。如女方家退回书单,不收聘礼,说明不同意开亲;反之,则为同意,并约定日子,请媒人下第二封书(也称荒书)。凡女方家的堂公伯叔、主要亲属没有意见,乐意收下聘礼,说明这门亲事正式成立。之后,男方家要择日请媒人下第三封书(也叫烧香),同时要带上肘子、衣服、手镯等礼物。女方家要在堂屋香火前烧纸告知先祖前辈结亲一事并发红书由媒人带回。此后,双方不得反悔亲事,结婚事宜便纳入议程。

贵阳、安顺一带仡佬族青年男女,往往是在节日的歌场中结识并通过对歌的方式恋爱。如情投意合,女方就用山歌让对方回家告知其父母请媒人提亲,女方则回家告知父母或托请同伴转告可能的说亲之事,父母随即注意或打听男方的家庭、人品等情况。男方家请的媒公前去提亲时,一般要带上葫芦酒两瓶、大公鸡一只、大小糍粑各一个、碗口粑九个、猪肉一刀。媒人到女方家后,只与女方父母闲谈家常乡事,闭口不谈亲事。到告辞时,方说"你家煮着酒,等我二回来喝"。相隔一段时间,媒人带上相同礼物再去,直到第三次去女方家时,如女方父母仍不接收礼物,则表示不同意这门亲事。如果收下礼物,在告辞时对媒人说"慢慢来,我会有酒给你喝的",暗示同意考虑这门亲事。之后,女方家要请家族中有威望者和本寨寨老吃饭。如果女方家同意这门亲事,就会将男方家带来说亲的公鸡杀了做菜,如果不同意,就要杀自家的母鸡宴请媒人和寨邻。贵州境内的部分彝族、土家族、布依族、瑶族、水族多有类似说亲过程。

黔西北彝族有问清"喽益"之俗。黔西北彝族在男婚女嫁之初,首先要了解对方的"喽益",而汉姓相同与否则不影响双方婚姻的缔结。因为"喽益"是某一家庭的根源、祖籍,是盘认家支的依据。各家支都有自己的"喽益","喽益"相同的就是同一家支,不同的就不是同一家支。同一"喽益"者以族人相认或相处,不行通婚;不同"喽益"者以婚亲关系相认或相处,按习俗可行通婚。因此,彝族在谈婚论嫁时,先要相互盘问"喽益",只要"喽益"不同,即不同宗同源,就可以通婚,如果"喽益"相同,即使汉姓不同,也不能通婚。这是因为彝族人的汉姓起源较晚,自明太祖朱元璋赐奢香夫人之子"陇弟"姓"安"而产生彝族的第一个汉姓"安"姓以来,彝族各家支才逐渐有了自己的汉姓。那时取汉姓,一般具有任意性,没有规律性可循。有的是取彝族的第一个字的谐音为汉姓,有的是取汉意译音为汉姓,有的随继父取姓的。由于彝族民间取汉姓具有任意性和无规律可循,因此就出现了一家支多姓制和多家支一姓制,例如,安、苏、禄、杨、李、陇、陈姓是一家,他们本来同宗同源,但是他们各居一地,各自任意取了一个汉姓,形成了一家支多姓制。相同汉姓者不一定同宗,而不同汉姓者也不一定同宗。盘问"喽益"是彝族青年谈婚论嫁必须经过的第一步,这为彝族地区重要的制度性习俗(安定江,2012)。

(三)定亲与婚嫁

定亲也称订婚,要择吉日进行。贵州各个少数民族也有不同的叫法:清水江一带的苗族称为"放话酒";贵州黔西北一带的彝族、仡佬族称为"吃允口酒";平坝县的仡佬族叫"鸡卦酒",道真仡佬族习俗则叫"放话礼"、下"聘书";黔东南等地的苗族称为"杀鸡看眼睛";贵州西部等地的苗族则称为"看鸡卦"。如此等等,不一而足。

苗族定亲有一个仪式,意同汉族的"看八字",以测定男女双方命相的相生相克,名曰"打鸡卦"。定亲时,男方家挑选一两个人随媒人带着礼物前往女方家。女方家人检查男方家带来的大公鸡后,由鬼师念经,请鸡来分辨姻缘。然后,将双方监督杀死的鸡煮熟,并给在场的人审看,如鸡眼双睁或双闭,则认为"八字"相合,婚事吉利;若一只眼睁一只眼闭,则视为不吉,婚事可能会告吹,需要"解"。如果双方不计较鸡卦的结果,也同样按仪式缔结婚约。彝、仡佬等族也有"打鸡卦"之俗。

黔东南侗族打算办婚事的当年,男家在农历八月十五给女方家送礼时,要向女方父母索要姑娘的年庚八字,请阴阳先生据之测定婚期,并用红纸写好,由男方父母亲自送到女方家磋商,如女家无异议则各自开始筹办婚事。锦屏侗族讨八字习俗则更为复杂,有讨"小八字"和"大八字"之分。

乌蒙山彝族订婚有"吃允口酒"习俗。新中国成立前,绝大部分的婚姻都是包办婚姻,都必须请媒人去提亲。媒人到女方家介绍男方情况,女方父母满意了,答应两家开亲,这被称为女方"允口"。此后,男方请媒人和儿子背上一壶酒到女方家去吃酒,亦即吃插香"允口酒"。女方父母喝了男方送来的"允口酒",就算订了孩子的婚姻大事,并喻义信守诺言,不允变卦。该俗今有遗存。

结婚是人生中的大事,在贵州民族社会就更为重视。届时,家人、亲朋好友都要前往祝贺和帮忙,俗称"吃喜酒"。一般整个结婚过程都非常热闹、隆重。结婚大致都经过以下几个程序:婚前一两天男方家要到女方家送礼,女方家要向男方家回礼,这种形式被称为"过大礼";且在结婚的前一夜,女方家通常也须杀猪办酒,宴请宾客,俗称"嫁女酒"。

此外,贵州大部分少数民族多有"哭嫁"的风俗,用出嫁的歌词来告别父母亲人,亲友们则以钱物相赠,称为"包礼"。哭嫁,就是姑娘在出嫁前两天和出嫁过程中,有边哭边唱的习俗。哭嫁在迎亲前开始,各地略有差异。哭嫁的内容丰富多彩,有的有许多较为固定的歌词,一般所唱内容都是关于感谢父母养育之恩之类,也可以根据当时的情况现编现唱,这在黔东北的土家族中较为普遍。

接亲是由新郎请媒人,押礼先生和十几个青年(包括自己的弟兄)去女方家迎接新娘。贵州仡佬族在这一程序上比较特殊,一般由媒人和男方家至亲准备花轿到女方家迎接新娘,而新郎本身不亲往迎接。许多少数民族地区有设"歌卡"之俗,即迎亲队伍要唱答盘问方能通歌卡进入新娘家。女家祭祖后,即可发亲。而送亲队伍一般由新娘的女性长辈、姊妹、好友等组成。新娘抵达男家,男家大多请有阴阳先生在场,以便做法事为新娘驱邪。新娘入门时,男家直系亲属老少都要回避,意思是未进男家门,不是男家人,先见面今后会不和睦。新娘入洞房后,男家邀请两个能说会道的男子去女家拜望,称为报亲。

贵州少数民族婚嫁内容既有族与族之间的差异,也有同族不同支之间的区别,同时随着族际交往的密切和文化间互动与借鉴的增强,民族间婚嫁形式与内容的同质性成分在增加,这些无疑使得民族婚嫁呈现出五彩斑斓、丰富多彩、争奇斗艳之象,使得有限的篇幅无法满足丰富内容之表达。兹以仡佬族为例略加说明,仡佬族先民獠人在婚姻中有凿齿的习俗,今普定、镇宁仡佬族姑娘在出嫁前,将前额头剪短,用帕揩一下牙齿,似为古时凿齿的遗俗。此外仡佬族还有"把门枋""追姑娘"和"打湿亲"习俗。"把门枋"是新娘离家出嫁时,要双手紧紧地拉着门枋表示不肯离去。这时候,媒人就要过来强行拉开新娘的双手,牵着新娘离开娘家。"追姑娘"是姑娘出嫁前要放声号哭,唱"哭嫁歌"。出嫁前还要乘人不备而"逃跑",让嫁家婶娘嫂子等女亲戚把她找回来。之后要拜别娘家祖宗,姑娘的父亲要解开她衣领边的扣袢,表示出嫁了的闺女已不是本家氏族的成员而加入夫家氏族中去了。"打湿亲"则是在新娘娶进夫家之时,一跨进屋,就要用夫家准备好的清水洒向接亲的人,传说这样可让清水淋去邪魔求个吉利。又如,各民族婚俗常有"闹新房"的婚庆仪式,而布依族"要荷包"闹新房形式则别具一格。结婚时节,布依族新娘新郎要备好"闹新房"的荷包。荷包为双色布料做成,装扮有彩色丝线绣成的花纹图案,大小如桃子,包口系有红绒线,包里装着白果(银杏)、花生和桂子,象征着祝贺新娘早生贵子。新娘入洞房的第一夜亮灯时,祝贺新婚的亲朋好友便来"闹新房""要荷包"。"要荷包"者男女不限,老少不拘,但都得唱《荷包歌》。一般是俩人一组齐唱或一主唱一帮腔,每组唱足12首《荷包歌》才能得到荷包。新娘"认歌不认人",对要荷包贺婚者的歌唱《荷包歌》完全按规定的要求严格对待,从内容到歌唱技巧都要认真地"审听",合格者才给荷包,得到荷包时,要唱一首《多谢歌》才能告别新房离去。每次"要荷包"贺新婚,参加者少则数十人,多则上百人,唱《荷包歌》往往通宵达旦不停,似有"一夜荷包一夜歌"之誉。布依族"要荷包"婚庆活动,饱含着亲朋好友对新婚夫妇真情的祝福与祈祷,也是布依族村寨里的歌师、歌手大显身手的良机。

(四)回门

所谓"回门",是我国民间一种传统婚俗,系指男女结婚后,新郎携礼品随新娘返回娘家省亲,感谢女方父母养育之恩。回门不单在汉民族中流传,许多少数民族也一样盛行,但更讲究,花样更多,颇有奇趣。贵州少数民族结婚,很重视回门。回门当天,男女双方都要办酒席宴客,亲朋好友,尤其是至亲必来送礼贺喜。回门仪式结束,整个嫁娶过程才正式结束。

就回门时间来说,民族不同,习俗往往有别,礼仪也各自有异。贵州省威宁地区的苗族,则在婚后一两个月才回门,有的甚至要待到半年或一年后。回门时,新郎陪新娘回娘家,需带活鸡、鸡蛋、炒面等礼物,去拜见岳父岳母,并在女方家住上几天方能返回。若新娘想多住些日子,新郎可先返家,待女方住满日子再去接回。

石阡、玉屏一带的侗族"回门"与相近地区汉族相似。结婚第三天,新娘偕新郎婚后第一次回娘家。新娘回门时婆家要同去一男一女两人作陪,作陪的一般是与新郎新娘同辈的,并带上一桌办结婚喜酒的主菜及糖、酒等,进屋出门都要放炮,娘家也放炮迎送。新娘回门要走出嫁时走的老路,不能走别的路,有"三天不走两条路""好女不走二路"的说法,即是情感专一、一夫到老的意思。新娘回门也是新女婿第一次上门拜见岳父岳母,并且还要一一拜见岳家诸亲长辈。岳父母家要设晚宴款待新女婿,新女婿入席上座,由女方家族尊长陪饮,非常隆重。一般新婚夫妇第一次回门在当日返回,不等夕阳西下,新夫妇必须告辞岳父母返程归家,返回时女方家要打发作陪的二人各一段布料做礼物。对路途较远当日却又返回不了的,可留住一晚。留住时,新郎新娘则不同宿一室。

在贵州民族地区,回门为婚事的最后一项仪式,有女儿不忘父母养育之恩赐、女婿感谢岳父母及新婚夫妇恩爱和美等意义。

三、传统婚俗拾偶

(一)抢亲

抢亲是原始社会抢劫婚的遗俗。在贵州,尤其是少数民族地区,青年男女除了按传统仪式缔结良缘外,有的还实行抢婚,苗族称为"偷亲"或"抢亲",侗族称为

"拐婚"或"逃婚",布依族称为"跑婚"。即男女青年在双方家长不知情的情况下,或者是男方家长知情的情况下,两人私下经过协商后,女方便将自己的衣裙、首饰、日常用品等带到约定的地点,男方则邀约本村寨的未婚好友到约定地点接姑娘回家中成亲。第二天,男方家再请善于言谈交际的亲戚到女家报信,并央求认亲。遇到这种事情,女方父母见生米煮成熟饭,只好无可奈何地答应这门亲事。第二种情形有时也出现在女方家事先不同意这门亲事的情况下,但小伙子照样私自将姑娘接回家中,之后再到女家赔礼道歉和补办婚礼。水族人行抢婚习俗,具体又有不同的情形,如在社交活动中某男子看上了某女子,并知道她尚未定亲,就先将姑娘哄到自己家里,或约好房族兄弟姐妹,将姑娘抢到自己家中关起来,然后再派几个姐妹去陪伴被抢来的姑娘并劝说姑娘认可亲事,或者自己亲自和姑娘谈话,若姑娘答应了,那么婚事就算成功;如果姑娘不答应,几天后就要让她回家,不能强迫结婚。也有的青年男女感情很好,但女方父母坚决不同意,在这种情况下,男女双方事先约好时间、地点,或女方在走亲访友时,男方约上本寨姐妹或自己的兄弟一起把姑娘抢过来。在水族社会生活中,抢婚是被认同的,被抢的姑娘(不管成婚与否)会被认为是个好姑娘,而她们自己也认为被抢是一件荣耀的事。

但在贵州的彝族地区,抢亲一般是在经占卜认为按传统程序结婚不吉利,或者新娘已经许配给了别家,限于同一辈分有通婚资格的特别是有姑表亲等亲密关系的情况,才可以抢亲,而且一般事先已得到双方父母和家支的默许,否则将成为引起家支械斗的严重事件。

不可否认,"抢婚"难免存在背于习俗而实质为抢婚霸婚、违背妇女意愿的不法行为。比如,雷山县朗德20世纪90年代前发生"抢婚"3例、90年代后2例。其中,1992年该村青年陈某利用邻村女青年杨某到本村走亲戚之机,想把两人三年的"游方"经历变为结婚事实,就将她带至家中。由于杨某不从婚事,陈某家人就硬将陈某和杨某推进卧室,并将门锁上,随即操办了婚事。半个月后杨某逃出"洞房",遂以强奸罪状告陈某,陈某随即被绳之以法(文新宇,2004)。"抢婚"婚俗现已因妨害婚姻自由被依法取缔而逐渐消失,但案例中陈某家人的集体参与体现了旨在传宗接代、光宗耀祖的"抢婚"习俗真实价值。

(二)不落夫家

"不落夫家",也叫"坐家",指新娘婚后在娘家居住。贵州的多数少数民族地区有此习俗。坐家时间长短不一,一两年至四五年,甚至十余年的均有。有些地区有"三年上,五年下"之说,即在娘家时间最少三年,至多五年。侗族新郎新娘新婚之时,新郎新娘不同房,新娘在婚礼后即回娘家,待逢年过节或农忙,或夫家有大事之时,才由夫家派人接回与新郎同房,但次日或事后即返回娘家,如此反复,直至怀孕后才常住夫家。仡佬族妇女在新婚后有不落夫家的习俗,具体在娘家住多久,时间长短不一,有的长达数年,有的则几个月。在榕江侗区,婚礼后新娘离开新郎家时,多悄悄在衣柜里放一些物品暗示新郎,若放围腰即暗示当年春节可接回,放衣服即次年可接,一样不留则是三五年后再接回。在不落夫家期间,新娘仍然可与做姑娘那样"行歌坐月",新郎也是如此。布依族也有不落夫家或坐家之俗。新娘在结婚当天或一天之后,由新郎家派人送回娘家不能与丈夫同房。此后,夫家遇农忙、红白喜事等大事,就由新郎的母亲或姊妹将新娘接回家。其间,新娘可与丈夫同房,每次住三五天,然后返回娘家,如此往返两三年,才常住夫家❶。如新娘很快就怀孕,也可缩短住娘家时间。镇宁一带的布依族在新娘坐家一两年后,要举行"更考"仪式,多在八九月或三四月间举行。届时,夫家母亲、嫂嫂及亲戚中的两名女子,携带一只鸡和一顶"更考"(形似簸箕的女帽,以竹笋壳为架,青布包扎制成)悄悄来到新娘家,躲藏在隐蔽之处,乘新娘不备,突然将新娘抱住,将此"假壳"给她戴上。此后,新娘就需常住夫家了。戴假壳往往需要几次才能成功,在不落夫家的地区,对那些结婚不久就离开娘家与丈夫同住的女子极为鄙视。

贵州少数民族不落夫家习俗,一是推迟了妇女的初育年龄,对妇女的个人健康和下一代的人口素质都有好处;二是缩短了可能生育的时间和减少了子女的数量,对人口控制有着一定的作用;三是在"不落夫家"期间,男女双方仍然可以参加寻偶社交活动,一旦选中另外的意中人,还可以实行退婚,提高了自由婚配、自由恋爱的比例,有利于婚姻的幸福美满。总之,该习俗缩短可能生育的时间和减少子女的数量,对贵州许多少数民族的人口再生产,特别是人口控制产生了一定的积极影响。

---

❶ 1990年,联合国援华项目"少数民族人口调查"课题组对贵州罗甸、贞丰、册亨3县布依族4800名农村妇女的婚姻、生育行为做了入户问卷与田野调查,结论是"不落夫家"的平均年限为1.8年,其中55~65岁为2.3年,50~54岁为2.2年,20~24岁为1.1年,15~19岁为0.1年。

(三) 凿壁谈婚

"凿壁谈婚"是黔南荔波瑶麓一带瑶族的恋爱方式。自古瑶族女子降生,就受到厚待,父母要为她备办首饰妆奁,教她精习刺绣技艺。及笄,又为她准备单独的"寮房"。寮房以红杉木板围装而成,在临街一面的板壁上,凿开一个小孔,瑶族称为"K笛",汉语意为"谈婚洞"。在瑶寨谁家有无妙龄少女,只需看她家临路的壁板上有无凿开的小孔就能知道。按习俗,姑娘到了出嫁的年龄,父母就安排姑娘住进寮房。房内床头对准壁洞,看中姑娘的小伙,夜间便到"谈婚洞"前,用木棒将姑娘捅醒,若姑娘有意,便起身坐于床上与洞外小伙子细语轻歌,倾吐情思。如无意或已有意中人,姑娘则将木棍推出,失意的小伙便唱着祝福姑娘的歌谣怅然离开。若双方投缘互慕,姑娘便起床开门,把小伙及其同伴迎入堂屋,端上糯米饭和米酒招待。此后,意中人避开同伴,独自到"K笛"孔边与姑娘互换信物。经数月或一两年,双方感情成熟,遂缔结婚约,准备婚嫁。凿壁谈婚充满了神奇情调,洋溢着瑶家人的浪漫与温馨。

(四) 射背牌

"射背牌"为高坡苗族独特的婚俗文化。据《元史·本纪》载:"至元二十九年(1292年),正月丙午,从葛蛮安抚使宁子贤清,诏谕来附平伐、紫江、翁眼、皮陵、九堡等处诸洞猫蛮。""皮陵"即今高坡"批林"村,说明高坡苗族先民至少在元至元时就于高坡定居。高坡苗族同族同宗同姓不允许开亲,一般小孩两三岁时就因父母之命在联姻圈内定下了娃娃亲。但小孩长大后彼此可能会有与自己感情好的异性朋友,或因通过赶场、跳坡等活动与异性结识而有感情交流逐渐升华。无奈于娃娃亲在前,又迫于族规祖训的严厉与威慑,两情相悦相恋的男女不可能结为夫妻,因而借用古老的"射背牌"叙事而"了结"难以割舍的相爱之情。射背牌(一件女性上装的衣着饰物,呈条状,长1米左右,宽约60厘米,中间开衩,两端绣有特定图案,黑底白线或黄线,缀满银铂或海葩,穿戴时由头顶自上而下,分别罩于前胸和后背)之俗由此而来并延传至今。

射背牌一般在四月八举行。四月八前13天,姑娘以射背牌的名义请姐妹陪伴到后生家聚会,并送后生一双银耳环作为射背牌的礼物,双方伙伴亲友聚于男方寨上,吹芦笙,唱歌,通宵达旦尽欢。唱歌内容丰富,背牌歌、桌凳歌、碗筷歌、酒肉歌、答谢歌具有。四月八前3天,后生要制作好弩和箭;前1天,姑娘须把一条用旧的背牌给后生做试靶,同时赠送花手帕、花领牌。四月八当天早餐过后,即在高坡场射背牌。活动由寨主主持,靶版放在指定的位置上,寨主宣布射背牌开始,男女分别向天空各放 3 箭,以示对天发誓。而后,后生瞄准自己情人亲自刺绣的背牌放 3 箭,姑娘对着自己恋人的连衣裙左下方(穿在身上,用手撑开左下角)放 3 箭,表示今生不能成一家,来世再来做夫妻。仪式毕,姑娘把亲自刺绣的黄背牌赠予后生,后生将割下左下裙一块予姑娘,同时姑娘将手绣的两块手帕、两带花领牌由自己和后生各执一块,相约谁先死,谁就拿着花手帕、花领牌到阴间污水河边的路口上等待另一方,如手帕和花领牌都对合,两人才能手牵着手渡过九道污水河,以后转生还做结发夫妻。射背牌的结束,即为欢快的芦笙舞的开始。当天下午,后生家要宴请女方的叔伯兄弟及姊妹们。第二天,女方回敬男方三斗两升糯米饭。第三天,男方回敬女方一对银耳环,作为还背牌礼。背牌和银耳环在男女将来去世后要分别与男女随葬,以各自作为凭证到阴间与友相会。射背牌之后,男女之间的感情便自然减退,以后不再往来,并各自娶来嫁往,不再牵连。

高坡苗族射背牌是一种特殊的民俗文化,是华夏婚俗文化中绝无仅有的独特模式。射背牌仪式佐证了苗族"来世婚,结阴亲"的独特婚姻习俗,是高坡苗族基于情感、责任、道德之上进行男女择配的制度性安排,是有情人各安其分、回归现实的社会规范在制度上的体现。虽然该习俗是因青年男女对父母指定婚姻不满而又不能反抗,同家庭达成的妥协产物,表示对婚姻的无奈——今生不能成一家,来世再来做夫妻,但以此仪式见证爱情,表达了男女彼此间的"两情相守",实质成了执着爱情者的精神慰藉。自 20 世纪 80 年代以后,射背牌的习俗虽然渐渐消退,但作为一种民族文化在当今却得到了良好的传承和高度重视。

第二节　家庭组织及其变动

家庭是构成社会的基本单位。在文化人类学中,家庭是指共同生产、共同消费、共同居住的一群人,其内部由血缘、婚姻或收养等关系构成。家庭的职能主要有三:首先,维持一家人的生计;其次,维持家族的延续与扩大,即生儿育女;最后,制约、调整家庭内部成员的行为，保持成员之间的感情融洽，使家庭成员与整个社会产生物质生活与精神生活的相依性。家庭的类型，大致有两种分法：一是以世代划分的类型，即几代同堂的家庭；二是文化人类学通常用的概念分类，如核心家庭、扩大家庭、主干家庭等。所谓核心家庭，是指由一对夫妇与其未婚子女构成的家庭，家庭成员间的关系通过婚姻、出生、抚育而维系；扩大家庭是在核心家庭的基础上发展而来，它包含两个或两个以上的核心家庭，凭借血缘纽带把三代至四代以上层次的家庭成员联结起来，共同组成的一个庞大家庭团体；主干家庭是指扩大与核心家庭中间的一种过渡形态家庭，由父母与一对已婚子女和未婚子女组成，随着家庭成员出生、婚嫁、分家、死亡等因素的出现，它有可能向扩大家庭或核心家庭两极发展。但主干家庭也可以是一种稳定存在的家庭形态。总之，家庭是社会的细胞，是以婚姻为基础，以血缘为纽带而建立起来的社会生活的最基本的组织。从古至今，世界各国各地，都存在着不同形式、不同性质的家庭，家庭是人类社会最普遍的社会制度。

贵州各少数民族的家庭组织有其特殊的文化背景，尤其受汉文化的影响深刻。家庭实行一夫一妻制，以父系为中心，以家族制为基础，强调对血缘关系的重视，讲等级、讲尊卑长幼，一切围绕着家庭利益。家庭成员以两代或三代同住者居多，儿子成年结婚以后，多与父母分居另立门户。父母则与幼子或其中喜爱的儿子一起生活。分户时，财产均在儿子中平均分配，但需为父母留下"养老田"。"养老田"由负责照料父母的儿子耕种或兄弟轮流耕种，收入归父母，父母死后共同安葬。女儿没有家庭财产的继承权，有的地方对未嫁女儿也分极少量的田产，供其生活开支。家庭中，父母以身作则示范的行为规范，教给子女们生产和生活的技能。在民族社会生活中，也往往通过一些活动，如祭祀、节日、婚丧嫁娶等，对孩子进行民族传统习俗和道德规范的教育，使他们渐渐获得社会知识，熟悉社会责任和义务。正如《酒礼话》中所说："年轻人们，生九男，育七女……懂得的道理赛四方，水路搭船不翻底，陆路遇坑不陷身。"要求子女精通父辈的道理，熟悉祖辈的风俗。

布依族家庭中，父亲是家长，负责管理家庭经济和支配家庭成员，母亲可以参与建议，但决定权在父亲，形成了依靠父亲的家庭观念，妇女的地位相对较低。女儿无家庭财产继承权，招婿入赘可继承女方父母的财产，但多数地区不主张招赘。入赘女婿必须尽赡养岳父母的义务，参加女方家族的一切活动。但入赘女婿地位不高,往往被当作外人看待。故无嗣人家,多由亲侄子赡养老人,继承香火。一般长子住长房,长房传下来的子孙,都当正统家族看待,族谱也多由长房保存。在许多布依族村寨,长房中年纪较大且又正直无私者,多被推为寨老。村内大事、纠纷或对外活动,都由寨老们决策。寨老只能在男性长者中产生,妇女则无此殊荣。布依族家庭多团结和睦,父母有抚养教育子女的义务,子女有照顾父母的职责。

水族家庭成员在生产劳动中,分工与职责明确,一般是男耕女织。而栽插与收割则是男女共同负担;谷物加工、酿酒、炊事、纺织及照管儿女几乎都是妇女承担;十来岁的儿女带弟妹、放牲口或上学读书;女孩还要从小兼学纺织、织布及刺绣等。在对外社交、家内重大问题和经济开支上多由丈夫做主。家长对儿女礼仪教育非常重视,七八岁至十来岁时就让儿女进入社交场合,逐步熟悉唱歌、对歌及人情世故处理。因此,父母对子女的权利和义务是绝对的,儿女对父母的裁决也是绝对服从,如婚姻问题、穿着问题。总之,在水族家庭中,男子汉着意地勤奋耕作,以增加家庭物质财富,担负着社会的纵向和横向的联系和继承家业;妇女执着地操持家务,以满足家庭成员的衣着、食宿需要。男耕女织、男主外女主内的分工秩序与习俗在侗、土家、仡佬、白、满等族中也普遍存在。

贵州的壮族与广西的壮族不同,广西的壮族兄弟成家后多分开另住,住址也自由选定,并由小儿子继承财产并抚养双亲。而贵州壮族则以大家庭居住为主,即使家庭人口再多,住房拥挤,也仅在原屋基左右增修房子。家庭分解,一般在下列情况下出现:其一是原屋基左右已无地盘增修房屋,家长便同意在原屋的前后或适当的地方另起房子,新起房屋的经费、材料、人力等由全家共同负担,房屋修好后再分家,财产分配由家长决定,兄弟间很少出现争夺财产的情况;其二是父母双亡后,兄弟要分家,便出现一个家庭一分为几的情况。壮族进入贵州已有五百多年或更早,家庭在不断分解后,便出现一村一寨都是同姓同宗的一个大家族的局面。总之,壮族社会中,若父母在世,多是大家庭居住的格局,又因民风淳朴,尊老爱幼久成风尚,家庭关系融洽和睦。但在壮族社会,依然存在着重男轻女的观念。

苗族实行一夫一妻制,但新中国成立前也有少数一夫多妻现象,家庭中夫妻地位基本平等,凡家内重大事情如较大的财产变动、子女婚事等,均互相商量,妻妾地位平等。总体来看,苗族多是小家庭,儿子结婚生育后自立门户,成员一般不出三代。有些人家,待所有兄弟结婚后才分家。不管哪种分家方法,财产都由父母事先平分与儿子。有些地方对尚未成年的儿子,会适当多分一点财产,以作来日成家时的开支。父母死后的安葬及未婚姑娘的出嫁费用,由随父母共家的儿子承担。财产继承上,只有儿子有继承权,无子的由妻子继承,妻死后由丈夫的同胞兄弟平分。老而无子可收亲侄为嗣,家族中若无适当寄子人选,也可收养异姓儿辈,养子改养父之姓并有财产继承权。有女无子的,可招婿入赘,赘婿享有财产继承权。

瑶族家长中,丈夫是一家之主,支配着家庭成员的劳动、生活以及对外交往等一切权力。瑶族女孩子一般在七八岁便开始在母亲的指导下学习纺织、蜡染、绣花、操持家务等。瑶族认为"不怕没文化,就怕手脚差",生活贫困,需要女孩子帮助家长劳动。传统习俗也要求女孩子必须尽早学成生活技能,以挑起家庭的重担。瑶族女子一般在十四五岁时就开始进行社交,并从中选择意中人,一般在20岁以前就已结婚成家,在家庭中除了参加繁重的田间劳动外,几乎包干了煮饭、挑水、推磨等全部家务劳动,多在辛勤劳动中度过她们人生的大部分时光。新中国成立后,瑶族妇女的家庭地位有了一定改善,但传统习俗的制约使得瑶族社会对女孩尚有较大程度的歧视。长期以来,瑶族女孩的入学率、巩固率、升学率均较低,同时出生人口性别比又相对较高,如"六普"时达124,这对瑶族的进步、繁荣十分不利。

贵州彝族的家庭是父权制家庭,处在不同家庭结构中的妇女,其地位和作用各有区别,但男主外女主内传统分工均很明确。妇女的家庭地位主要体现在家庭的管理上,核心家庭中的妇女较为自由,处在与丈夫同等的地位上参与家庭事务。支系内的家庭妇女,因有年龄、辈分、义务的不同,而显示出地位和作用的不同。老年妇女即婆婆处在家庭中最高辈分上,故其名誉上的权力不仅大于处在媳妇地位上的妇女,而且大于除了与之结成夫妇关系的男性之外的所有男性,即大于她所有的儿子。因此,她有参与管理家务的权力。青年妇女即媳妇是家务中的主要劳动力,但其权力在婆婆和丈夫之下。由于婆媳共同处在家务的关系中,二者的地位和贡献是倒挂关系,即是"权力是婆婆的,活路是媳妇的",如果婆媳之间出现了矛盾,往往通过男性才能解决。随着社会的发展,彝族家庭成员平等、和睦的风尚在愈益提高。

贵州仫佬族家庭关系比较牢固。改革开放以前,有的家庭成员可达一二十人。之后,多是儿子结婚不久便要另立门户。传统仫佬族家庭中,老人多同小儿子居住,大的儿子盖房造物,父母有帮助的责任。分家时的财产和土地,一般都由儿子继承,女儿无继承权。如户主年老无儿,则由女儿女婿赡养并继承产业。仫佬族无子嗣家庭可过继抱养。抱养子嗣一般在本家族的亲属中产生,辈分必须符合要求。如在这些亲属范围内无理想人选,则在族外选择。养子对养父母有生养死葬的义务,也有继承家产的权利。抱养子实行"三辈还宗",即在抱养子本人和抱养子的儿子均改姓名为收养者家的姓及辈分,到抱养子的孙子时可将其姓氏还原为原来的姓氏。

侗族家庭是以父系一夫一妻制为基础建立起来的,儿子长大结婚后就与父母分居,父母则与其中的一个儿子(主要是幼子)居住。在家庭中,父亲具有较高的地位和权威,安排生产劳动,参与家族大事的协商,妇女则掌管家中的经济主导权。家中的重大事情多为全家人商量决定,妇女的意见也受到一定的尊重。侗族虽然主要为父系继嗣制度,家庭财产主要由儿子继承,多子即实行平均分配。而女儿则有"棉花地"、盛装、首饰等继承权。无儿子家庭,女儿和上门女婿可继承财产。女儿一定财产继承权的享有,可能是由于在侗族地区,母权制至今还有较大影响的缘故。

由上可以看出,除汉族外,在贵州许多少数民族的家庭制度中,都有许多共同之处,即家庭中强调以男子为中心,充满了浓厚的夫权色彩。这种家庭制度的主要特点是以父权为中心的家族继承制,家庭以父子关系为中心,强调男主外女主内,妇女在家庭中地位低于男子。在家庭生活中,"不孝有三,无后为大"的思想根深蒂固,传宗接代、重男轻女、多子多福一直是家庭生育观的主流。家庭成员的组成以两代、三代者居多,分家时父母一般多与小儿子居住,俗称"父母傍幺儿"。

从总体上来看,少数民族家庭结构呈现出的由大变小的趋势,这既与国家控制人口的政策相关,也与家庭成员追求独立发展的意识有一定联系。由于大家庭不断分裂成核心家庭或扩大的核心家庭(在两代人中出现了第二代的次核心),两老或单老家庭,也即空巢家庭的出现和不断增多成了必然的现象和趋势,这无疑又是民族社会必须认真面对的家庭问题和由此引发的空巢家庭老人生存、生活质量保障、家庭文化建设、社会公平正义等社会问题。

第三节 婚姻家庭状况

婚姻和家庭是直接与人口再生产密切相关的社会关系。婚姻是男女双方确定合法的夫妻关系,组织家庭,共同承担生育后代职能的社会形式。家庭是指由婚姻关系、血缘关系组成的社会生活共同体,包括夫妻、父母、子女及其他亲属等。从第六次人口普查资料看,贵州各民族人口婚姻、家庭结构状况是婚姻稳定和谐,核心家庭比例最高。

一、各民族人口婚姻状况

婚姻状况是指总人口中所有婚龄人口中在婚姻关系里所处的状态,通常包括以下4种情况:未婚、已婚(有配偶)、丧偶、离婚。不同的婚姻状况对人口再生产的影响不同,已婚与人口再生产呈正相关,已婚人口占总人口的比重较大时,一般人口再生产规模较大;已婚人口的比例较小时,人口再生产规模就较小。未婚、离婚、丧偶与人口再生产呈负相关,这些婚姻状况的人口在总人口中比例较大时,一般人口再生产规模会缩小;反之,人口再生产规模就较大。

在"五普"及以前,贵州省及省内各民族人口15岁及以上人口婚姻状况特征基本相同:各民族人口的婚姻总体比较稳定,未婚人数占有一定比例,有配偶人数所占比重较高,而丧偶离婚的人数所占比重较小。这种状况的形成与民族的婚姻习俗有直接的关系,以感情为基础的婚姻是贵州各民族婚姻的主流。各民族青年男女的社交活动比较自由。虽然有些地方还残存着姑舅表优先婚配习俗的影响,但它并不妨碍青年男女自由交往、接触和恋爱。男女青年通过一段时间的接触,双方比较了解后才订婚、结婚,因而离婚的人数较少。如果婚后夫妻不和,经调解无效,即可离异。再嫁或再娶也有相当的自由度。丧偶的人数占一定的比例,因为这些民族多数人从事重体力劳动,劳动条件较差,加之医药卫生条件相对较差等原因,往往使一些夫妻不能白头偕老。在未婚人口中比例较高,主要是与这些民族人口的年龄构成有关,20岁左右的人口占有一定比例。1990年"四普"时,贵州世居民族人口的婚姻状况(表4-1)即可窥其一般。

表4-1　1990年贵州世居民族人口的婚姻状况

民族	15岁及以上人数（人）	未婚 人数（人）	未婚 比重（%）	有配偶 人数（人）	有配偶 比重（%）	丧偶 人数（人）	丧偶 比重（%）	离婚 人数（人）	离婚 比重（%）
总计	21806376	6275242	28.78	14100693	64.66	1309152	6.00	121289	0.56
汉族	14492866	4130754	28.50	9420263	64.99	854990	5.89	86859	0.62
苗族	2372866	661579	27.88	1557278	65.62	143144	6.00	10865	0.50
布依族	1641009	674026	28.70	1047381	63.83	114423	6.97	5179	0.50
侗族	936763	270681	28.89	603200	64.39	57209	6.10	5673	0.60
土家族	687500	233625	33.98	412516	60.00	38144	5.69	2215	0.32
彝族	444718	130535	29.35	283872	63.83	28247	6.35	2064	0.47
仡佬族	284273	97499	34.29	168799	59.38	17091	6.00	884	0.33
回族	14329	5251	36.65	8397	58.60	626	4.37	55	0.38
白族	73072	24559	33.61	44206	60.49	4006	5.48	301	0.42
水族	203573	56653	27.83	132105	64.89	13748	6.75	1067	0.53
壮族	26998	8347	30.91	17071	63.23	1391	5.15	189	0.70
瑶族	19754	5553	28.10	12905	65.33	1201	6.10	95	0.47
满族	11819	3898	32.98	7923	61.95	477	4.00	121	1.07
蒙古族	14329	5251	36.65	8397	58.60	626	4.40	55	0.35
羌族	664	259	39.00	378	56.92	26	3.90	1	0.18

资料来源:根据贵州省第四次人口普查资料整理。

1990年,少数民族已婚4680430人。在世居的少数民族中,绝大部分结婚率在60%以上,总体略低于全省平均水平。丧偶比例高于全省均值的有布依族、侗族、彝族、水族、瑶族,其中布依族6.97%为最高,其余均在省均值以下,以羌族3.9%为最低。离婚率除侗族、壮族、满族外,均低于全省0.56%、汉族0.62%的水平,总体处于低离婚率状态。

之后,随着经济的发展、社会的进步、人们生活水平的提高,特别是人们平均受教育年限的延长而带来的恋爱婚姻观念的变化,也由于全国离婚率渐以升高的影响,贵州民族人口的婚姻也出现了一定的变动。具体情形如表4-2所示。

表4-2 2010年贵州各民族人口婚姻状况

民族	15岁及其以上人数（人）	未婚		有配偶		离婚		丧偶	
		人数(人)	比重(%)	人数(人)	比重(%)	人数(人)	比重(%)	人数(人)	比重(%)
总计	2471843	494275	20.00	1769896	71.60	37069	1.50	17063	6.90
汉族	1625377	315338	19.40	1175712	72.33	27920	1.72	10647	6.55
少数民族	856466	178937	20.89	594184	69.38	9149	1.07	64196	7.50
苗族	269553	56280	20.88	190312	70.60	2619	0.97	20342	7.55
布依族	177018	35939	20.30	123409	69.72	1310	0.74	15616	8.82
侗族	102155	19782	19.36	73172	71.63	1335	1.31	7866	7.70
土家族	93247	19521	20.93	65953	70.73	902	0.97	6871	7.37
彝族	55192	13456	24.38	37343	67.66	614	1.11	3779	6.85
仡佬族	33610	6572	19.55	24217	72.05	344	1.02	2477	7.37
水族	24114	5569	23.09	16363	67.86	230	0.95	1952	8.09
回族	12372	3188	25.77	8466	68.43	159	1.29	559	4.52
壮族	3775	771	20.42	2722	72.11	62	1.64	220	5.83
瑶族	3095	625	20.19	2205	71.24	27	0.87	238	7.69
满族	1911	495	25.90	1262	66.04	65	3.40	89	4.66
蒙古族	2609	747	28.63	1716	65.77	32	1.23	114	4.37
羌族	102	28	27.45	69	67.65	2	1.96	3	2.94
仫佬族	1826	387	21.19	1273	69.72	27	1.48	139	7.61
毛南族	1993	397	19.92	1378	69.14	29	1.46	189	9.48
畲族	2567	577	22.48	1768	68.87	27	1.05	195	7.60
白族	11144	2835	25.44	7623	68.40	134	1.20	552	4.95

资料来源:根据贵州省第六次人口普查数据整理。

从表4-2可以看出,第六次人口普查时,贵州各少数民族适婚人口中有配偶人口比重绝大多数在70%左右,全省为71.60%,汉族为72.33%,少数民族为69.38%,较全省和汉族水平分别低2.22、2.95个百分点,但高于"四普"时全省水平4.47个百分点、汉族水平4.39个百分点。全省少数民族离婚人数的比例较小,除满族为3.40%外,其他民族的比重都在2%以下,其中苗族、布依族、土家族、水族和瑶族在1%以下,但离婚比例较"四普"时有所上升。"四普"时,17个世居少数民族离婚率除满族1.07%外,均在0.7%以下,呈现出的是超稳定婚姻状态;"六普"时虽然分别比全省、汉族低0.43、0.65个百分点,但总体处于上升趋势,其中以满族、羌族、壮族超过了全省1.50%的水平,分别为3.40%、1.96%、1.64%。丧偶比例上,少数民族为7.65%,比全省水平高0.6个百分点,但民族间变动差距较大,其最高毛南族为9.48%,最低羌族为2.94%,两者相差6.54个百分点。总体来讲,贵州少数民族人口婚姻状况比较稳定。这与民族传统婚姻习俗有直接的关系,说明以感情为基础的双方自由自愿婚姻是目前贵州各民族婚姻的主流。

二、各民族人口的家庭状况

家庭状况是指家庭户的规模和家庭户的类别。家庭户的规模主要指家庭成员人口数及由此反映的发展态势。研究家庭规模时,我国有关部门把家庭划分为:一人户、二人户、三人户、四人户、五人户、六人户、七人户、八人户、九人户、十人及以上户。研究家庭户类别时,将家庭户划分为:以及一代户、二代户、三代户、四代户、五代及以上户,以及一代户和其他亲属及非亲属,两代以上和其他亲属及非亲属,单身户等类型。

(一) 家庭户的规模

根据1982年第三次全国人口普查资料,当时贵州省家庭户平均人口为4.93人。1990年第四次人口普查时,贵州全省总户数有7246292户,其中,家庭户7211629户,占总户数的89.52%,家庭户人口为31828930人,占总人口的98.26户,平均每个家庭户的人口为4.41人,比1982年人口普查时减少了0.52人。贵州省家庭户的规模以五人户占总户数的比例最大,为21.54%,其次是四人户,占18.83%,再次是六人户,为16.37%。由于传统家庭文化的影响,贵州的计划生育政策具体规定内容于农村和城市的差别,因而家庭户的人数不尽相同,农村户的人数较多,城市户的人数较少。贵州民族人口占1/3多,且大多数人居住在农村,户均人数略多于全省平均数,在家庭户的规模上以五人或六人户占比例最高,同样超过全省的平均数。由于历次人口普查都没有分民族的家庭户资料,为了便于对贵州各民族家庭户规模的分析,在此特利用1982年人口普查登记表中台江、三都两县的苗、水、布依等民族的机器汇总资料作如下讨论。

表4-3　1982年台江县苗族、三都县水族、布依族家庭户规模

单位:%

家庭规模	苗族(台江县)	水族(三都县)	布依族(三都县)
合计	100	100	100
一人户	4.79	8.05	4.87
二人户	5.24	8.37	7.63
三人户	8.39	11.75	11.08
四人户	13.29	15.33	14.60
五人户	17.45	16.97	17.41
六人户	18.63	15.51	17.99
七人户	14.88	10.97	12.00
八人及以上户	17.33	13.01	14.47

资料来源:根据第三次人口普查资料整理。

从表4-3可以看出,台江县苗族、三都县水族、布依族的家庭户规模较大,人数较多,主要原因是:第一,由前述可知,其人口的文化程度不高,主要从事农业、社会分工简单,有的地方还处在按年龄、性别的自然分工阶段,而这种自然的分工在整个家庭中又是必不可少,每个人无论大小,也无论男女,均是该家庭生活"链条"中的一环,缺其中一环,就不能组成这生活的"链条",家庭也就无法成立,因而反映在家庭户的规模上就比较大。在生产责任制的前提下,家庭的生产职能依然存在,人数的多少与家庭经济收入成正比例关系,人数多则经济收入就高;加之,受传统的多子多育、传宗接代思想影响较深,"人多力量大"的观念始终有着刚性的坚守。第二,国家根据各民族人口构成的实际,在计划生育上制定了在生育胎数上少数民族比汉族可适当放宽,这也是各民族家庭规模较大的一个原因。

2010年第六次人口普查时贵州省家庭户有10558461户,平均每个家庭的人口为3.29人,比第五次人口普查的3.81人少0.52人。从家庭户规模来看,贵州省三人户占的比例最大,为23.41%,其次,为二人户占22.68%,再次是四人户、一人户和五人户,分别为18.86%、15.41%和11.40%。从总体上看,贵州省的家庭户以一、二、三、四、五人户为主体,这五种规模家庭户占总户数的91.76%,其他规模的家庭户占的比例较小,与第五次人口普查相比,家庭规模有所缩小。在此以贵州黔西南布依族苗族自治州、黔东南苗族侗族自治州、黔南布依族苗族自治州3个少数民族集居地的家庭户进行分析。虽然这3个自治州居住的民族并非全部是少数民族,也没有分民族家庭户规模的统计,但少数民族人口在这3个自治州总人口中占很大的比例,从总体上说明少数民族家庭户规模状况还是具有一定的代表性,基本上能反映少数民族家庭户的规模特征。这3个自治州家庭户规模状况见表4-4。

表4-4 2010年黔西南州、黔东南州、黔南州家庭户规模

家庭规模	全省		黔西南		黔东南		黔南	
	总户数(户)	比重(%)	总户数(户)	比重(%)	总户数(户)	比重(%)	总户数(户)	比重(%)
合计	1055841	100.00	802666	100.00	1072872	100.00	977040	100.00
一人户	1627155	15.41	99344	12.38	165578	15.43	144073	14.75
二人户	2394674	22.68	163951	20.43	239205	22.30	211191	21.62
三人户	2471677	23.41	175164	21.82	258323	24.08	234311	23.98
四人户	1990963	18.86	176587	22.00	211517	19.72	197195	20.18
五人户	1204066	11.40	108979	13.58	118177	11.02	113399	11.61
六人户	541001	5.12	49220	6.13	52799	4.92	49259	5.04
七人户	208012	1.97	208012	1.97	17429	1.62	17448	1.79
八人户	74055	0.70	74055	0.70	5902	0.55	6032	0.62
九人户	27224	0.26	27224	0.26	2257	0.21	2428	0.25
十人及以上户	19634	0.19	19634	0.19	1685	0.16	1704	0.17

资料来源:根据第六次人口普查数据整理。

从表4-4中可以看出,黔东南和黔南两个自治州的家庭户规模特征与全省的基本相同,即从家庭户规模来看,三人户占的比例最大,依次为二人户、四人户、一人户和五人户。黔西南的家庭户规模特征与黔东南和黔南有所差异,即从家庭户规模来看,四人户占的比例最大,依次为三人户、二人户、五人户和一人户。黔西南、黔东南和黔南在家庭户规模特征方面有一共同点,即都以一、二、三、四、五人户占主体,这五种规模的家庭户占其自治州的比例分别为90.21%(黔西南)、92.55%(黔东南)、92.14%(黔南),其他家庭户的比例很少,这说明随着社会经济的发展,贵州省少数民族的家庭户规模有缩减的趋势。

(二)家庭户的类型

家庭类型结构一般说来有五种:①复合家庭,指两代以上的夫妇及子女,亲属所组成的家庭,包括已婚的同胞兄弟在内;②直系家庭,包括夫妻、父母、子女,甚至第四代;③核心家庭,由一对夫妇与未婚子女组成的家庭;④不完全家庭,指夫妇没有子女或夫妇离异、丧偶后只有一方与子女共同生活的家庭;⑤单身家庭,包括终身不婚或丧偶、离婚后过独居生活的家庭。家庭类型与家庭代数密切相关。一般说来,一代户指单身家庭,同时还包括无子女的家庭户。二代户主要指核心家庭,同时还包括直系家庭中没有第三代子女的户,也包括不完全家庭中的二代户,所以二代户比核心家庭范围要广,在家庭代数结构中比例最高。不同类型的家庭在人口再生产中的作用不同。复合家庭直系家庭中老一代人传统生育观对年轻一代生育行为有影响,这类家庭妇女生育率比较高,核心家庭,尤其是现代核心家庭,妇女生育率较低,年轻一代可以按自己的生育意愿来进行生育,他们一般倾向少育,所以核心家庭规模比较小。不完全家庭和独身家庭处于不生育状态,它们在家庭户中比重越高,人口增长速度则越慢。

贵州省家庭户的类别以二代户占总户数的比例最高,其次是三代户。这种家庭户的类别,在省内无论是汉族还是少数民族,也无论是哪一州市县区,都以二代户占绝对比重,具体到某一地区某一民族来看也毫无例外,可以说是整齐划一的"一刀切"。具体为:第三次人口普查时,一代户类别占贵州省家庭户总户数的4.36%,二代户类别占67.10%,三代户类别占17.23。第四次人口普查一代户类别占5.58%,二代户类别占69.80%,三代户类别占14.88%。第五次人口普查一代户类别占18.01%,二代户类别占63.53%,三代户类别占17.83%,四代户类别占0.

63%。第六次人口普查一代户类别占32.98%,二代户类别占51.13%,三代户类别占15.40%,四代户类别占0.49%。

表4-5数据也显示,尽管多年来家庭结构类型仍然以二代户为主,但其绝对地位在下降,如2000—2010年10年间,总户数下降了12.4个百分点。与此相对应的一代户和三代以上户变动趋势各有所不同,一代户在不断增长,而且增长的幅度比较大,增长了14.97个百分点,这说明随着经济社会的不断发展,家庭向小型化方向发展的趋势。

表4-5 贵州省"三普"至"六普"不同家庭户类型比重表

单位:%

人口普查	一代户	二代户	三代户	四代户
"三普"	4.36	67.10	17.23	—
"四普"	5.58	69.80	14.88	—
"五普"	18.01	63.53	17.83	0.63
"六普"	32.98	51.13	15.40	0.49

资料来源:根据第三、四、五、六次人口普查数据整理。

再从民族自治州来看,表4-6数据显示,二代户在三个自治州中占的比例最大,均在48%以上;其次为一代户和三代户,分别在30%、17%左右,这三者占总家庭户99%以上;四、五代户比例很少,五代户几乎没有。这说明随着社会经济的发展,贵州各民族庞大的复合家庭在减少,核心家庭和直系家庭增加(二代户主要是核心和直系家庭)。

表4-6 2010年黔西南州、黔东南州、黔南自治州家庭户类型

单位:%

地区	一代户	二代户	三代户	四代户	五代及以上户
全省	32.98	51.13	15.40	0.49	—
黔西南	28.66	53.45	17.16	0.73	
黔东南	31.77	48.71	18.89	0.63	
黔南	29.96	49.54	19.79	0.70	

资料来源:根据第六次人口普查数据整理。

需要说明的是,在分析家庭类型结构的同时,应注意分析家庭代数结构,特别要注意分析直系家庭三代人的状况。具有三代人的直系家庭的减少,意味着一代人家庭和两代人的核心家庭的增加。一代人家庭的增加,对社会经济发展不一定有利。三代人组成的直系家庭,只要各代人口控制在一定限度内,无论从社会或是从家庭来看,都是比较理想的。核心家庭的增加,特别是在一对夫妇少育的情况下,由老一代所组成的家庭必然增加,使社会负担加重,老一代在生活上、精神上也会受到影响,特别是失去生活自理能力的老人,更需要子女照顾。我们对各民族人口家庭状况的分析,在计划生育政策实施的情况下,要充分注意各民族人口家庭结构的变化,以利于家庭的健康发展与各民族人口的和谐、均衡发展。

第五章　贵州少数民族人口出生率与死亡率

人口的出生与死亡是影响人口自然变动的主要因素,是人口再生产中最本质的现象。人口的出生率和死亡率则直接制约着人口再生产的规模、速度和发展趋势,同时出生率和死亡率又受其他人口因素的制约。抛开人口总量这个因素不论,出生率决定于育龄妇女生育率和人口年龄构成,而死亡率则决定于分年龄别死亡率和人口年龄构成。此外,人口出生率和死亡率还受社会经济、文化教育、医疗卫生、居住条件、生态环境等其他因素的影响。

第一节　人口出生率与妇女生育率

一、人口出生率

新中国成立后至今的60多年来,贵州少数民族人口发生了剧烈的变动,人口出生率也发生了很多变化,其中可以将其划分为两个大的主要阶段。第一阶段为没有实行计划生育的1975年以前,这一阶段人口发展处于无人为干预的发展时期,基本上没有政府的干预,人口的发展表现出强烈的自然发展的趋势,主要受到经济社会发展的制约;第二阶段为1976年以后实行计划生育以后,这一阶段的人口发展,除了受到社会经济因素的影响外,更多地受到人口计划生育政策的影响。

(一)1949—1975年:人口增长的无政府干预状态

虽然1949—1975年这一阶段贵州省的人口增长状况处于无人为干预的自然

发展时期,但是由于受到社会经济、政治、文化习俗等因素的影响,又可具体划分为几个阶段:1949—1958 年为人口出生率稳定而缓慢上升阶段;1959—1961 年为人口出生率急速下降阶段;1962—1975 年为人口出生率高速上升阶段。

1.1949—1958 年:人口出生率稳定而缓慢上升阶段

新中国成立以前,由于贵州省整体的经济社会发展及医疗卫生事业等都比较落后,加之传统多子多福等多生多育观念的影响,人口出生率一直较高。据有关资料记载,1935 年贵州省人口的出生率高达 53.4‰(张人位,石开忠,1992),相应地,贵州少数民族和民族地区的出生率也较高。

新中国成立初期,随着政治、经济制度的根本变革,政治形势稳定,各族人民在政治上翻身做了主人,同时经济恢复发展,社会环境安定,文化、医疗卫生等事业也得到了迅速发展,这都给人口增殖创造了良好的条件,全国人口出生率较高,贵州省亦是如此,出生人数从 1949 年的 42.81 万人增加到 1958 年的 57.11 万人,出生率由 30.15‰提高到了 33.69‰,其中 1952 年的出生率甚至高达 39.46‰。相应地,少数民族人口的出生率也较高。在这一阶段,贵州少数民族人口增长主要是与政治经济的恢复与发展及相关政策因素的作用有关。

首先,1949—1952 年,党和政府卓有成效地进行了国民经济建设的恢复和发展工作。特别是"土地"改革后,成千上万的农民无偿地获得了作为主要生产资料的土地,改变了无地少地的状况,并通过互助合作的方式走上了社会主义道路。农村生产关系的重大变革,推动了生产力的大力解放与发展,同时农业连续几年获得大丰收,农民收入逐年增加,生活得到改善,这为人们的生育行为提供了良好的经济条件。

其次,新中国成立初期,计划生育被等同于节制生育,而节制生育又被看作是马尔萨斯人口的理论而备受批判,同时受苏联鼓励人口增殖政策的影响,误以为人口不断增长是社会主义的人口规律,体现了社会主义的优越性。另外,人口数量问题在当时并没有引起广大干部群众的高度重视,马寅初先生虽然敲响了人口问题的警钟,并提出了控制人口增长的具体措施与办法,但不仅没有被及时采纳,反而遭到了无情的批判。因此,全国上下均倾向于鼓励多生多育。

再次,20 世纪 50 年代初期,根据当时中国的社会经济发展状况,政府考虑到干部群众的生活困难,执行了照顾多产婴儿和经济上关照多孩子家庭的政策,客观上更加稳固了传统的"多子多福"生育观念,刺激了人们多生多育行为的发生。

最后,新《婚姻法》的颁布,使得全国上下一改旧社会的陈规陋习,提倡青年男女自由恋爱,婚姻自主。加之娼妓问题的解决及尼姑、和尚的还俗,使得结婚人数不断增加,新家庭不断建立,为多生育提供了一定的家庭基础。

2.1959—1961年:人口出生率急速下降阶段

这一时期贵州少数民族人口发生了较大的特殊变化,是新中国建立后人口数量唯一的一个下降期,也是人口出生率急速下降的一个特殊阶段,这种情况的出现主要与"大跃进"和自然灾害的影响有关。在全国经历了1957年的反右派斗争后,1958年掀起了国民经济建设的"大跃进"运动,各种活动都深深地烙上了"左"的政治烙印,不讲科学方法,不按客观规律办事,片面夸大人的主观能动性,提出"人有多大胆,地有多大产"等错误主张,对生产的破坏和物资的浪费十分严重。加上当时又遇上百年难遇的自然灾害,国际上又面临当时苏联的还贷压力和其他反动势力的挑衅。人祸加上天灾,给国民经济造成了严重的重创,伴随国民经济下降的是人口体制的普遍下降和人口出生率的下降。据统计,1959—1961年的三年内,贵州省出生累计人数为108.51万人,出生率从1958年的33.69‰下降到1960年的19.97‰,下降了13.72个千分点。与之相应地,贵州少数民族人口出生率也随之下降。

3.1962—1975年:人口出生率高速上升阶段(见图5-1)

贵州人民在党和政府的领导下,坚持独立自主、自力更生、艰苦奋斗、勤俭建国的精神,战胜了自然灾害,渡过了经济难关。从1962年开始到1965年,贵州省国民经济得到了全面的恢复和发展,同时人口自身也在经历了重创之后进行"补偿"损失的生育。从1962年开始,贵州省人口出生率迅速提高。人口出生率从1961年的16.58‰陡然上升到1962年的43.72‰,1964年的人口出生率更是达到新中国建立以来的最高点,达到52.6‰(吕左,1999)。同时,少数民族地区和民族人口的出生率也有了迅速提高。如贵阳市乌当区新堡布依族乡从1963年至1974年,人口的出生率最低年份为73‰,最高年份58.3‰。又如,苗族人口占全县总人口93%的台江县,在新中国成立以后的一二十年中,出生率也一直保持在30‰以上(张人位,石开忠,1992)。

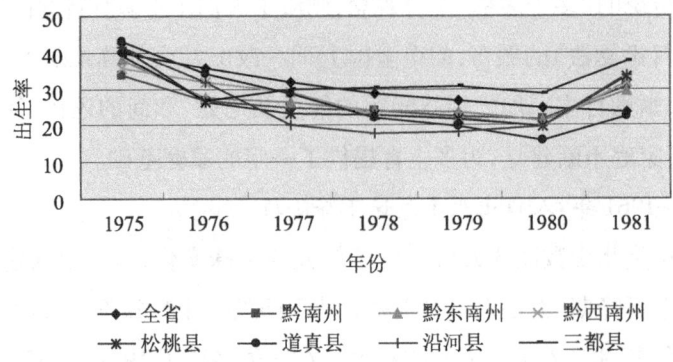

图 5-1　全省及部分民族自治地方 1975—1981 年人口出生率

这一时期人口增长处于严重失控的状态,人口出生率高速上升,人口高速增长,这种状况出现的原因主要有以下几点。

第一,经济的恢复与发展为人口的发展奠定了坚实的经济基础。从 1962 年开始,全国各地认真贯彻执行党中央关于恢复和发展国民经济"调整、巩固、充实、提高"的方针,针对出现的问题实事求是地进行纠正和解决。贵州省也在党和政府的领导下,积极恢复与发展经济,仅在 1962—1965 年的四年时间内,国民经济就得到了全面的发展,国内生产总值从 1962 年的 16.52 亿元上升到 1965 年的 24.41 亿元。经济的迅速发展为人口出生率的上升提供了经济保障。

第二,"文化大革命"是人口出生率上升的政治因素。1966 年开始的"文化大革命",使得当时的中国社会一片混乱,社会的无序状态导致人们的生育行为也陷入完全的无政府状态之中,人口迅速增长。1965—1975 年,贵州全省就增长了 77.95 万人,平均每年净增 70.81 万人,年平均增长率高达 34.00‰(杨斌,2005)。

第三,对人口问题的认识不足是人口出生率上升的客观因素。这期间,虽然党中央、国务院已经有了一些关于计划生育的批示下达,如 1962 年的《关于认真提倡计划生育的指示》,但是包括贵州在内的各地并没有认真贯彻执行,人们对人口问题的严重性认识不足,重视不够,生育仍然处于无节制的状态。

(二)1976 年以后,计划生育政策干预下的人口增长

从 1975 年贵州省推行计划生育政策开始,贵州省人口结束了无政府干预的状态,少数民族人口的增长率持续下降,人口增长也呈稳步持续下降状态。

1.1976—1981年少数民族人口出生率

20世纪70年代初期(1973年)国家开始在全国范围内全面推行计划生育,1975年开始贵州省也开始推行计划生育。贵州省的计划生育工作首先在城镇和汉族地区展开,自1980年开始,贵州省在各少数民族地区也陆续开展了计划生育工作,全省包括少数民族地区人口的高出生率迅速得到了扭转并呈逐年下降趋势。1976—1981年,全省出生人数下跌,人口出生率逐年下降,从1975年出生100.15万人的顶峰上跌倒1981年只出生66.46万人;人口出生率从40.11‰降到23.72‰,下降了16.39个千分点。

伴随着全省人口出生率的下降,少数民族人口出生率也有明显的下降,由于贵州省各民族多相互杂居,因此我们用1975—1981年民族自治地方的有关资料来分析少数民族人口出生率的状况。具体数据见表5-1,图5-1更为直观地显示了全省及部分民族自治地方的人口出生率状况。从中可以看出,少数民族自治地方的出生率变动情况总体上与全省状况基本一致,即1975—1980年人口出生率总体上呈下降趋势,且少数民族地区的出生率下降势头更为迅猛,尤其在1975—1977年的三年中,下降幅度较大。如沿河县1975年的出生率为41.3‰,1976年降为31.9‰,1977年继续保持急剧下降势头降到了20.2‰,每年大约下降了10个千分点。但是到1981年全省人口出生率继续保持下降的势头,而少数民族自治地方的人口出生率却有所上升。1981年全省人口出生率从1980年的24.70‰降为23.72‰,虽然下降幅度较小,但是仍处于下降的趋势,但是少数民族地方的人口出生率却呈上升趋势,如黔西南州1980年的出生率为19.88‰,1981年上升至31.87‰,上升了将近12个千分点;再如镇宁县出生率由1980年的24.4‰上升到了1981年的37.85‰,上升了13.45个千分点。究其原因,这与当时民族成分的申报有很大关系。而有些民族自治地方,如三个民族自治州及镇宁、紫云、关岭、三都等自治县1975—1980年人口出生率均低于全省水平,这既与民族识别有关,也与这些地区少数民族的婚姻习俗有关。如苗、侗、壮、水、布依等少数民族中有"不落夫家"的习俗,即夫妻结婚后,新娘不在夫家居住,仅逢农忙、节日或夫家办婚丧等事才到夫家居住。因此,这些少数民族虽然结婚年龄早,但是生育年龄相对较晚,与晚婚晚育具有相同的效果,导致育龄妇女可能的生育时间缩短,从而使人口的出生率较低。另外有些民族地区的出生率则较全省及汉族地区高,也与当时的计划生育政策和民族政策有关。贵州省从 1975 年开始在城镇和汉族地区首先开展计划生育工作,少数民族及其地区则是在 1980 年才开始陆续进行此项工作,而且在生育胎数上"适当放宽",尤其在一些边远、偏僻的民族地区,计划生育工作尚未列入正式议程,存在较严重的超生现象,因此与汉族地区相比,表现为人口出生率有明显不同。例如,开展计划生育工作较早的贵阳市,其人口出生率由 1971 年的 27.43‰ 下降到 1980 年的 10.03‰;而开展计划生育工作晚并在生育胎数政策上适当放宽的苗族聚居的台江县,同一时期的人口出生率则由 44.4‰ 下降为 28.14‰ (贵州省人口普查办公室,2005)。

表 5-1 民族自治地方 1975—1981 年人口出生率

单位:‰

地区	1975 年	1976 年	1977 年	1978 年	1979 年	1980 年	1981 年
全省	40.11	35.48	31.77	28.62	26.89	24.70	23.72
黔南州	33.90	26.67	24.73	24.00	22.55	21.59	30.48
黔东南州	38.15	27.51	26.25	24.08	23.57	21.30	29.51
黔西南州	35.80	31.74	28.97	22.83	22.02	19.88	31.87
威宁县	41.40	39.30	36.40	30.20	25.60	18.30	24.12
松桃县	41.40	26.20	23.40	22.90	21.58	19.70	33.25
镇宁县	32.10	28.20	25.90	23.10	23.90	24.40	37.85
紫云县	39.50	34.70	32.70	24.90	23.30	26.80	39.00
关岭县	38.00	34.80	34.90	24.30	21.70	26.60	35.98
玉屏县	34.20	22.60	20.00	17.40	17.30	14.70	22.52
务川县	41.60	37.10	29.50	22.40	20.60	17.90	26.08
道真县	43.10	34.10	28.50	22.00	19.60	15.70	22.38
沿河县	41.30	31.90	20.20	18.00	18.10	19.60	33.87
印江县	40.80	25.70	19.70	21.00	19.40	19.10	30.41
三都县	39.00	26.90	29.80	30.40	30.50	28.80	37.59

资料来源:
①1975—1980 年人口出生率见《贵州省人口自然变动情况汇编》(1950—1680 年)。
②1981 年为第三次全国人口普查数。

2.1982—2000 年少数民族人口出生率

1982—2000 年的这一阶段,特别是 1985—1999 年是实行计划生育政策以来贵州人口增长的一个反弹期,如果说 1949—1958 年是新中国建立以来贵州人口增长的第一个高峰期、1962—1975 年是人口增长的第二个高峰期,那么这一阶段则是人口增长的第三个高峰期。全省人数从 1982 年的 2875.21 万人增加到了 1999 年的 3710.06 万人,人口出生率 1982 年为 24.81‰,至 1984 年有所下降,为 18.85‰,后又有所上升,2000 年达到了 20.59‰。全省人口的出生率呈先下降后上升的倒抛物线状,但 2000 年较之 1982 年仍下降了 4.22 个千分点。

少数民族人口的出生率也较之前有所下降,但是仍高于全省和汉族水平。如 1989 年全省人口出生率为 24.92‰,汉族为 24.16‰,少数民族(合计)为 26.35‰,少数民族分别比全省及汉族高 1.43 和 2.19 个千分点。各少数民族的出生率也较全省及汉族高,以当年 30 万以上的少数民族(苗、彝、布依、侗、土家、水、仡佬)为例,1989 年出生率分别为:苗族 25.88‰,彝族 28.55,布依族 26.93,侗族 25.63,土家族 25.65‰,水族 25.49‰,仡佬族 24.13‰(严天华,陈秀英,1996)。在这 7 个少数民族中,除仡佬族略低于全省及汉族出生率外,其余民族均在 25‰以上,高于全省及汉族,其中彝族出生率为最高,高出全省 3.63 个千分点。

1990 年以后,随着计划生育工作的深入开展,全省和各少数民族地区的人口出生率也有了大幅度的下降。全省出生率降到 23‰以下,且长期维持在 22‰~23‰之间,少数民族及民族地区的人口出生率也呈下降状态。表 5-2 显示了贵州省部分民族区域自治地方 2000 年的出生率及其变动。从表 5-2 中可以看出,虽然民族自治地方的出生率略高于全国平均水平且大部分高于全省平均水平,但是较之 1990 年而言都有了不同程度的下降。从 2000 年民族自治地方的出生率来看,黔东南州及玉屏县出生率略低于全省平均水平,玉屏县更是低于全省 2.97 个千分点,为出生率最低的民族自治县,而其他地方均高于全省平均水平,以威宁县出生率为最高(26.65),高于全省 6.06 个千分点;从出生率的下降幅度来看,2000 年各民族自治地方的出生率较 1990 年都有了不同程度的下降,其中玉屏县是出生率下降幅度最大的民族自治地方,2000 年与 1990 年相比下降了 7.67‰,而松桃县出生率下降幅度最小,仅下降了 0.4 个千分点。

表 5-2　贵州省部分民族自治地方 1990—2000 年人口出生率变动

单位:‰

地区	2000 年	与 1990 年相比
全国	14.03	-7.03
贵州省	20.59	-2.50
黔东南州	20.29	-2.09
黔南州	20.88	-4.03
黔西南州	23.44	-5.91
威宁县	26.65	-2.71
紫云县	22.95	-5.05
松桃县	23.05	-0.40
玉屏县	17.62	-7.67
印江县	20.63	-1.97
沿河县	24.50	-1.02

资料来源:《贵州统计年鉴》(1990—2001 年)。

部分少数民族和民族自治地区的人口出生率之所以高于全省和汉族水平,这与当地计划生育的力度不够及计划生育政策对少数民族的照顾有关。1979 年 6 月颁布的《贵州省计划生育暂行办法》虽然明确规定了生育要"晚、稀、少",但又规定"每对夫妇的子女最好一个,不得超过两个,生育间隔三年以上";1980 年贵州省人民政府根据《贵州省计划生育暂行办法》的执行情况,虽然做了"补充说明",但实际执行的是"限制生二胎,不准生三胎"的政策。1982 年省政府颁发了《关于计划生育的几项政策规定》,其中包括"农村普遍提倡一对夫妇只生育一个孩子,某些人因确有实际困难要求生育二胎的,可以有计划地安排"。直到 1998 年 7 月 24 日以法规形式颁布的《贵州省计划生育条例》中也规定:"提倡一对夫妇只生一个孩子,某些群众确有实际困难经过批准,可以间隔几年以后生第二胎。"显而易见,这些规定事实上都默认了"生二胎"的合法性。而一些偏远的少数民族地区实际生活中往往还突破此限,不仅生三胎的较为普遍,生四胎、五胎的也不少见。另外,国家在实行计划生育政策时对少数民族也有倾斜照顾。如 1971 年 7 月国务院在批转卫生部等《关于做好计划生育工作的报告》中就指出,要加强对计划生育工作的领导,但"人口稀少的少数民族地区除外"。1982年2月,中共中央、国务院在《关于进一步做好计划生育工作的指示》中指出:"对于少数民族,也要提倡计划生育,在要求上可适当放宽一些。"根据中央"适当放宽"的指示,1979年中共贵州省委在向党中央的报告中,对少数民族地区计划生育工作提出了四条具体意见:一是少数民族地区的计划生育工作,步子放后一点,放慢一点;二是对少数民族要做细致的思想动员,对一时思想不通、暂不做节育手术的,耐心等待;三是在少数民族聚居区,对坚持生第三胎的,在落实有效措施后不予经济制裁;四是人口很少的仡佬族、瑶族居住农村的暂不开展计划生育。1987年7月16日通过的《贵州省计划生育试行条例》中也明确规定:"提倡和推行一对夫妻只生育一个孩子,严禁计划外生育。"但夫妻双方均为少数民族的国家工作人员、企事业单位、城镇居民,允许生育第二个孩子;夫妻双方是农民,其中一方是少数民族的,也允许生育第二个孩子,两个孩子中有一个为非遗传性疾病,不能成长为正常劳动力的,允许再生一个孩子。1998年颁布的《贵州省计划生育条例》仍然体现了对少数民族的政策倾斜,仅废除了夫妻双方均为少数民族的国家工作人员、企事业单位、城镇居民在生育政策上的有关照顾。生育政策上的照顾,加之民族识别和"多子多福"传统生育观念的影响,使得少数民族人口的出生率高于汉族。

3.2000年以后的人口出生率

以2000年7月省委召开八届五中全会,专题研究贵州人口计划生育工作为标志,全省人口计划生育工作进入了综合治理的新阶段,人口出生率由2000年的20.59‰进一步下降为2010年的13.96‰。随着全省人口出生率的下降,各少数民族人口及民族自治地方的人口出生率也有了不同程度的下降。这一时期生育率下降主要是因为贵州社会经济的发展使人民享受到了经济发展带来的好处,人民生活水平逐步提高,更加注重加快的投资,再加上各级政府对医疗卫生事业、基础设施的建设以及生态环境保护的投入,使人民生存和发展拥有了更为优越的条件(贵州省第六次全国人口普查办公室,2015)。

二、妇女生育水平

我们知道,衡量一个国家或一个地区生育状况的指标除了出生率以外,更主要的指标是生育率,事实上生育率才是衡量和表示生育水平的人口统计指标,因为出生率表明的只是出生人口与总人口之比,但实际上只有育龄妇女才有可能生育婴儿。因此,与一个国家或一个地区出生人数有着直接依存关系的只是育龄妇女人数而非总人数。与出生率不同,生育率特别是妇女生育模式是决定该国家或该地区人口再生产变动的和人口发展趋势的最主要的人口学因素,特别是在该国家或该地区人口死亡率已经下降到比较稳定水平的情况下更是如此。而影响贵州各少数民族人口增长的诸多因素中,妇女生育率始终占据重要的地位,因此对妇女生育率的分析具有重要的意义。

(一) 1980 年以前的生育水平

20 世纪 60 年代初期由于自然灾害和"左"倾思潮的影响,全国经济遭到了前所未有的破坏,贵州省更是全国的"重灾区",因此在这段时期内人口曾出现严重的负增长。60 年代中后期随着国民经济的调整,贵州省经济得到了迅速恢复,民众得到休养生息,育龄妇女进入补偿性生育阶段,生育率和出生率都达到了新中国成立以来的最高值。因此,在 1975 年实行计划生育以前,贵州妇女的总和生育率极高,如 1964—1975 年的 12 年中,平均为 6.67,1968 年竟高达 7.49(贵州省人口普查办公室,2005)。

1970 年以来,特别是 1975 年以后随着贵州大力开展计划生育工作以来,结束了人口失控的状态,人口高速增长的势头得到遏制,生育率也开始逐步下降,少数民族亦是如此。以贵州省人数最多的苗族、布依族和侗族为例,20 世纪 70 年代初这三个民族的妇女总和生育率还居高不下,1970 年三个民族的妇女总和生育率分别为 6.7、6.06 和 6.52,至 1975 年苗族和侗族的总和生育率有所上升,分别上升至 7.66 和 6.93,布依族则略有下降,为 5.82,至 1980 年三个民族的总和生育率则有了大幅度的下降,分别降至 4.4、4.45 和 3.91。

(二) 1981—1989 年的生育水平

进入 20 世纪 80 年代虽然少数民族的妇女总和生育率较之 70 年代有所下降,但是仍高于全省平均水平。根据 1982 年第三次人口普查资料显示,贵州省总和生育率为 4.39,少数民族为 5.24,少数民族人口的总和生育率高于全省平均水平。这里用各民族自治地方的人口总和生育率来管窥少数民族的生育率状况(详见表 5-3 所示)。

表 5-3 1981 年民族自治地方妇女总和生育率

单位:‰

自治地方	生育率	自治地方	生育率
黔东南州	4.66	关岭县	5.68
黔南州	4.81	玉屏县	3.01
黔西南州	5.11	务川县	4.60
威宁县	3.89	道真县	3.64
松桃县	5.57	沿河县	5.73
镇宁县	5.99	印江县	5.02
紫云县	6.34	三都县	6.62

资料来源:张人位,石开忠.贵州民族人口[M].贵阳:贵州民族出版社,1992:31—33.

从表 5-3 中可以看出,除玉屏县(3.01)、威宁县(3.89)、道真县(3.64)的总和生育率略低于全省平均水平(4.39)外,大部分民族地区的总和生育率均高于全省。三个民族自治州中黔西南州的总和生育率最高,比黔东南自治州高 0.45,比黔南州高出 0.3,但是三个民族自治州的总和生育率均比全省少数民族总和生育率的平均数(5.24)略低。各民族自治县中,生育率较高的是紫云县和三都县,均在 6.00 以上,其中最高的三都县为 6.62,比全省人口总和生育率和少数民族总和生育率分别高出 2.23 和 1.38。

从育龄妇女一般生育率来看,1981 年全国水平为 82.17‰,贵州省为 121.88‰,贵州少数民族为 141.36‰,比全国高 59.19 个千分点,比全省高 19.48 个千分点。各民族自治地方育龄妇女一般生育率见表 5-4。

表 5-4 1981 年民族自治地方育龄妇女一般生育率

单位:‰

自治地方	生育率	自治地方	生育率
黔东南州	125.80	关岭县	158.50
黔南州	130.98	玉屏县	93.65
黔西南州	139.56	务川县	117.80
威宁县	111.10	道真县	98.65
松桃县	156.19	沿河县	152.91
镇宁县	166.45	印江县	137.00
紫云县	173.36	三都县	169.98

资料来源:张人位,石开忠.贵州民族人口[M].贵阳:贵州民族出版社,1992:33。

从表5-4中可以看出,与妇女总和生育率情况一样,除玉屏县、威宁县、道真县、务川县的一般生育率略低于全省平均水平外,大部分民族地区的一般生育率均高于全省平均水平。三个自治州中,最高的是黔西南州,达到139.56‰,高出全省17.68个千分点。各民族自治县中以紫云、三都和镇宁三县育龄妇女一般生育率最高,均超过了166‰,其中紫云县更是高达173.36‰,比全省平均水平高出51.48个千分点。

相对于一般生育率来说,育龄妇女分年龄生育率是一种特殊生育率,指某年龄组妇女(在一年期间)平均每千人生育的活婴数。育龄妇女分年龄生育率对于考察生育状况亦具有重要意义。一般来说,20~35岁为生育高峰期,此年龄段的生育率比其他年龄段要高。1981年少数民族育龄妇女分年龄组生育率情况详见表5-5所示。从表5-5中可以看出,25~29岁年龄组为生育高峰年龄组,该年龄组的少数民族生育率为333.82‰,比汉族(295.90‰)高出37.92个千分点;其次是30~34岁、20~24岁年龄组生育率较高,分别为246.35‰和210.13‰。少数民族最低生育年龄组(15~19岁)生育率为10.88‰,比汉族(7.42‰)高出3.46个千分点;最高生育年龄组(45~49岁)的生育率为16.78‰,比汉族(11.31‰)高出5.65千分点;只有30~34岁年龄组和35~39岁年龄组生育率,汉族比少数民族略高。

表5-5 少数民族育龄妇女分年龄组生育率

年龄	15~49岁妇女人数(万人)	生孩子的妇女人数(万人)	各年龄组妇女生育率(‰)	各年龄组累计生育率(‰)	累计生育率(‰)
15~19岁	43.37	0.47	10.88	54.54	54.40
20~24岁	38.84	3.96	210.13	1050.65	1105.05
25~29岁	28.76	8.93	333.82	1669.10	2774.15
30~34岁	20.60	5.07	246.35	1321.75	4095.90
35~39岁	18.69	2.87	153.75	768.75	4864.65
40~44岁	18.13	1.37	75.55	377.75	5442.40
45~49岁	15.90	0.27	16.78	83.90	5526.30
合计	162.32	22.96	141.63	—	5326.30

资料来源,根据第三次人口普查资料整理。

到了1989年,贵州省少数民族育龄妇女总和生育率有了大幅度的下降。贵州省少数民族育龄妇女的总和生育率已由1981年的5.24降为1989年的3.27,下降了1.97‰,而且1989年与汉族的差距已经缩小到0.36‰。贵州省各个民族和全国同一民族的妇女总和生育率见表5-6所示(严天华,陈秀英,1996)。

表5-6 1989年贵州省与全国相应的各民族妇女的总和生育率

单位:‰

民族	贵州省	全国	民族	贵州省	全国
少数民族合计	3.27	2.91	侗	3.15	2.67
汉	2.91	2.24	土家	3.14	2.54
苗	3.20	3.15	水	3.57	3.56
彝	3.25	3.07	仡佬	2.85	2.71
布依	3.50	3.53	—	—	—

资料来源:1990年贵州省和全国人口普查100%资料。

从表5-6中可以看出,1989年贵州省30万人口以上的7个少数民族中,布依族和水族的妇女总和生育率均高于全省少数民族的平均水平,其中水族为最高,比全省少数民族平均水平还要高出0.3;而仡佬族的妇女总和生育率最低,低于贵州省和全国少数民族的平均水平,甚至低于贵州省汉族妇女的总和生育率。与全国同一民族相比,除布依族的总和生育率稍低于全国水平外,其他民族都要高于全国同一民族的平均水平。

在此以贵州省世居民族中的苗、布依、侗、仡佬四个民族为例来讨论20世纪70年代到90年代贵州少数民族妇女总和生育率的变化情况。1970—1989年苗族、布依族、侗族、仡佬族的妇女总和生育率详见表5-7。从表5-7中可以看出,1970年妇女总和生育率以仡佬族为最高,苗族其次,而到1989年时则转变为仡佬族最低,苗族其次,侗族却代替了仡佬族而列于相对最高的地位,这表明各个民族在这方面的演进速度也不平衡(严天华,陈秀英,1996)。1970—1989年的20年,仡佬族生育率下降幅度最大,下降了4.84,布依族下降幅度最小,下降了2.56,可见,虽然各民族生育率的下降幅度不同,但是总体上均呈下降态势。

表 5-7　1970—1989 年贵州省四个民族妇女总和生育率的演进

单位:‰

民族	1970 年	1975 年	1980 年	1985 年	1989 年
苗族	6.70	7.66	4.40	3.93	3.20
布依族	6.06	5.82	4.45	3.84	3.50
侗族	6.52	6.93	3.91	3.51	3.15
仡佬族	7.69	6.82	4.74	3.83	2.85

资料来源：

1.苗族、布依族、侗族 1970—1985 年《全国 2‰生育节育抽样调查资料》。

2.仡佬族 1970—1985 年《8 个少数民族妇女婚育情况抽样调查数据汇编》,1989 年,人口的动态专刊。

3.1989 年和 1990 年贵州人口普查资料。

(三)1990 年以后的生育水平及其变动情况

到 2000 年,贵州省育龄妇女生育水平有了较大幅度的下降,总和生育率由开始实行计划生育 1975 年的 6.55 下降到 2000 年的 2.19,下降幅度极大。发达国家以总和生育率低于 2.1 算为低生育水平,在中国,一般以总和生育率低于 2.2 才算低水平,以此标准衡量,到 2000 年贵州省也跨入了低生育水平阶段的行列,达到了生育更替水平。汉族人口的总和生育率也逐渐接近生育更替水平,为 2.27,而少数民族人口仍然较高,总和生育率为 2.70,比汉族高 0.43,比全省平均水平高出 0.51。表 5-8 反映的是第三、四、五次人口普查贵州省全省、汉族和少数民族人口生育水平的变动。从表中可以看出,无论是全省、汉族还是少数民族,其生育率都有不同程度的下降,尤其在第三次人口普查到第四次人口普查之间,生育率下降幅度较大。全省总和生育率下降了 1.37,少数民族总和生育率下降了 2.01,一般生育率全省和少数民族分别下降了 24.56 和 40.2 个千分点,少数民族生育率的下降幅度甚至超过了全省平均水平。从第四次人口普查到第五次人口普查期间,全省、汉族和少数民族总和生育率分别下降了 0.83、0.59 和 0.53,一般生育率分别下降了 26.01、30.56 和 24.00 个千分点,在该阶段全省和汉族生育率的下降幅度比少数民族要大,说明少数民族的生育模式转变较之汉族略显缓慢,当然这不仅仅与多子多福等传统观念有关,而且与少数民族较之汉族略宽松的计划生育政策不无关系。

表5-8 第三、四、五次人口普查全省、汉族及少数民族人口生育水平

单位:‰

民族	第三次人口普查		第四次人口普查		第五次人口普查	
	总和生育率	一般生育率	总和生育率	一般生育率	总和生育率	一般生育率
全省	4.39	121.88	3.02	97.32	2.19	71.31
汉族	—	—	2.86	95.39	2.27	64.83
少数民族	5.24	141.36	3.23	101.16	2.70	77.16

资料来源:李旭东.贵州少数民族人口增长及其地区差异研究[J].贵州民族学院学报,2006(5).

另外,我们还可以通过对1990—2000年黔东南苗族侗族自治州的总生育率和总和生育率的变化情况来分析少数民族自治地方的生育情况。从表5-9可以看出,自1990年以后,黔东南州生育率虽然有波动,但整体呈下降趋势。总生育率由1990年的88.34‰下降到了2000年的68.65‰,下降了19.69个千分点,总和生育率由1990年的2.54下降到了2000年的2.16。

表5-9 黔东南州1990—2000年生育率统计

单位:‰

年度	总生育率	总和生育率	资料来源
1990	88.34	2.54	第四次人口普查
1991	93.33	2.65	州计生局抽样调查
1992	83.38	2.38	州计生局抽样调查
1993	81.81	2.33	州计生局抽样调查
1994	79.99	2.28	州计生局抽样调查
1995	81.28	2.32	州计生局抽样调查
1996	79.67	2.27	州计生局抽样调查
1997	81.51	2.32	州计生局抽样调查
1998	78.41	2.24	州计生局抽样调查
1999	75.14	2.18	州计生局抽样调查
2000	68.65	2.16	第五次人口普查

另外,我们也可以通过对2000年第五次人口普查资料所反映的黔东南苗族侗族自治州各县、市的妇女年龄别生育率的分析来管窥民族地区的生育率状况。表5-10反映了黔东南州的分地区及分年龄育龄妇女生育状况,从分年龄妇女生育率来看,生育高峰人群为20~34岁的育龄妇女,其生育率均超过50‰,尤其是20~24岁组育龄妇女为生育率最高的年龄组。其生育除个别县市外,大部分均在180‰以上,其中三穗县和岑巩县更是超过了250‰;同时20~29岁的育龄妇女,生育率也都在100‰以上。所以,从人口增长与人口预测的角度来讲,该年龄范围的育龄妇女人群应属于人口监控工作的主要对象。从分地区的育龄妇女总和生育率来看,凯里(1.67)、天柱(1.93)、台江(1.94)、榕江(2.02)、从江(2.16)、麻江(2.14)、丹寨(1.83)等县市的总和生育率也低于全省平均水平,在黔东南州所辖的16个县市中岑巩县总和生育率最高,达2.8,其次是三穗县,为2.64,总和生育率最低的当属凯里市,为1.67,其次是丹寨县,为1.83。因此,从总体上看,黔东南全州16个县市中,除了岑巩县和三穗县外,其总和生育率均处于1.5~2.5,逐渐趋于更替水平,而凯里市则已处于更替水平以下。

表5-10 黔东南州分县、市育龄妇女年龄别生育率及总和生育率

单位:‰

地区	15~19岁	20~24岁	25~29岁	30~34岁	35~39岁	40~44岁	45~49岁	总和生育率
凯里市	8.98	143.72	121.88	42.42	13.82	0.96	2.08	1669.27
黄平县	23.07	210.67	132.84	65.74	18.00	7.36	1.71	2296.96
施秉县	41.32	210.00	147.88	59.90	21.47	7.89	3.92	2461.93
三穗县	19.14	258.26	175.54	60.31	14.72	—	—	2639.89
镇远县	18.48	208.10	162.90	68.79	22.36	4.83	—	2427.25
岑巩县	30.37	256.73	181.47	58.35	18.76	12.49	3.60	2807.34
天柱县	14.08	199.68	119.04	40.42	8.11	4.38	0.50	1931.08
锦屏县	27.55	226.77	162.78	42.88	13.76	0.93	3.12	2388.95
剑河县	39.47	188.52	144.32	65.92	17.27	1.39	5.50	2311.99

续表

地区	15~19岁	20~24岁	25~29岁	30~34岁	35~39岁	40~44岁	45~49岁	总和生育率
台江县	30.83	199.29	107.80	37.59	11.25	—	1.34	1940.60
黎平县	22.95	197.88	145.86	49.86	15.82	9.63	0.85	2214.22
榕江县	21.08	180.28	126.19	46.44	19.79	6.82	3.21	2019.03
从江县	27.20	184.08	144.74	54.70	18.17	3.30	—	2161.00
雷山县	65.55	197.18	143.36	75.45	14.63	7.14	2.79	2530.58
麻江县	20.88	178.74	135.42	57.54	35.25	—	—	2139.11
丹寨县	16.50	176.10	113.70	48.86	11.76	—	—	1834.60

资料来源:2000年第五次人口普查资料。

表5-11反映的是2009年贵州省3个民族自治州的育龄妇女年龄别生育率及总和生育率情况。从表中可以看出,就总和生育率而言,黔东南州为最高,达到了2.1,黔南州1.9为最低,但是三个民族自治州总和生育率均高于全省平均水平。从年龄别生育率来看,依然是20~34岁为生育高峰,特别是20~24岁,三个民族自治州的生育率均高于150‰。

表5-11 2009年民族自治州育龄妇女年龄别生育率及总和生育率

单位:‰

地区	15~19岁	20~24岁	25~29岁	30~34岁	35~39岁	40~44岁	45~49岁	总和生育率
黔西南州	38.75	168.37	125.69	41.54	17.72	7.73	5.85	2028.25
黔东南州	18.18	166.07	134.43	65.42	21.29	9.27	5.92	2102.90
黔南州	19.34	150.53	121.80	63.33	20.75	9.35	3.81	1944.55

资料来源:贵州省2010年人口普查资料。

三、影响生育水平的主要因素

一般来说,影响妇女生育意愿和生育行为的因素是多方面的,如城乡分布、职业构成、文化程度、经济收入、生育政策、宗教信仰、文化传统等。就影响贵州省少数民族育龄妇女生育水平的因素而言,其中最主要、影响较大的因素应该包括政府的人口政策、人口因素、文化因素,以及社会经济发展状况等。

(一)人口政策因素

人口政策是从一个国家或地区社会的、经济的、政治的、资源的、生态环境的综合战略利益出发,对人口发展过程施加影响和干预而做出的法令、法规及措施的总和。人口政策从内容上划分有限制增长的人口政策和鼓励增长的人口政策;从实施方式上划分,有直接的人口政策、间接的人口政策和隐含的人口政策之异;从实施范围上有全国统一的和分地区的人口政策之别;从范围上讲有广义和狭义人口政策之分。人口政策的制定和调整的依据是人口、经济、社会、资源、环境的现状及其相互作用和可持续发展的需要,理论指导是人口发展的规律和人口理论,基点是各个民族的利益(贵州省第六次全国人口普查办公室,2015)。就影响贵州少数民族人口生育水平的人口政策而言,主要是控制人口增长的计划生育政策的影响。计划生育政策对育龄妇女生育水平的影响主要在于将妇女处于自然状态下的生育行为转变为按照国家经济社会发展的需要,即人口的增长要和社会经济发展水平相适应,将人口再生产纳入国家政策控制,从而人为地控制妇女生育行为。

贵州省的计划生育工作从 1974 年开始,由于计划生育政策的干预,包括少数民族人口在内的贵州人口再生产从盲目的无政府状态下的高出生率、高自然增长率逐步转变为较低的人口出生率和较低的人口自然增长率。人口政策转变的基本线索可概括为 20 世纪 70 年代所提倡的"晚、稀、少"到 80 年代的"一对夫妇只生育一个孩子",进入 90 年代,贵州省人大常委会从实际情况出发,制定了《贵州省计划生育管理条例》,明确提出一对夫妇只生育一个孩子。鉴于贵州省多民族的特殊性,《贵州省计划生育管理条例》对各个少数民族的生育进行了分类指导,如第二十四条规定:"民族宗教事务部门应当配合计划生育等行政部门开展人口与计划生育宣传教育,引导少数民族实行计划生育,对实行计划生育的少数民族贫困家庭给予重点扶持。"在生育子女上,第三十一条第二款规定:夫妻双方是农民,"夫妻双方或者一方是少数民族的",可以生育第二个子女;第三十二条规定:"夫妻双方都是少数民族的农民,两个孩子有一个非遗传性残疾,不能成长为正常劳动力的,可以申请再生育一个子女。"从少数民族的实际出发,对其进行了有针对性的规定,从而将计划生育纳入了规范化、法制化的轨道,也使得基层计划生育部门在执行计划生育的过程中有法可依、违法必究。2000 年,国家强调人口与发展综合决策、稳定现行生育政策、综合治理人口问题、国家指导和群众自愿相结合、整体推进与分类指导相结合、以人的全面发展为中心。2000年7月,中共贵州省委、贵州省人民政府为了深入贯彻执行中共中央、国务院做出的关于"稳定低生育水平,加强人口与计划生育工作的决定",进一步做出《关于加强人口与计划生育工作,严格控制人口过快增长的决定》,对世纪之交的贵州人口控制做出战略部署,对计划生育的控制力度进一步加大。2007年,国家进一步调整人口政策,强调"稳定和完善人口政策和生育政策""统筹解决人口问题"等。

通过计划生育政策的贯彻实施,对生育政策做了具体规定,如在节育技术上,一些地区提出了一孩上环、二孩结扎的方式,在具体的计划生育政策落实工作上,从上到下,将各项计划生育任务逐项分解到基层,做到任务明确、责任落实、奖罚分明、奖惩兑现,实行党政一把手负总责,对党政主要领导人实行人口控制"一票否决制"等,开创了贵州省计划生育工作的新局面,人口控制也见成效,如妇女上环率、结扎率上升,出生人口减少,人口出生率、一般生育率、总和生育率等都有了不同程度的下降。可见,计划生育政策在控制人口增长、转变生育模式方面功不可没。

(二)人口学因素

影响生育水平的人口学因素主要有育龄妇女的人数与增长、育龄妇女的年龄结构、育龄妇女的职业结构、育龄妇女的城乡构成等。

首先,育龄妇女的总体规模、占总人口的比重是影响生育水平的基础。以黔东南州为例,1990年与1980年比较来看,1990年黔东南州15~49岁育龄妇女由1980年的73.56万人增加到1990年的89.40万人,净增15.84万人,增长21.53%。育龄妇女占总人口的比重由1980年的23.37%上升到1990年的24.78%,上升1.41个百分点。20~29岁生育旺盛年龄段的育龄妇女由1980年的19.73万人增加到30.59万人,增加10.85万人,增长54.99%,其中20~24岁育龄妇女由1980年的8.12万人增加到1990年的19.13万人,增加11万人,增长135.46%,说明大量的育龄妇女涌入婚育阶段。从2000年与1990年的比较来看,2000年15~49岁的育龄妇女为110.60万人,比1990年的89.40万人净增21.20万人,增长23.71%,甚至快于总人口的增长。2000年育龄妇女占总人口的比重为24.78%,比1990年的23.37%上升1.41个百分点。20~29岁生育旺盛年龄段的妇女由1990年的30.59万人增加到2000年的40.89万人,增加10.30万人,增长33.67%(贵州省黔东南州第五次人口普查办公室,2004)。大规模的育龄妇女的存在及其占总人口比重的不断上升,如生育不加控制,其势必将使得妇女的生育率有大幅度上升。

其次,妇女的年龄结构对生育水平也有影响。虽然平均育龄妇女人数最多的是35~39岁年龄组,但是随着时间的推移,这部分人生育能力逐渐下降,今后一段时间这部分妇女的生育率也会逐渐下降。2010年贵州省35~39岁年龄组妇女人数为141568人,而其生育子女数只有2672人,生育率为18.87‰,并未排在前列。而从统计数据上分析,育龄妇女生育高峰主要在20~29之间,尤其是在20~24岁,2010年贵州省20~24岁年龄组妇女生育率为136.08‰,其中一孩生育率为108.55‰,也就是说,贵州省育龄妇女大多选择在此年龄段生育第一个小孩,这样,在20~24岁年龄段形成贵州省的生育峰值。同时,二孩和三孩及以上生育最高集中在25~29岁年龄组(贵州省第六次全国人口普查办公室,2015)。可见,育龄妇女的年龄结构对生育水平的影响。

第三,育龄妇女的职业构成对其生育子女数量也有影响。以从事非农职业的育龄妇女和从事农业职业的育龄妇女活产子女数比较来看,2000年贵州15~49岁育龄妇女一孩比重最低的是从事农林牧渔业的育龄妇女,多孩比重最高的也是从事农林牧渔业的育龄妇女,平均生育子女数量是2.06个,远远高于从事其他职业育龄妇女的生育子女数量。比全省同年龄育龄妇女平均生育子女数1.90个多0.16个。从事农林牧渔业的育龄妇女生育一孩的只占19.68%,比全省从事其他职业的平均生育一孩的比重26.97%低7.29个百分点,而生育三孩及三孩以上的比重占45.12%,比其他职业的育龄妇女活产多孩的比重高39.69个百分点(贵州省人口普查办公室,2012)。因此,总体来说,从事农林牧渔业等农业职业的育龄妇女活产子女数要多于从事非农职业的育龄妇女。

第四,城乡地区由于经济发展水平、文化习俗、政府的计划生育政策执行差异等因素的影响,其育龄妇女的生育水平也有很大差异。特别是人口城镇化水平的高低,反映了社会经济发展水平的高低和人口文化教育素质的高低,同时反映居民中传统生育观念的影响程度,从而决定人口生育水平的高低。即城镇化程度越高,经济越发达,人口文化教育水平越高,有利于计划生育政策的贯彻落实,人口的总和生育率和多孩率也越低(邓正琦,2003)。从2000年贵州省15~49岁妇女城乡分布对其生育水平的影响来看,贵州省育龄妇女的一孩率全省平均是51.86%,二孩率是30.59%，多孩率（三孩及以上）占17.56%。其中城镇育龄妇女的一孩率为70.43%，二孩率为22.07%，多孩率（三孩及以上）占7.50%，一孩率高于全省平均水平，二孩率和多孩率则均低于全省平均水平；而农村育龄妇女生育一孩的比重为47.58%，二孩率为32.53%，多孩率（三孩及以上）为19.89%，二孩率和多孩率均高于全省及城镇水平，而一孩率则低于全省及城镇水平。另外，从贵州育龄妇女总和生育率的城乡比较来看，15~49岁妇女的总和生育率在城镇和乡村之间也有很大差距。乡村妇女的总和生育率达到2.42，而城镇妇女的总和生育率仅为1.50，乡村妇女总和生育率高出全省和城镇育龄妇女的总和生育水平（贵州省人口普查办公室，2012）。

（三）文化因素

人是文化的生物，人与文化的关系息息相关。在某种意义上也可以说人口是文化的产物，人口发展也是文化发展的一种表现；甚至有什么样的文化发展，可能也预示着有怎样的人口发展。一个国家、一个地区、一个民族的文化对人口的发展持续地产生作用，其中，文化对贵州少数民族人口生育水平的影响主要表现在两个方面，一个是少数民族人口文化对人口生育行为及生育意愿的影响；另一个是育龄妇女的文化素质对人口生育水平的影响。

传统的生育观念是造成人口再生产早生、多生的重要原因之一。贵州少数民族传统文化中大都有早婚早育、多子多福、儿女双全等生育观念，如苗族传统的生育文化认为，有儿子才能代代相传，保持家庭、房族向社会的纵深发展；有女儿才能主动联系社会，使家庭、房族和家族向横向发展。这样，才能使家庭、房族和家族与外界形成一个大的社会网络，人生的社会价值才能在这个网络中实现。

另外，育龄妇女的文化素质与其生育水平也有密切的关系。相关研究表明，妇女平均活产子女数和平均存活子女数，最高是未上过学的，最低为研究生，且中间数值趋近于线性减少，说明妇女生育子女的数量与其受教育程度是反比关系，即：受教育程度越低，生育子女数量越多，反之，受教育程度越高，生育子女数量越少（贵州省第六次全国人口普查办公室，2015）。贵州省少数民族人口的生育水平同样也受制于育龄妇女的文化程度，以少数民族自治州黔东南为例，表5-12反映了黔东南州2000年受教育程度育龄妇女平均活产子女数和平均存活子女数，其中未上过学的育龄妇女平均活产子女数为2.41，平均存活子女数为2.23，而大学本科教育程度的育龄妇女平均活产子女数和平均存活子女数均为0.78,由此可见,随着受教育程度的提高,育龄妇女平均活产子女数和平均存活子女数都有所下降,不同文化程度育龄妇女的子女数之间呈现出不平衡性,从中反映出文化程度对少数民族妇女生育孩子数量的影响。

表5-12 黔东南州2000年受教育程度育龄妇女平均活产子女数和平均存活子女数

单位:人

人数	未上过学	扫盲班	小学	初中	高中	中专	大学专科	大学本科
妇女平均活产子女数	2.41	2.32	1.90	0.99	0.85	0.71	0.85	0.78
妇女平均存活子女数	2.23	2.17	1.80	0.96	0.83	0.70	0.85	0.78

(四)社会经济因素

经济发展水平对人口出生率的影响很大,一般来说,经济发展水平与妇女的生育水平呈负相关关系。即经济发展水平越高生育率越低,经济发展水平越低生育率越高。世界人口发展的历史也证明了这点。如西方经济较发达的资本主义国家如美国、加拿大、法国、瑞士等国的人口出生率都较低,而亚非拉一些经济落后的国家人口出生率则较高。对于贵州省少数民族而言,社会经济因素对人口生育水平的影响也是不言而喻的。首先,经济发展水平低对人们的生育观念和生育行为将产生影响。由于历史等原因,贵州各少数民族多分布在自然环境和人文环境较差的广大山区,交通、通信等基础建设落后,经济发展仍未脱离传统的农业生产,虽然和全国一样经历了计划生育的洗礼,人们的生育观念也有很大的变化,但由于这些地区耕地大多在山坡上,对劳动力的需求强度大,因而,历来对生育男孩有强烈偏好,这在其人口发展上的体现就是生育水平高、出生性别比升高,相应地人口增长速度较快。其次,是对人口文化素质的影响,特别是对育龄妇女文化素质的影响。一般来说,社会经济发展水平与人口的文化素质呈正相关关系,即如果某一地区的社会经济发展状况较好,则该地区包括育龄妇女在内的人口的文化素质则较高。

而育龄妇女的文化素质又与生育水平呈负相关关系,所以,社会经济发展水平与生育水平便呈负相关关系。再加上广大山区的社会保障体系远不如城镇那样健全,在很大程度上仍依赖于家庭和子女,从而也使得"不孝有三,无后为大""多子多福"等传统的生育观念在少数民族中占有主要地位,影响和支配着人们的生育习俗、生育心理和生育行为规范,致使少数民族人口出现增长较快、生育水平偏高等问题。

第二节 死亡率与平均预期寿命

死亡是人口学研究的一个重要内容。人口的死亡和出生一起,构成了人口的自然变动,是影响人口自然变动的两个主要方面。死亡对于人口再生产,进而对人口的规模、结构、变动等都有着重要的意义。为了排除自然衰老导致的死亡对于人口健康素质带来的影响,人们引入了"人口平均预期寿命"的概念。它以分年龄(组)的死亡率作为计算分析指标,较之人口死亡率(粗死亡率)更能准确地反映人口健康状态。因此,人口平均预期寿命是衡量一个国家或地区社会经济发展、人民生活质量、人口整体素质及现代化水平的重要标志之一。

一、少数民族总人口死亡率

新中国成立前,由于贵州省生产力落后,人民生活非常贫困,"天无三日晴,地无三里平,人无三分银"便是贵州的真实写照。特别是民族地区,经济文化落后,卫生事业的发展也非常滞后,医疗卫生机构极少,甚至有的地方就没有医疗卫生机构。在仅有的一些医疗卫生机构中,也很少有专门的卫生技术人员,即便有专门的卫生技术人员,也大都技术水平不高,而且专业卫生机构和人员都集中在交通条件较好的县城,少数民族聚居的边远、偏僻地区缺医少药的状况十分严重。加之瘟疫横行,传染病到处流行,发病率高,天灾人祸频繁,死亡率也高的惊人。如1940年,三都县天花流行,仅城关附近的麻光寨的67人中便死去了64人;1944年锦屏县等地霍乱病流行,仅铜鼓乡嫩寨村900多人口中,有600多人患病,500多人死亡;凯里市白嘎村原是 100 多户，600 多人口的大寨子，由于年年疟疾肆虐，人们非死则逃，到新中国成立前夕，只剩下 16 户，64 人，人口减少了 90% 以上；新生儿破伤风、麻疹、痢疾、产褥热、难产等疾病经常发生流行，夺走了许多妇女和儿童的生命。根据国民党政府 1938 年的不完全统计，人口总死亡率高达 29.4‰（严天华，陈秀英，1992）。

1949 年新中国成立后，贵州各族人民在政治上翻了身，人民政府把清剿残匪和扑灭疫病作为当时两项重要任务，同时大力发展民族地方的卫生事业。据民族自治地方的 42 个县市中的统计，在 1949 年已有各种医疗卫生机构 41 个，有医院病床 88 张，专门卫生技术人员 182 人，虽然专业卫生机构和人员都集中在交通条件较好的县城，广大农村，特别是少数民族聚居的边远、偏僻山区，缺医少药的状况仍然十分严重，但是已建起了一个初具规模的医疗卫生网。1950 年 12 月，贵州省人民政府在《关于少数民族地区工作的指示》中，对做好少数民族地区医药卫生工作，提出了三项具体要求，即对某些重病区卫生院实行免费医疗；设立区卫生所、乡卫生员；培训各级卫生员、建立防疫队等。通过这些措施的实施，到 1952 年，贵州省的人口总死亡率已降到了 19.7‰，1957 年进一步降至 12.4‰（潘治富，1998）。

少数民族人口死亡率的变动趋势与贵州省基本一致。随着社会经济的发展，民族地区卫生事业也得到了快速发展，人民生活水平有了不断地改善和提高，人们的不良卫生习惯、饮食习惯逐步革除，除了因三年自然灾害所造成的人口大量死亡外，贵州民族地区的人口死亡率呈逐年下降趋势。根据第三次全国人口普查资料，1981 年 3 个自治州的死亡率比其他地区和省辖市高，其中又以黔西南州的死亡率为全省最高（粗死亡率 9.98‰、标准化死亡率 10.92‰）。从表 5-13 可以看出贵州省各民族自治地方 1975—1981 年的人口死亡率的变动情况。

表 5-13 贵州省民族自治地方 1975—1981 年人口死亡率

单位：‰

地区	1975 年	1976 年	1977 年	1978 年	1979 年	1980 年	1981 年
黔南州	10.40	8.89	8.17	7.60	7.45	6.88	9.30
黔东南州	10.85	9.93	8.53	8.17	7.80	7.62	9.01
黔西南州	10.50	9.44	8.16	7.96	7.64	7.94	9.98

续表

地区	1975年	1976年	1977年	1978年	1979年	1980年	1981年
威宁县	11.80	10.40	8.59	7.14	6.65	5.92	7.18
松桃县	11.89	10.50	10.15	8.46	8.80	7.89	9.17
镇宁县	8.40	9.98	7.62	8.10	8.02	8.02	11.61
紫云县	11.80	10.00	10.21	9.36	8.20	7.76	11.28
关岭县	12.90	12.40	9.67	9.74	8.39	9.14	11.05
玉屏县	10.06	8.00	7.66	7.43	7.26	7.73	8.19
务川县	13.10	9.90	9.31	7.22	7.23	7.19	8.34
道真县	14.04	11.30	10.93	8.39	7.04	7.07	8.46
沿河县	9.10	7.70	8.26	6.70	6.16	6.39	6.87
印江县	11.96	10.00	9.78	8.20	8.21	7.68	9.18
三都县	11.20	8.59	10.48	10.75	9.76	8.41	9.79

资料来源：①1975—1980年人口死亡率见《贵州省人口自然变动情况汇编》(1950—1680年)。
②1981年为第三次全国人口普查数。

从表5-13中可以看出，1975年三个民族自治州死亡率均在10‰以上，民族自治县中除镇宁县和沿河县死亡率低于10‰以外，其他县均高于10‰，其中以道真县的死亡率为最高，达到14.04‰，其次是务川县和关岭县，分别为13.10‰和12.90‰；到1980年时，三个民族自治州的死亡率降至7‰左右，在1975年死亡率最高的道真县也降至7.07‰，下降了近7个千分点，关岭县死亡率虽然也有所下降，从1975年的12.9‰降至了1980年的9.14‰，但是相比其他地区仍然较高，而1975年死亡率最低的镇宁县，至1980年六年间死亡率基本上都在8‰左右，变动幅度不大；到1981年各民族自治地方的死亡率又有所上升，镇宁、紫云、关岭三县更是超过了10‰，其中镇宁县由1975年死亡率最低成为1981年死亡率最高的民族自治县，1981年与1975年相比死亡率反而上升了3.21个千分点，其余地区相比1975年死亡率均有所下降，其中道真县下降幅度最大，下降了5.58个千分点。可见，虽然各民族地方死亡率变动情况各异，但是整体上均呈下降的趋势。

经过不断努力，截止到1985年年底贵州省已有医疗卫生机构2479个，医院病床 14884 张,专业卫生技术人员 21831 人。民族自治州、自治县的主要医院都配备有一些较先进的医疗仪器和设备。随着医疗卫生事业的发展,民族自治地方的防病治病,医学知识的宣传教育、科研也取得了较大的成绩。传染病、地方病、寄生虫病的防治工作也取得了较大的进展,使发病率显著下降。到 1981 年和 1990 年,贵州人口总死亡率分别降为了 8.48‰和 7.13‰(标化后为 6.83‰),少数民族的死亡率也在逐年下降。根据第四次人口普查资料,1989 年 7 月 1 日至 1990 年 6 月 30 日贵州省部分少数民族人口死亡率情况详见表 5-14。从表中可以看出,除土家族外,其他民族人口死亡率均高于全省平均水平(7.13‰)。从标准化死亡率来看,在 6 个少数民族中,布依族最高,达到 9.39‰的水平,土家族相对较低,但也接近了 8.0‰,且贵州少数民族人口的标准化死亡率均高于汉族。与同一民族的全国平均水平相比,只有彝族的标准化人口死亡率稍低于全国彝族的平均水平,其他民族的标准化死亡率均高于全国同一民族的平均水平。

表 5-14 贵州省部分民族人口死亡率

单位:‰

民族	贵州		全国	
	总死亡率	标化死亡率	总死亡率	标化死亡率
汉族	7.80	7.80	6.22	6.20
土家族	7.05	7.92	7.03	7.57
侗族	7.83	8.26	6.83	7.54
彝族	8.01	8.50	8.52	9.87
水族	8.44	8.98	7.46	8.23
苗族	8.76	9.10	7.57	8.33
布依族	9.42	9.39	8.72	9.06

资料来源:1990 年贵州人口普查 100%资料(黄荣清、郭洪伟计算)。

进入 20 世纪后,贵州省少数民族的人口死亡率又有了不同程度的下降。根据 2000 年第五次人口普查资料显示,贵州省汉族人口死亡率为 7.04‰,其他少数民族的综合死亡率为 7.53‰;2010 年第六次人口普查数据显示,贵州省汉族人口死亡率为 5.87‰,其他少数民族的综合死亡率为 6.40‰。少数民族的人口死亡率略高于汉族,但是同汉族一样,少数民族的死亡率也呈下降态势。表 5-15 显示了 2000 年和 2010 年贵州主要民族的死亡人数及死亡率情况。根据表所示,从纵向上来看,除壮族、瑶族 2010 年死亡率分别比 2000 年高 0.01 和 0.52 个千分点以外,其他少数民族人口的死亡率均呈下降趋势,下降幅度最大的是蒙古族,下降了 3.6 个千分点,彝族和白族的下降幅度也超过了 2 个千分点;从横向上来看,2000 年土家族、水族、回族、白族、黎族、壮族、蒙古族、瑶族、仫佬族、满族等少数民族的死亡率略低于汉族及全省平均水平,其余少数民族的死亡均偏高,在各少数民族中,毛南族的死亡率为最高,达到 8.45‰,分别高出全省和汉族 1.26 和 1.41 个千分点,而满族的死亡率 4.51‰为最低,分别低于全省和汉族 2.68 和 2.53 个千分点;2010 年土家族、回族、白族、黎族、壮族、蒙古族、满族等民族的死亡率略低于汉族全省平均水平,其他少数民族均较高,其中布依族的死亡率最高,达到了 7.34‰,分别高出全省和汉族 1.28 和 1.47 个千分点,蒙古族死亡率最低,为 3.32‰,分别低于全省和汉族 2.74 和 2.55 个千分点。

表 5-15 贵州主要民族死亡人数及死亡率

民族	2000 年			2010 年			2010 年比 2000 年下降(‰)
	总人口数（人）	死亡人口数（人）	死亡率（‰）	总人口数（人）	死亡人口数（人）	死亡率（‰）	
全省	35247695	253566	7.19	34748556	210678	6.06	1.13
汉族	21911687	154207	7.04	22344156	131246	5.87	1.17
苗族	4299954	32824	7.63	3968400	25774	6.49	1.14
布依族	2798200	22105	7.90	2510565	18420	7.34	0.56
土家族	1430286	9454	6.61	1436977	7826	5.45	1.16
侗族	1628568	11923	7.32	1431928	10160	7.10	0.22
彝族	843554	6894	8.17	834461	5117	6.13	2.04
仫佬族	559041	4090	7.32	495182	3069	6.20	1.12
水族	369723	2548	6.89	348746	2351	6.74	0.15
回族	168734	994	5.89	184788	814	4.41	1.48

续表

民族	2000年			2010年			2010年比2000年下降(‰)
	总人口数（人）	死亡人口数（人）	死亡率（‰）	总人口数（人）	死亡人口数（人）	死亡率（‰）	
白族	187362	1232	6.58	179510	775	4.32	2.26
黎族	56082	315	5.62	135173	656	4.85	0.77
壮族	52065	261	5.01	52577	264	5.02	−0.01
蒙古族	47531	329	6.92	41561	138	3.32	3.60
瑶族	44392	305	6.87	40879	302	7.39	−0.52
畲族	44926	370	8.24	36558	264	7.22	1.02
毛南族	31240	264	8.45	27332	199	7.28	1.17
满族	21932	99	4.51	23086	85	3.68	0.83

资料来源：根据第五次、第六次人口普查资料计算所得。

二、分年龄性别死亡率

从分年龄死亡率来说，其一个规律性现象是两头大中间小，即婴儿死亡率和老年人死亡率较高，而儿童少年死亡率和成人死亡率都相对较低，分年龄死亡率的水平分布曲线呈现为U形，如果婴儿死亡率已下降到较低水平，这条曲线便呈现为J形。

根据1987年1%人口抽样调查资料，1986年贵州省少数民族死亡率合计为6.08‰，各主要年龄组死亡率分别为：0岁婴儿死亡率为42.22‰，0~4岁婴幼儿为14.27‰，0~14岁少年儿童为5.25‰，15~59岁劳动适龄人口为3.14‰，60岁及以上老年人口为36.45‰。可见，贵州省少数民族婴儿死亡率仍居各年龄组死亡率之首，其次是60岁及以上老年人口的死亡率（张人位，石开忠，1992）。

到了1990年，各少数民族人口的年龄别死亡率所呈现出的特点是，死亡模式都在从传统的U形结构向现代的J形结构过渡，但低年龄组与高年龄组的死亡率仍然较高。以苗族、布依族、侗族和土家族的人口年龄别死亡率为例，从低年龄的死亡率来看，相对来说以土家族为最低，下降幅度也最快，即从0岁的43.04‰降为

1~4岁的9.3‰和5~9岁的1.3‰;而布依族不仅相对最高,下降幅度也较慢,即从0岁的67.43‰下降为1~4岁的16.1‰和5~9岁的2.6‰。进入15~49岁年龄段,各民族又从1.2‰~1.4‰逐渐升高至4.5‰和5.2‰。到了高年龄段又进一步上升,如85岁及以上人口死亡率,土家族和苗族分别为141.1‰和156.0‰,而布依族和侗族则分别高达164.6‰和183.7‰(严天华,陈秀英,1996)。可见,苗族、布依族、侗族和土家族这四个民族人口的死亡模式,在高年龄组和低年龄组方面表现出高低不等的态势,需要经过大大降低0岁和1~4岁组的死亡率,才有可能实现现代型的"J"形结构。

从1990年苗族、布依族、侗族和土家族四个民族的分性别死亡率来看,0岁死亡率,男高女低的是苗族和侗族,而布依族和土家族则是女高男低;1~4岁年龄组死亡率均为女高男低,其中男女死亡率分别为:苗族为16.2‰和14.7‰,布依族为16.2‰和16.1‰,侗族为11.8‰和7.3‰,土家族为10.9‰和9.3‰,其中侗族1~4岁男性死亡率比女性高出4.4个千分点;20~24岁年龄组死亡率土家族为女高男低,女性和男性死亡率分别为1.7‰和1.6‰,其他三个民族均为女低男高,各民族女性和男性死亡率分别为:苗族为2.1‰和2.2‰,布依族为1.8‰和2.6‰,侗族为1.5‰和1.6‰,除布依族差别较大(女性死亡率比男性低0.8个千分点)外,苗族和侗族差别仅为0.1‰;50~54岁年龄组的死亡率也表现为女高男低,各民族女性和男性死亡率分别为:苗族8.4‰和12.4‰,布依族7.7‰和12.7‰,侗族9.1‰和9.8‰,土家族13.5‰和15.5‰,各民族男性死亡率基本上接近或超过了10‰,而女性除了土家族外,其余民族均低于10‰;到65~69岁年龄组各民族无论男女死亡率都比较高,且都表现为女低男高,各民族女性和男性死亡率分别为:苗族为24.6‰和29.0‰,布依族为41.6‰和50.9‰,侗族为22.2‰和29.3‰,土家族28.4‰和29.6‰,该年龄组中布依族死亡率为最高,男女死亡率的差别也最大,达到9.3‰;各民族在80岁及以上年龄组的死亡率不仅都很高,如苗族女性和男性死亡率分别为131.4‰和193.2‰,布依族为143.4‰和203.3‰,侗族为180.2‰和182.2‰,土家族为125.7‰和141.1‰,而且女低男高的差距也拉的越大,特别是苗族和布依族男女死亡率的差别分别达到了61.8‰和59.9‰。

进入20世纪后,贵州省少数民族人口与汉族的年龄别死亡率亦存在显著差异(详见表5-16)。从表5-16中可以看出,从0~4岁至75~79岁各年龄组的死亡率均为少数民族高于汉族,特别是 0~4 岁年龄组,少数民族中女性死亡率大大高于汉族,这种情况的出现,有对男婴的性别偏好和对女婴的性别歧视的问题,在"重男轻女"的传统思想的支配下,对女婴的护理往往不如男婴,甚至有一些溺弃女婴行为的发生,因此女婴的死亡率高于男婴。相关研究表明,由于环境、文化、生活习俗等因素的影响,贵州省百岁老人以少数民族占绝大部分,且高龄老人健康呈良好状态,在分年龄死亡率方面,则表现为 80 岁及以上各组的死亡率少数民族略低于汉族。另外,从分性别的死亡率来看,无论是汉族还是少数民族,除 0~4 岁和 95~99 岁组为女性死亡率高于男性外,其余各年龄组都表现出男性死亡率高于女性的显著特点;汉族人口中各年龄组男、女死亡率的平均离差为 9.86 个千分点,而少数民族人口中各年龄组男、女死亡率的平均离差为 10.16 个千分点,表明男、女死亡率的差异是少数民族人口大于汉族人口(贵州省人口普查办公室,2005)。

表 5-16　贵州省 2000 年汉族、少数民族人口分性别、分年龄死亡率

单位:‰

年龄组	汉族			少数民族		
	合计	男	女	合计	男	女
合计	7.10	7.55	6.60	7.53	8.06	6.95
0~4 岁	15.02	13.38	16.86	16.48	14.07	19.31
5~9 岁	1.09	1.17	1.00	1.29	1.32	1.25
10~14 岁	0.76	0.90	0.61	0.79	0.82	0.76
15~19 岁	1.39	1.57	1.17	1.44	1.65	1.19
20~24 岁	1.97	2.34	1.56	2.27	2.79	1.70
25~29 岁	2.01	2.49	1.48	2.42	2.97	1.82
30~34 岁	2.29	2.89	1.62	2.74	3.36	2.08
35~39 岁	2.65	3.41	1.83	3.19	4.14	2.18
40~44 岁	3.24	4.05	2.35	4.04	5.14	2.90
45~49 岁	4.06	4.94	3.15	5.13	6.58	3.61
50~54 岁	6.12	7.43	4.72	7.70	9.69	5.58

续表

年龄组	汉族			少数民族		
	合计	男	女	合计	男	女
55~59岁	9.05	10.96	7.03	10.78	13.12	8.30
60~64岁	15.28	18.16	12.24	18.26	22.36	13.89
65~69岁	24.95	29.51	20.18	28.52	34.59	22.20
70~74岁	43.43	50.58	36.26	48.17	56.84	39.73
75~79岁	70.10	82.65	59.31	74.76	89.69	62.14
80~84岁	121.66	142.22	107.06	120.09	139.46	106.26
85~89岁	170.70	197.24	155.39	162.23	193.40	143.66
90~94岁	259.22	283.16	248.16	244.34	246.37	243.31
95~99岁	268.19	256.75	273.69	261.88	244.54	270.55

资料来源：贵州省2000年人口普查资料。

三、婴儿死亡率

婴儿死亡率是指出生后不满周岁死亡人数同出生人数的比率。婴儿死亡率与很多因素有关，如医疗水平、医学常识、环境因素、新生儿体重、孕期长短、婴儿性别、习俗、喂养方式等。婴儿死亡率在各年龄别死亡率中具有特殊的意义，因为它一向被认为是评价人口死亡水平的一个重要而敏感的指标，可用来衡量一个国家、地区社会经济发展程度、居民健康水平、医疗卫生服务水平，特别是妇幼卫生保健服务质量。

贵州省的婴儿死亡率历来就相当高。据1938年国民党政府公布的资料，贵州省婴儿死亡率高达203.6‰，比当年全国的163.8‰高39.8个千分点。新中国成立后，党和人民政府非常重视医疗卫生及妇幼保健工作，使婴儿死亡率有了大幅度下降。到1959年虽有所下降，但仍高达117.07‰；1981年又进一步降为74.07‰，但仍比全国的36.68‰高了1倍；1989年降为43.85‰（严天华，陈秀英，1996）。

到1990年贵州各民族人口的婴儿死亡率仍然较高，详见表5-17。从表5-17中可以看出，土家族的婴儿死亡率最低，甚至低于汉族水平，其他民族均高于汉族，其中水族和布依族的婴儿死亡率最高。如果将贵州各民族的婴儿死亡率与全国同一民族比较的话,除了土家族、彝族和布依族低于全国水平外,其余各个民族的婴儿死亡率都高于全国水平,其中汉族婴儿的死亡率甚至是全国水平的2倍。另外,贵州各个民族男女婴儿死亡率不仅高低不同,而且死亡性别比也有差异,其中土家族、彝族和布依族表现为男婴死亡率高于女婴,死亡性别比分别为106.1、100.4和101.1。一般来说,男婴生命力比女婴脆弱,男婴死亡率高于女婴死亡率是正常的,但是其他民族如汉族、侗族、苗族、水族、仡佬族等民族,女婴死亡率高于男婴,死亡性别比分别为87.9、81.9、90.3、93.7、97.1。这种情况的出现,可能有婴儿出生和死亡的统计漏报问题,但是也有对男婴的性别偏好和对女婴的性别歧视的问题存在。

表 5-17　1990 年贵州各民族婴儿死亡率

单位:‰

民族	贵州			全国		
	合计	男	女	合计	男	女
汉族	48.65	45.53	51.79	24.36	22.49	26.04
土家族	41.85	43.04	40.58	42.74	43.04	42.41
彝族	51.69	51.18	50.99	65.61	69.30	61.70
侗族	60.64	55.02	67.18	54.80	49.09	61.35
苗族	63.72	60.58	67.08	57.14	55.73	58.65
水族	67.03	64.91	69.30	61.86	60.04	63.39
布依族	67.07	67.43	66.70	68.13	68.25	68.01
仡佬族	64.80	64.48	66.41	63.12	63.14	64.11

资料来源:黄荣清根据1990年人口普查资料计算,但未作死亡校正。

进入20世纪后,婴儿死亡率持续呈下降趋势。2000年第五次人口普查,全省婴儿死亡率为55.48‰,在1990年比1981年下降15.5个千分点的基础上又下降了3.09个千分点;其中男性婴儿死亡率为49.47‰,比1990年下降6.58个千分点;女性婴儿死亡率为61.87‰,比1990年略有所上升,上升0.82个千分点。到了2010年,较之1990年而言,贵州省婴儿死亡率20年来的下降幅度达到46.9‰,高于全国平均（37.1‰）的水平。虽然近20年来贵州的婴儿死亡一直高于全国平均水平，但是差距在不断缩小，从1990年的相差14.9‰缩小到了5.1‰。

四、人口平均预期寿命

人口平均预期寿命是指假若当前的分年龄死亡率保持不变，同一时期出生的人预期能继续生存的平均年数。它以当前分年龄死亡率为基础计算，但实际上，死亡率是不断变化的，因此，平均预期寿命是一个假定的指标。人均预期寿命，可以反映出一个社会生活质量的高低。社会经济条件、卫生医疗水平限制着人们的寿命。所以不同的社会，不同的时期，人类寿命的长短有着很大的差别；同时，由于体质、遗传因素、生活条件等个人差异，也使每个人的寿命长短相差悬殊。因此，虽然难以预测具体某个人的寿命有多长，但可以通过科学的方法计算并告知在一定的死亡水平下，预期每个人出生时平均可存活的年数，这是根据婴儿和各年龄段人口死亡的情况计算后得出的，是指在现阶段每个人若无意外，应该活到这个年龄。

1987年7月1日至1990年6月30日，贵州各民族平均预期寿命虽然还比较低，但若用贵州省的社会经济状况、医疗卫生条件和文化教育水准来衡量，则又较高。因此，到1990年第四次人口普查时，全省人口平均寿命已达到65.38岁，其中男性为64.63岁，女性为66.19岁，与1981年相比，全省人口平均预期寿命提高了4.03岁，20世纪80年代全省平均预期寿命平均每年提高0.4岁。1990年贵州省少数民族中预期寿命中相对较高的是土家族（66.66岁），其次为仡佬族（66.00岁）、侗族（65.62岁）和彝族（65.14岁），布依族则相对较低，预期寿命最高与最低者相差4岁多（详见表5-18）。与全国同一民族相比，贵州省的彝族预期寿命高于全国水平，布依族和仡佬族与全国平均水平相当，其他民族均低于全国同一民族水平，其中侗族、苗族、水族等低近1岁。从男女预期寿命来看，除了仡佬族是男性预期寿命高于女性，其他民族都是女性高于男性，其中差距接近或超过3岁的有彝族、水族、布依族。男性预期寿命相对较高的是土家族和汉族，较低的为布依族，最高者和最低者二者之间相差5岁左右。女性预期寿命相对较高的也是土家族和汉族，较低的也是布依族，二者之间相差3岁左右。

表 5-18 贵州八个民族 0 岁平均预期寿命

单位:岁

民族	贵州			全国		
	合计	男	女	合计	男	女
汉族	66.86	66.03	67.73	70.43	68.70	72.29
土家族	66.66	66.15	67.28	66.78	65.96	67.70
侗族	65.62	65.02	66.32	66.48	65.73	67.35
彝族	65.14	63.63	66.59	61.69	60.24	63.19
水族	63.55	62.15	65.04	64.18	62.73	65.76
苗族	63.47	62.75	64.25	64.30	63.51	65.16
布依族	62.82	61.29	64.37	62.67	61.15	64.21
仡佬族	66.00	64.39	63.73	64.44	64.27	64.71

资料来源:黄荣清根据 1990 年人口普查资料计算。

2000 年贵州省人口平均预期寿命已达到 67.14 岁,比 1990 年又提高了 1.76 岁,但与同期全国人口平均预期寿命 71.40 岁相比,还有 4.26 岁的差距。其中,男性平均预期寿命为 65.53,比 1990 年提高了 0.90 岁,女性平均预期寿命为 68.54,比 1990 年提高了 2.53 岁。与 20 世纪 80 年代相比,90 年代以来全省总人口及男、女人平均预期寿命的提高速度有所减缓。从 2000 年到 2010 年十年间,全国人口预期寿命提高了 3.43 岁,贵州提高了 5.14 岁,高于全国平均增长速度。贵州省内各地区第五次、第六次人口普查的人口平均预期寿命如表 5-19。2000 年第五次人口普查,贵阳市的人口平均寿命明显高于其他地区(州、市),黔西南、黔东南和黔南三个民族自治州的预期寿命分别为 65.50、65.25 和 65.74,分别排第 6 位、第 7 位、第 5 位。2010 年第六次人口普查数据显示,贵阳市仍明显高于其他地区(州、市),而其余几个地区(州、市)接近,相差不过 2 岁。三个民族自治州的预期寿命上升缓慢,分别为 70.12、70.05 和 70.11,分别排全省第 6 位、第 7 位、第 8 位。

表5-19 贵州省各地区人口平均寿命

地区	2000年		2010年		10年上升值(岁)
	预期寿命(岁)	排名	预期寿命(岁)	排名	
贵阳市	71.66	1	74.86	1	3.20
六盘水市	64.92	8	70.57	5	5.65
遵义市	65.97	4	71.98	2	6.01
安顺市	68.97	2	71.69	3	2.72
铜仁地区	66.62	3	71.23	4	4.61
黔西南州	65.50	6	70.12	6	4.62
毕节地区	63.57	9	70.02	9	6.45
黔东南州	65.25	7	70.05	8	4.80
黔南州	65.74	5	70.11	7	4.37

资料来源:贵州省2000年第五次人口普查,2010年第六次人口普查。

第六章 贵州少数民族人口构成

人口构成,又称人口结构,是指一定地区和一定时间里按一定的质的规定性来划分与组合的人口总体内部的比例关系;或者说,它是人口总体内部依据本身具有的不同的质的规定性来划分的各个组成部分的数量比例关系。它是和人口数量、人口质量同一层次、同等重要的范畴,对人口再生产和人口发展有重要作用,对社会经济发展也有不容忽视的影响。一般来说,人口构成可以按照其结构所具有的质的规定性分为三大类:人口的自然构成、人口的地域构成、人口的社会经济构成。其中,人口的自然构成包括人口的性别构成和年龄构成;人口的地域构成主要包括人口的自然地理构成和人口的行政区域构成;人口的社会经济构成主要包括人口的文化构成、人口的行业、职业构成等。由于贵州少数民族人口的地域构成在第三章人口的地区分布有所论述,因此本章主要对民族人口的性别构成、年龄构成、文化构成和行业、职业构成进行讨论。

第一节 贵州少数民族人口的性别构成

人口的性别构成是指人口中男性和女性所占比例及其相互关系,是一个地区或民族人口的最基本特征之一,也是社会构成的一部分。人口的性别对人口发展和社会经济发展都有重大影响。首先,性别结构是否平衡,直接影响人口的结婚率和妇女生育率,最终影响人口出生率和人口再生产过程;其次,如果男女比例正常对经济发展和社会进步有积极推动作用,如果男女比例失调就会由此而带来诸多的经济问题和社会问题。人口性别构成主要有两种表示方法:一种是人口的性比例;另一种是人口的性别比。这里我们主要使用人口性别比来分析贵州少数民族人口的性别构成,即每100名女性人口中对应多少名男性人口。

一、总人口性别比

贵州省在1964年第二次全国人口普查时,全省总人口的性别比为102.71,少数民族人口性别比为102.70,少数民族整体上与全省人口性别比差别不大。之后1982年、1990年、2000年、2010年人口普查时的性别构成详见表6-1。

从表6-1中可以看出,1982年进行第三次全国人口普查时,不论是全省还是少数民族人口性别比都比1964年有所上升。全省人口性别比为105.2,比1964年上升了2.49,17个世居少数民族中,人口性别比最高的是白族,高达118.83;人口性别比最低的是布依族,为101.67。

到1990年第四次全国人口普查时,贵州省及各民族的总人口性别比普遍有所上升,且整体偏高。全省人口性别比上升至107.35,比1982年上升了1.87,少数民族人口性别比上升至108.2,略高于全省的人口性别比,且比1982年高3.96,增幅也比全省大。17个世居少数民族中,除了白族和满族人口性别比有所下降,分别下降了6.63和4.7,其他民族的人口性别比均有不同程度的上升,其中升幅较为明显的有仡佬族、瑶族、土家族和侗族,分别比1982年上升了6.57、5.61、5.49、4.46。另外,各少数民族人口的性别比在整体上偏高,除布依族和满族外,其他民族的人口性别比均高于105,其中总人口性别比最高的是羌族,高达136.4,最低的是满族,为103.1。

2000年第五次人口普查时,贵州总人口及各民族人口的性别比整体上皆偏高,全省总人口性别比为110.02,少数民族人口性别比为110.29,比全省的人口性别比高0.27。在17个世居少数民族中,人口性别比最高的是羌族(136.53),比全省平均水平高出26.51,比少数民族平均水平高出26.24;其次是蒙古族(123.69),比全省平均水平高出13.67;人口性别比最低的是布依族,为107.47,低于全省平均水平2.55,此外,苗族、土家族、彝族、回族、壮族、满族的人口性别比也都低于全省平均水平。与1990年第四次人口普查相比,除土家族人口性别比有所下降(从1990年第四次人口普查时的112.50下降至2000年第五次人口普查时的109.70)外,其余少数民族的人口性别比依旧呈上升趋势。1990年第四次人口普查时贵州少数民族人口的性别比为108.2,2000年第五次普查时上升到110.29,上升了2.09。在除土家族以外的16个世居民族中,人口性别比上升较快的是白族、满族、瑶族、水族、布依族,2000年第五次人口普查时相比1990年第四次人口普查时分别提高了5.54、4.98、4.06、3.51、3.47。

2010年第六次人口普查时,贵州省各民族人口的性别比在整体上仍然偏高,其中全省人口性别比为106.31,少数民族性别比虽然略低于全省平均水平,但也超过了105,达到106.16。各少数民族中,除壮族(101.62)和布依族(102.54)性别比低于105外,其余民族均高于105。其中人口性别比最高的仍然是羌族,高达127.34,比全省平均水平高21.03;其次是蒙古族,为126.39;人口性别比最低的是壮族(101.62)。虽然整体上少数民族人口的性别比仍然偏高,但是与2000年第五次人口普查相比,除蒙古族上升了2.7以外,其余少数民族的性别比都有所下降。

表6-1 贵州省各民族人口的性别构成

单位:%,女=100

民族	性别比例								性别比			
	男				女							
	1982年	1990年	2000年	2010年	1982年	1990年	2000年	2010年	1982年	1990年	2000年	2010年
全省	51.28	51.77	52.38	51.53	48.72	48.23	47.62	48.47	105.20	107.35	110.02	106.31
少数民族总人数	51.04	52.0	52.45	51.49	49.96	48.0	47.65	48.51	104.24	108.2	110.29	106.16
苗族	51.15	51.9	52.27	51.43	48.85	48.1	47.73	48.57	104.70	107.9	109.49	105.89
布依族	50.41	50.9	51.80	50.63	49.59	49.1	48.20	49.37	101.67	104.0	107.47	102.54
侗族	51.89	52.9	53.37	52.39	48.11	47.1	46.63	47.61	107.84	112.3	114.47	110.05
土家族	51.69	52.9	52.31	51.26	48.31	47.1	47.69	48.74	107.01	112.5	109.70	105.15

续表

民族	性别比例								性别比			
	男				女							
	1982年	1990年	2000年	2010年	1982年	1990年	2000年	2010年	1982年	1990年	2000年	2010年
彝族	51.02	51.70	52.29	51.48	48.98	48.30	47.71	48.52	104.15	106.90	109.58	106.09
仡佬族	52.16	53.60	53.73	52.29	47.84	46.40	46.27	47.71	109.03	115.60	116.12	109.60
水族	51.12	51.70	52.56	51.70	48.88	48.30	47.44	48.30	104.57	107.3	110.81	107.06
回族	51.58	51.60	51.97	51.42	48.42	48.40	48.03	48.58	106.51	106.70	108.18	105.83
壮族	50.98	51.70	51.98	50.40	49.02	48.30	48.02	49.60	104.00	107.10	108.23	101.62
瑶族	51.71	52.90	53.87	52.42	48.29	47.10	46.13	47.58	107.09	112.70	116.76	110.16
满族	51.88	50.80	51.94	51.69	48.12	49.20	48.06	48.31	107.80	103.10	108.08	106.98
蒙古族	—	55.10	55.29	55.83	—	44.90	44.71	44.17	—	122.78	123.69	126.39
羌族	—	57.70	57.72	56.01	—	42.30	42.28	43.99	—	136.40	136.53	127.34
白族	54.30	52.80	54.07	53.44	45.70	47.20	45.93	46.56	118.83	112.20	117.74	114.76
仫佬族	—	—	54.51	53.27	—	—	45.49	46.73	—	—	119.83	113.98
毛南族	—	—	52.58	52.11	—	—	47.42	47.89	—	—	110.88	108.82
畲族	—	—	53.44	52.23	—	—	46.56	47.77	—	—	114.78	109.36

资料来源：根据贵州省第三次、第四次、第五次、第六次人口普查资料整理。

从总体上来看，贵州省各民族人口的性别比偏高，且第五次人口普查以前呈不断上升的趋势，但在第六次人口普查时呈转折性下降。究其原因，有以下几方面的影响。一是由于受多子多福、传宗接代等传统生育观的影响以及实际社会、经济生活的需要，影响和支配着人们的生育行为，导致一部分人多生多育，而且一定要多生男孩；二是受到传统思想观念的影响，重男轻女现象普遍，有的夫妇第一胎生下女孩后不到当地有关部门去登记（甚至溺弃女婴），在普查申报时，只登记男孩而瞒报、漏报女孩；三是受民族成分返本归源的影响，即在恢复民族成分的过程中，可能男性人口占的比例较高，如1990年与1982年相比，侗族、仡佬族、土家族等民族人口的性别比升幅较大，而这几个民族恰恰是恢复民族成分人口最多的；四是受人口迁移的影响,一些少数民族原本居住在贵州的人数较少,但是由于该民族的外省人口来贵州工作,且大多为干部、职工等,多为男性。而第六次人口普查时人口性别比呈转折性下降,一方面与生育观念转变进而生育行为发生变化有关,另一方面更多的是受少数民族男性外出省外比重较高的影响,净迁出的男性人口多于女性人口,导致少数民族人口性别比的下降。

二、分年龄人口性别比

从第四次、第五次和第六次人口普查所反映的17个世居民族的分年龄性别比来看(详见表6-2),少数民族分年龄人口性别比主要呈现出以下几个特点和问题:

第一,少数民族人口分年龄性别比普遍都是低年龄组男多于女,而高年龄组女多于男,即总体趋势是在低年龄组高于高年龄组,但是在不同年份又呈现出不同特点。如2000年在30~34岁年龄组以前,少数民族各年龄组的人口性别比偏高,均在107以上,特别是15~19岁年龄组,性别比高达125.23,70~74岁年龄组以后的各年龄组人口性别比普遍偏低,均低于100,85岁及以上年龄组的人口性别比只有58.26。2010年在15~19岁年龄组以前各年龄组性别比普遍偏高,均在107以上,特别是0~4岁年龄组的性别比高达127.21,65~69岁年龄组以后的各年龄组人口性别比普遍偏低,均低于100,85岁及以上年龄组的人口性别比只有58.35。这种现象主要是因为人口的性别构成发育于出生婴儿的性别构成。根据以往的历史经验,在绝大多数情况下,出生婴儿性别比一般都略高,这就使得低年龄组性别比偏高,而随着年龄的逐渐增长,由于男性人口的死亡率一般都高于女性人口,所以到了中年龄组人口的性别比逐渐趋于正常,再加上一般来说女性人口的寿命比男性人口略长,所以到了高年龄组女性人口就会多于男性人口,从而导致性别比偏低。17个世居少数民族人口的性别比也遵循上述规律。如除了蒙古族、羌族(高年龄组性别比总体上比低年龄组高)外,其他民族总体上均是低年龄组性别比高于高年龄组性别比。

第二,少数民族人口性别比和全省及汉族相比,不同年龄组的差别不同,且随着时间的变化有所变化。如2000年时在15~19岁年龄组之前,少数民族人口的性别比均高于全省及汉族水平;20~24岁年龄组至40~44岁年龄组,少数民族人口的性别比略低于全省及汉族水平;45~49岁年龄组至65~59岁年龄组,少数民族人口的性别比又高于全省及汉族水平;70~74岁年龄组和75~79岁年龄组仍然是少数民族人口性别比低于全省及汉族水平;80~84岁年龄组及85岁以上年龄组又表现为少数民族人口性别比高于全省及汉族水平,整体呈起伏波浪状。到了2010年情况则单纯得多,在15~19岁年龄组以前,少数民族人口的性别比均高于全省及汉族水平;而在15~19岁年龄组以后,除了60~64岁年龄组少数民族略高于全省及汉族外,其余年龄组均是少数民族人口性别比低于全省及汉族水平。

第三,从纵向上来看,10~14岁年龄组以前,少数民族人口在1990—2010年的性别比总体上呈逐年升高趋势;15~19岁及20~24岁年龄组,除个别民族外,大部分民族人口的性别比均在2000年有所上升,然后在2010年又有所下降;25~29岁年龄组至60~64岁年龄组,则除了个别民族外,大部分民族人口性别比总体上呈逐年下降的趋势;65~69岁年龄组和70~74岁年龄组,除个别民族外,大部分民族人口的性别比均在2000年有所上升,然后在2010年又有所下降;75~79岁年龄组以后,除少数民族外,大部分民族人口的性别比整体呈升高趋势。

表6-2 贵州省各民族人口分年龄性别比

单位:%,女=100

民族	0~4岁			5~9岁			10~14岁		
	1990年	2000年	2010年	1990年	2000年	2010年	1990年	2000年	2010年
全省	105.30	114.01	123.94	108.60	114.93	117.43	107.10	110.60	110.72
汉族	104.80	111.77	121.55	108.60	113.88	116.11	106.60	110.24	109.78
少数民族	—	117.15	127.21	—	116.47	119.25	—	111.14	112.14
苗族	107.30	117.25	128.52	107.90	116.93	120.19	108.40	111.83	112.43
布依族	104.20	115.83	124.14	107.40	112.92	116.37	107.70	108.34	110.41
侗族	113.70	126.55	128.46	112.30	123.84	130.92	110.70	115.49	120.48
土家族	106.80	117.78	128.49	109.20	114.09	115.51	107.30	109.75	109.75
彝族	102.10	108.82	123.48	106.40	116.34	114.81	106.20	109.80	109.44
仡佬族	105.40	118.71	125.25	108.30	116.03	120.88	106.90	107.90	112.72
水族	107.20	122.25	135.94	110.10	116.65	123.91	109.90	113.16	114.13

续表

民族	0~4岁			5~9岁			10~14岁		
	1990年	2000年	2010年	1990年	2000年	2010年	1990年	2000年	2010年
回族	103.40	104.31	114.54	105.20	111.06	110.62	108.10	109.90	108.07
壮族	108.80	110.80	116.44	101.00	102.25	121.30	102.20	110.30	112.22
瑶族	105.20	117.90	124.11	105.30	116.46	122.53	117.90	111.01	109.88
满族	100.30	108.32	114.50	98.70	112.89	103.61	102.40	106.24	105.29
蒙古族	106.30	117.09	131.02	106.70	112.25	125.87	101.90	117.83	118.47
羌族	95.40	121.31	80.60	71.60	136.76	180.00	105.60	113.25	121.43
仫佬族	—	127.96	137.87	—	118.96	134.73	—	107.68	115.52
毛南族	—	117.49	119.73	—	110.03	118.95	—	110.90	113.89
畲族	—	121.48	134.85	—	107.41	116.03	—	104.57	112.61
白族	102.20	120.36	127.06	109.10	117.76	120.75	104.00	108.90	114.57

民族	15~19岁			20~24岁			25~29岁		
	1990年	2000年	2010年	1990年	2000年	2010年	1990年	2000年	2010年
全省	108.80	124.08	108.88	110.20	110.89	97.85	109.40	110.42	100.57
汉族	108.90	123.29	108.86	110.60	111.37	99.35	108.50	111.51	101.93
少数民族	—	125.23	108.91	—	110.12	94.95	—	108.51	98.08
苗族	108.60	125.83	110.34	107.10	106.86	94.28	108.60	106.44	97.34
布依族	106.30	118.61	103.63	107.50	112.30	92.17	109.30	111.08	96.78
侗族	109.30	137.89	117.15	109.90	110.88	98.09	109.40	107.55	99.27
土家族	107.40	128.79	108.08	113.90	103.91	91.57	118.00	100.47	93.77
彝族	114.10	123.30	107.82	111.50	114.54	99.91	112.30	111.58	103.35
仡佬族	105.10	131.71	110.29	116.60	118.55	95.76	125.60	112.90	100.02
水族	106.30	116.88	109.19	106.00	109.79	95.77	109.20	111.37	96.83
回族	104.90	111.33	104.84	102.10	103.13	102.08	110.20	106.94	100.60
壮族	111.60	120.94	102.83	112.60	101.10	78.89	96.80	107.37	75.81

续表

民族	15~19岁			20~24岁			25~29岁		
	1990年	2000年	2010年	1990年	2000年	2010年	1990年	2000年	2010年
瑶族	108.80	125.77	108.76	112.90	116.72	96.50	111.70	124.27	103.96
满族	105.10	111.73	106.92	97.10	111.42	99.43	102.80	108.42	107.17
蒙古族	111.50	123.45	107.92	137.70	123.09	100.90	134.70	131.93	113.87
羌族	96.00	96.30	107.59	134.00	134.04	85.00	239.10	98.39	82.81
仫佬族	—	128.49	107.40	—	116.65	102.79	—	136.26	103.03
毛南族	—	117.87	103.25	—	112.60	83.13	—	118.14	104.89
畲族	—	126.93	102.13	—	124.35	95.39	—	135.39	105.26
白族	114.50	119.98	108.20	117.90	118.45	100.45	124.10	122.93	111.43

民族	30~34岁			35~39岁			40~44岁		
	1990年	2000年	2010年	1990年	2000年	2010年	1990年	2000年	2010年
全省	110.50	109.68	104.20	107.20	107.97	108.59	108.50	107.67	107.78
汉族	109.60	111.03	105.01	105.60	108.69	109.71	107.7	109.19	109.22
少数民族	—	107.28	102.69	—	106.63	106.30	—	104.87	104.81
苗族	110.30	104.77	101.45	109.50	105.03	105.42	109.60	103.28	101.78
布依族	107.50	110.45	104.24	104.60	108.59	106.91	102.70	102.83	107.45
侗族	114.70	108.18	105.93	114.10	107.24	107.48	115.40	105.89	106.45
土家族	124.90	102.44	95.07	120.4	103.06	98.69	116.10	106.21	102.19
彝族	111.30	107.88	104.61	108.40	106.35	109.55	110.00	105.74	104.55
仡佬族	130.40	110.79	104.39	127.50	109.38	103.80	125.30	115.69	103.22
水族	107.80	107.41	104.31	111.60	107.93	107.30	109.30	103.25	106.31
回族	109.00	106.47	101.06	115.20	108.70	106.55	106.90	106.61	103.88
壮族	98.50	106.24	86.67	98.50	104.12	109.61	120.30	94.50	112.67
瑶族	106.10	118.88	115.35	116.00	112.49	121.08	120.50	105.25	113.23
满族	108.70	104.94	118.03	103.50	103.57	114.41	99.10	109.19	108.74

续表

民族	30~34 岁			35~39 岁			40~44 岁		
	1990年	2000年	2010年	1990年	2000年	2010年	1990年	2000年	2010年
蒙古族	161.50	127.93	117.65	147.30	124.74	138.69	143.50	128.37	140.76
羌族	183.30	128.57	179.49	257.80	203.03	135.00	206.60	147.83	136.36
仫佬族	—	127.87	112.09	—	136.08	123.20	—	121.18	124.70
毛南族	—	118.96	110.81	—	121.16	123.36	—	114.80	120.73
畲族	—	125.64	119.75	—	121.90	118.98	—	125.35	119.73
白族	132.40	119.57	112.35	120.70	118.02	118.54	118.70	117.09	115.96

民族	45~49 岁			50~54 岁			55~59 岁		
	1990年	2000年	2010年	1990年	2000年	2010年	1990年	2000年	2010年
全省	108.10	104.84	105.83	109.40	106.41	104.48	111.90	105.90	100.98
汉族	107.70	104.67	106.77	108.30	106.40	105.72	111.1	105.99	100.75
少数民族	—	105.14	103.86	—	106.43	101.93	—	105.74	101.44
苗族	108.50	103.77	101.91	111.50	104.44	99.53	112.90	105.56	100.32
布依族	102.30	102.08	105.09	102.10	99.88	98.68	103.00	99.17	95.60
侗族	117.90	106.78	103.93	121.50	112.76	103.78	122.90	114.41	104.22
土家族	113.10	107.10	101.56	122.20	109.42	105.38	124.90	107.96	104.35
彝族	105.50	103.92	101.85	104.80	106.89	101.51	109.40	103.08	99.80
仡佬族	124.00	117.60	104.56	132.00	118.02	110.69	139.70	118.11	112.53
水族	104.60	108.19	105.37	107.90	108.25	99.11	111.70	102.13	103.49
回族	109.10	111.31	106.13	116.10	111.14	103.97	120.00	112.03	108.15
壮族	99.50	99.86	110.27	130.60	132.20	110.40	115.60	106.32	98.90
瑶族	118.30	115.70	105.82	115.70	125.08	98.99	140.90	116.84	109.84
满族	81.70	101.81	108.55	107.90	112.66	105.45	130.90	81.93	113.43
蒙古族	149.50	129.48	159.68	153.40	130.31	152.52	162.20	122.02	147.69
羌族	215.30	222.22	150.00	123.00	160.00	172.73	200.00	226.32	247.83

续表

民族	45~49 岁			50~54 岁			55~59 岁		
	1990年	2000年	2010年	1990年	2000年	2010年	1990年	2000年	2010年
仫佬族	—	117.83	124.38	—	112.32	109.04	—	119.47	110.15
毛南族	—	109.13	125.70	—	112.06	123.53	—	94.41	105.19
畲族	—	106.61	118.90	—	103.43	115.75	—	103.72	99.26
白族	114.90	118.36	117.65	120.30	120.61	118.59	119.30	126.05	119.30

民族	60~64 岁			65~69 岁			70~74 岁		
	1990年	2000年	2010年	1990年	2000年	2010年	1990年	2000年	2010年
全省	109.40	106.06	102.10	72.70	104.32	99.38	88.80	100.23	95.26
汉族	109.40	105.64	102.32	98.10	104.12	100.18	88.20	101.44	95.73
少数民族	—	106.80	101.70	—	104.68	97.87	—	97.96	94.34
苗族	110.60	106.40	101.55	100.20	104.29	98.84	93.30	98.95	94.85
布依族	96.60	96.57	92.02	86.30	92.27	87.27	77.80	83.05	79.99
侗族	119.00	115.56	108.89	107.60	111.85	107.29	99.70	104.37	104.67
土家族	122.10	114.51	105.21	113.60	112.44	101.52	108.50	110.61	105.83
彝族	105.20	101.22	100.48	91.80	102.20	94.05	81.90	94.60	87.48
仡佬族	134.70	123.68	113.05	131.50	133.41	113.46	115.60	120.37	114.94
水族	108.70	105.23	100.72	95.80	104.42	93.23	83.40	96.28	86.81
回族	115.80	118.12	103.43	102.20	113.31	106.54	100.00	113.54	108.29
壮族	119.10	123.39	120.56	113.10	115.03	102.95	91.60	110.30	116.05
瑶族	123.60	116.72	109.89	116.10	110.44	111.70	127.00	115.92	94.72
满族	180.60	102.26	92.05	122.60	118.67	79.38	89.10	164.29	96.55
蒙古族	157.90	148.70	160.92	178.50	147.15	152.27	146.20	169.19	150.59
羌族	800.00	100.00	171.43	1300.00	178.57	206.67	333.30	220.00	90.91
仫佬族	—	112.47	107.94	—	105.72	104.22	—	88.93	95.96
毛南族	—	94.41	105.59	—	95.58	86.55	—	79.19	88.36

续表

民族	60~64 岁			65~69 岁			70~74 岁		
	1990年	2000年	2010年	1990年	2000年	2010年	1990年	2000年	2010年
畲族	—	103.72	98.04	—	107.39	95.49	—	90.32	90.75
白族	132.80	126.05	117.53	109.70	120.76	114.57	97.80	118.32	111.12

民族	75~79 岁			80~84 岁			85 岁及以上		
	1990年	2000年	2010年	1990年	2000年	2010年	1990年	2000年	2010年
全省	80.50	86.94	89.69	66.00	72.46	82.75	—	56.72	63.66
汉族	78.90	87.54	90.43	64.10	72.35	85.67	49.50	55.99	66.15
少数民族	—	85.79	88.22	—	72.70	76.62	—	58.26	58.35
苗族	87.50	87.24	89.90	76.10	75.72	79.80	59.10	58.85	61.71
布依族	71.10	71.45	72.78	57.50	59.33	58.74	48.70	48.19	43.02
侗族	94.10	91.31	95.03	78.70	79.93	84.12	68.70	58.89	63.24
土家族	101.70	100.32	99.83	84.70	87.05	89.20	67.80	75.01	72.78
彝族	73.50	80.70	83.13	60.90	66.82	73.46	46.70	57.08	56.32
仡佬族	115.70	116.56	109.95	97.60	91.73	94.86	75.50	83.62	85.50
水族	84.30	81.26	81.31	67.20	72.95	74.24	50.10	50.97	53.27
回族	80.30	95.69	99.70	80.00	88.34	100.00	57.80	65.44	70.52
壮族	89.00	115.34	110.26	69.50	93.75	89.15	76.70	61.45	74.19
瑶族	137.30	110.69	93.59	96.00	72.73	90.60	80.00	85.45	73.56
满族	73.90	131.51	109.22	57.10	143.33	146.90	52.60	59.38	102.56
蒙古族	170.00	151.64	167.59	122.50	118.99	154.60	56.20	84.21	145.71
羌族	300.00	300.00	133.33	400.00	166.67	66.67	—	—	200.00
仫佬族	—	83.94	81.40	—	54.88	73.50	—	37.93	58.93
毛南族	—	78.26	71.47	—	60.00	53.69	—	70.45	45.61
畲族	—	67.69	77.40	—	53.85	72.73	—	47.12	54.62
白族	85.70	105.87	107.70	64.00	82.71	97.86	47.10	64.02	74.14

资料来源：根据贵州省第四次、第五次、第六次人口普查资料整理。

第二节 贵州少数民族人口的年龄构成

人口年龄构成,是指人口的年龄分布状态,亦即按年岁顺序各年龄组人口在总人口中所占比重。人口年龄构成可以说明同一时间不同年龄组人口或同一年龄组人口在不同时间的特征或差异,由此分析人口发展的状况。它既是已往人口变动尤其是出生、死亡和迁移变动的结果,反过来又是人口变动(出生、死亡和迁移等变动)的起点或原因,同人口再生产和社会经济发展都有比较紧密的联系。人口年龄构成通常用1岁或5岁分组,并用百分比来表示。通常为了便于分析,将人口年龄构成分为三段:少年儿童阶段(0~14岁);成年或劳动年龄阶段(15~64岁);老年阶段(65岁及以上)。与这种分组相对应,在分析人口年龄构成对人口再生产的影响时,按照一定的标准,我们可以把人口年龄构成大体上分为三种类型,即年轻型人口、成年型人口和年老型人口。随着人口发展从高出生、高死亡、低增长的阶段向高出生、低死亡、高增长的阶段过渡,人口年轻化并趋向年轻型人口年龄构成类型;而随着人口发展从高出生、低死亡、高增长的阶段向低出生、低死亡、低增长的阶段转变,人口经历成年化、老龄化并最终趋向年老型人口年龄构成类型。换言之,当人口处于高出生、低死亡和高增长阶段时,人口年轻化是必然趋势;反之,当人口转向低出生、低死亡和低增长阶段时,人口老龄化也是必然趋势。若从生育率和死亡率的角度分析人口年龄构成与人口再生产的关系,也可以把人口分为0~14岁年龄组、15~49岁年龄组、50岁以上年龄组。根据这种分法的各年龄段的人口在总人口中占的比重及上述的人口年龄构成类型,可以把人口再生产相应地分为三种类型:增长型、静止型、缩减型。

一、人口年龄构成状况

表6-3反映的是第四次、第五次、第六次人口普查时贵州省各民族人口的年龄构成状况,从表中我们可以看出贵州省少数民族人口年龄构成状况总体呈现以下特点:

第一,少数民族的人口年龄构成总体特征是低年龄组人口占总人口的比重较大,中、高年龄组占总人口的比重较小。如1990年时少数民族人口中20~24岁年龄组及以前人口占总人口的比重均超过10%,而75~79岁年龄组及以后人口占总人口的比重还不足1%;2000年10~14岁年龄组及以前人口占总人口的比重也均超过10%。

第二,与全省和汉族相比,少数民族总人口年龄构成中低年龄组(15~19岁年龄组及以前)占总人口的比例高于全省和汉族,而中、高年龄组的比例则低于全省和汉族,说明少数民族的人口年龄构成较之全省和汉族而言略年轻。

第三,从1990—2010年少数民族人口年龄构成的变化来看,不论少数民族人口总体还是各民族人口,20~24岁年龄组及以前年龄组人口所占的比重整体上呈下降趋势;25~29岁年龄组和30~34岁年龄组人口所占比重2000年较之1990年有所上升,但到了2010年又开始下降;35~39岁年龄组及以后人口所占比重,除个别民族外,整体上呈下降趋势。这主要是由于20世纪70年代末80年代初随着贵州省计划生育工作的开展,提倡一对夫妇只生一个孩子,随着计划生育工作的进一步开展,低年龄组人口占总人口的比重逐年下降,高年龄组人口所占比重上升,这将导致人口老龄化的产生。

表6-3 贵州省各少数民族人口年龄构成状况

单位:%

民族	0~4岁			5~9岁			10~14岁		
	1990年	2000年	2010年	1990年	2000年	2010年	1990年	2000年	2010年
全省	—	9.15	7.02	—	9.89	7.90	—	11.13	10.34
汉族	10.90	8.53	6.25	9.70	9.41	7.09	10.80	10.73	9.61
少数民族	11.80	10.19	8.41	11.20	10.67	9.37	11.80	11.78	11.66
苗族	11.90	10.17	8.48	11.30	10.61	9.54	12.00	11.63	11.65
布依族	11.50	9.81	8.25	10.90	10.54	8.76	11.40	11.32	11.09
侗族	12.00	9.09	8.06	10.70	10.24	7.75	10.40	12.03	9.99
土家族	11.50	11.09	8.26	11.10	11.20	10.58	11.60	11.68	12.59
彝族	12.60	10.86	8.93	11.40	10.61	10.32	13.00	12.55	13.02

续表

民族	0~4岁			5~9岁			10~14岁		
	1990年	2000年	2010年	1990年	2000年	2010年	1990年	2000年	2010年
仡佬族	11.20	11.14	8.22	10.10	11.03	9.21	12.70	11.16	12.26
水族	12.00	9.46	8.56	12.60	10.62	9.12	12.40	12.61	11.24
回族	13.40	12.69	7.69	10.00	12.49	9.80	11.50	11.68	12.89
壮族	9.80	8.21	8.69	9.00	8.10	6.60	10.50	9.49	7.46
瑶族	11.70	8.58	8.05	12.40	9.36	7.83	11.00	11.39	8.89
满族	10.60	8.33	7.50	9.20	8.81	6.35	9.80	10.99	8.91
蒙古族	13.60	11.92	10.59	12.90	12.21	10.92	13.90	13.70	13.64
羌族	12.70	9.43	7.54	11.30	11.25	6.98	10.90	12.37	9.66
仫佬族	—	8.86	7.07	—	10.36	7.18	—	10.85	10.13
毛南族	—	10.27	7.21	—	10.86	8.20	—	9.79	11.32
畲族	—	8.65	7.48	—	9.72	7.59	—	10.57	10.33
白族	14.10	11.94	9.81	12.50	11.51	10.40	14.10	14.04	13.53

民族	15~19岁			20~24岁			25~29岁		
	1990年	2000年	2010年	1990年	2000年	2010年	1990年	2000年	2010年
全省	—	7.93	8.14	—	7.51	6.98	—	9.70	5.93
汉族	12.50	7.53	7.92	11.30	7.45	7.21	8.10	9.96	5.99
少数民族	12.80	8.58	8.53	10.80	7.60	6.57	7.30	9.29	5.81
苗族	12.80	8.69	8.47	10.90	7.91	6.64	7.20	9.51	5.94
布依族	12.00	8.64	8.17	10.60	7.71	6.22	7.10	9.12	5.71
侗族	12.90	8.04	8.12	11.10	6.21	6.26	8.20	9.11	5.61
土家族	14.10	8.06	8.81	11.20	6.60	6.03	7.20	8.90	5.43
彝族	12.80	8.96	8.72	10.70	8.69	7.43	7.10	9.67	6.07
仡佬族	14.40	7.20	8.93	11.50	7.05	5.59	7.00	9.72	5.05
水族	12.00	10.26	9.04	10.20	8.40	7.27	7.30	8.84	6.63

续表

民族	15~19 岁			20~24 岁			25~29 岁		
	1990 年	2000 年	2010 年	1990 年	2000 年	2010 年	1990 年	2000 年	2010 年
回族	12.70	7.72	10.54	11.30	7.76	8.50	8.00	9.48	5.95
壮族	13.60	8.69	6.68	12.60	9.47	9.83	8.80	10.65	8.68
瑶族	12.80	9.61	7.35	10.80	8.06	7.42	7.50	9.53	7.17
满族	12.30	8.64	8.16	11.60	6.83	9.11	9.90	8.69	7.01
蒙古族	14.30	9.68	10.18	10.70	7.99	8.59	6.60	8.90	6.23
羌族	14.40	7.41	10.22	10.80	7.69	9.22	7.60	8.60	7.29
仫佬族	—	8.97	8.98	—	7.18	6.11	—	9.46	5.91
毛南族	—	6.01	8.47	—	5.94	4.92	—	9.70	4.30
畲族	—	8.52	9.08	—	8.80	5.69	—	9.49	5.55
白族	13.60	10.10	9.49	10.30	8.65	7.78	6.30	9.07	6.22

民族	30~34 岁			35~39 岁			40~44 岁		
	1990 年	2000 年	2010 年	1990 年	2000 年	2010 年	1990 年	2000 年	2010 年
全省	—	9.27	6.92	—	7.23	8.91	—	4.85	8.55
汉族	5.90	9.58	7.04	6.40	7.57	9.33	5.20	5.09	9.00
少数民族	5.20	8.75	6.70	5.80	6.66	8.15	4.80	4.45	7.74
苗族	5.10	8.84	6.86	5.80	6.58	8.23	4.90	4.29	7.74
布依族	5.70	8.77	6.71	5.80	6.53	7.94	4.90	4.85	7.95
侗族	5.30	9.14	6.07	5.70	7.65	8.41	4.90	4.71	8.44
土家族	4.50	8.39	6.02	6.20	6.61	7.96	5.20	4.06	7.25
彝族	5.50	8.60	7.24	5.60	6.27	8.19	4.30	4.50	7.34
仫佬族	4.50	8.04	6.60	6.00	6.77	8.84	5.10	3.91	7.92
水族	4.80	8.37	7.09	5.20	6.60	7.76	4.50	4.05	7.53
回族	6.50	8.61	6.96	5.30	6.63	8.11	4.30	5.02	7.39
壮族	4.90	10.22	8.63	5.50	7.61	9.50	5.70	4.96	8.75

续表

民族	30~34 岁			35~39 岁			40~44 岁		
	1990年	2000年	2010年	1990年	2000年	2010年	1990年	2000年	2010年
瑶族	5.10	9.22	7.52	5.90	6.86	8.62	4.70	4.67	8.43
满族	6.30	9.83	6.91	5.10	8.84	8.44	4.20	6.74	8.59
蒙古族	4.50	8.02	6.65	5.20	5.92	7.39	4.10	4.03	6.37
羌族	5.00	8.94	6.79	6.70	6.99	8.79	4.50	3.98	8.10
仫佬族	—	9.20	6.82	—	6.65	8.44	—	4.22	8.27
毛南族	—	10.01	5.71	—	7.43	8.61	—	4.92	8.80
畲族	—	9.03	7.09	—	6.72	8.36	—	3.92	8.04
白族	4.90	7.99	7.31	4.90	5.70	8.07	3.80	3.97	6.92

民族	45~49 岁			50~54 岁			55~59 岁		
	1990年	2000年	2010年	1990年	2000年	2010年	1990年	2000年	2010年
全省	—	5.63	6.67	—	4.58	4.57	—	3.77	5.23
汉族	4.50	5.86	7.07	4.10	4.70	4.81	3.30	3.86	5.43
少数民族	4.30	5.25	5.95	3.90	4.39	4.14	3.20	3.64	4.87
苗族	4.30	5.23	5.82	3.90	4.39	3.97	3.20	3.56	4.83
布依族	4.80	5.20	6.08	4.10	4.40	4.79	3.30	3.92	5.09
侗族	4.20	5.40	7.28	4.30	4.75	4.62	3.60	3.70	5.37
土家族	4.80	5.81	5.60	3.60	4.89	3.64	3.10	4.12	5.20
彝族	3.80	4.83	5.32	3.70	3.67	3.88	2.80	3.01	4.12
仡佬族	4.50	5.67	5.88	3.70	4.80	3.62	3.10	4.10	5.17
水族	4.30	4.59	5.99	4.50	4.04	3.90	3.70	3.34	4.34
回族	3.90	4.33	5.62	3.80	3.31	4.29	2.70	2.82	3.54
壮族	4.50	5.51	6.69	5.00	5.22	3.73	3.60	3.14	3.77
瑶族	4.30	5.39	6.57	4.00	4.70	4.35	3.10	3.68	5.11
满族	4.70	5.10	7.92	5.40	3.68	5.87	3.70	3.28	3.99

续表

民族	45~19岁			50~54岁			55~59岁		
	1990年	2000年	2010年	1990年	2000年	2010年	1990年	2000年	2010年
蒙古族	3.30	4.71	4.62	3.10	3.62	3.25	2.40	2.78	3.74
羌族	4.00	5.86	6.85	2.80	5.39	3.74	3.50	4.18	4.98
仫佬族	—	6.15	6.19	—	5.11	4.26	—	3.77	6.05
毛南族	—	5.58	6.81	—	4.62	4.73	—	4.76	5.65
畲族	—	5.86	6.40	—	5.04	3.75	—	4.09	5.86
白族	3.40	4.36	4.90	3.20	3.16	3.50	2.40	2.59	3.70

民族	60~64岁			65~69岁			70~74岁		
	1990年	2000年	2010年	1990年	2000年	2010年	1990年	2000年	2010年
全省	—	3.42	4.13	—	2.51	3.26	—	1.78	2.61
汉族	2.50	3.50	4.24	1.80	2.59	3.33	1.40	1.88	2.69
少数民族	2.30	3.30	3.93	1.60	2.37	3.13	1.30	1.61	2.47
苗族	2.20	3.27	3.89	1.50	2.36	3.02	1.20	1.54	2.43
布依族	2.60	3.40	4.18	1.80	2.43	3.56	1.50	1.75	2.66
侗族	2.30	3.79	4.48	1.50	2.87	3.39	1.20	1.78	3.02
土家族	2.10	3.18	4.31	1.50	2.40	3.46	1.10	1.58	2.34
彝族	2.30	2.94	2.99	1.60	1.93	2.37	1.20	1.51	2.04
仡佬族	2.20	3.24	4.40	1.50	2.31	3.48	1.10	1.56	2.46
水族	2.30	3.47	3.60	1.50	2.59	2.83	1.20	1.56	2.56
回族	2.20	2.77	2.63	1.70	1.78	2.19	1.20	1.43	1.94
壮族	2.20	3.51	3.47	1.60	2.31	2.36	1.00	1.49	2.46
瑶族	2.10	3.36	4.15	1.50	2.50	3.23	1.10	1.62	2.62
满族	2.70	4.09	2.93	1.30	2.99	2.49	0.80	1.84	2.72
蒙古族	1.80	2.39	2.73	1.30	1.72	1.87	0.90	1.18	1.53
羌族	1.80	2.58	3.55	1.40	2.67	2.87	1.20	1.08	1.31
仫佬族	—	3.31	4.93	—	2.67	3.68	—	1.71	2.91

续表

民族	60~64 岁			65~69 岁			70~74 岁		
	1990年	2000年	2010年	1990年	2000年	2010年	1990年	2000年	2010年
毛南族	—	4.14	4.57	—	2.84	4.31	—	1.73	3.20
畲族	—	3.43	4.98	—	2.75	3.67	—	1.59	2.77
白族	2.00	2.57	2.58	1.60	1.61	2.12	1.30	1.35	1.84

民族	75~79 岁			80~84 岁			85 岁及以上		
	1990年	2000年	2010年	1990年	2000年	2010年	1990年	2000年	2010年
全省	—	0.93	1.62	—	0.52	0.83	—	0.27	0.39
汉族	0.90	1.49	1.69	0.40	0.83	0.89	0.16	0.29	0.41
少数民族	0.80	0.84	1.51	0.40	0.46	0.73	0.14	0.23	0.33
苗族	0.79	0.79	1.49	0.37	0.44	0.69	0.15	0.23	0.32
布依族	0.90	1.86	1.62	0.40	0.51	0.83	0.14	0.23	0.39
侗族	0.80	0.85	1.94	0.40	0.46	0.85	0.14	0.24	0.36
土家族	0.80	0.84	1.49	0.30	0.41	0.71	0.14	0.21	0.32
彝族	0.88	0.81	1.13	0.40	0.44	0.62	0.12	0.21	0.28
仡佬族	0.79	0.81	1.41	0.30	0.40	0.68	0.10	0.20	0.27
水族	0.70	0.70	1.59	0.40	0.39	0.67	0.13	0.18	0.26
回族	0.88	0.78	1.07	0.40	0.44	0.58	0.17	0.27	0.30
壮族	0.80	0.73	1.52	0.40	0.42	0.76	0.13	0.26	0.41
瑶族	0.70	0.76	1.62	0.30	0.48	0.69	0.14	0.24	0.37
满族	0.70	0.77	1.87	0.45	0.33	0.89	0.17	0.24	0.34
蒙古族	0.60	0.64	0.93	0.25	0.37	0.58	1.00	0.15	0.21
羌族	0.78	1.06	1.31	0.49	0.56	0.62	—	—	0.19
仫佬族	—	0.90	1.88	—	0.46	0.81	—	0.30	0.36
毛南族	—	0.80	2.05	—	0.47	0.84	—	0.25	0.30
畲族	—	1.12	2.02	—	0.55	0.78	—	0.29	0.55
白族	0.80	0.75	0.99	0.40	0.45	0.57	0.14	0.22	0.28

资料来源：根据贵州省第四次、第五次、第六次人口普查资料整理。

二、人口年龄结构类型

人口年龄结构类型是指把特定年龄构成的人口集团,根据反映年龄构成状态的一定统计指标,按照一定的标准来划分的类型。人口年龄构成类型的转变同人口再生产类型的转变及人口转变过程之间存在着密切的内在联系。在一定意义上说,人口年龄构成类型的转变取决于人口转变。一般用来区分年龄构成的指标主要有:儿童少年系数,即儿童少年人口占总人口的比例;老年系数,即老年人口占总人口的比例;老少比,即老年人口与儿童少年人口的比率;年龄中位数,即位于按年龄大小排列的全体人口中间的那个人的年龄;平均年龄等。人口年龄构成通常有三种类型:年轻型人口、成年型人口、年老型人口。根据国际通用人口年龄类型标准划分,一般年轻型人口是指儿童少年人口系数在40%以上、老年人口系数在5%以下、老少比在15%以下的社会;成年型人口儿童少年人口系数在30%~40%、老年人口系数在5%~10%、老少比在15%~30%;年老型人口儿童少年人口系数在30%以下、老年人口系数在10%以上、老少比在30%以上(见表6-4所示)。

表6-4 划分人口年龄结构类型的标准数值

年龄结构类型	儿童少年人口系数	老年人口系数	老少比
年轻型	40%以上	5%以下	15%以下
成年型	30%~40%	5%~10%	15%~30%
年老型	30%以下	10%以上	30%以上

人口的年龄构成,不仅与人口的自然生理因素有关,也与当时社会的政治、经济、文化、人口增长等因素有着密切的关系。新中国成立后,随着社会经济的发展、医疗卫生事业的进步、人民生活水平的提高,贵州各民族人口出生率不断提高,死亡率不断下降,从而自然增长率也逐年在上升,特别是20世纪60年代中期以后自然增长率增长势头迅猛,人口年龄结构趋于年轻化。而进入20世纪70年代末80年代初,随着计划生育工作的开展,妇女总和生育率不断下降,人口自然增长率也有所降低,人口年龄结构被重新建构,表现在年龄构成方面则是年轻型人口趋势不断弱化,逐渐开始向成年型人口转变。由于生育率下降速度极快,生育水平也在较

长的时间内保持较低水平,因此1990年后各民族人口年龄结构均进入成年型,一些民族人口开始进入老年型,贵州省逐步进入了老龄化社会(详见表6-5)。

表6-5 贵州各民族人口年龄结构类型指标

单位:%

民族	少年儿童人口系数(0~14岁)				老年人口系数(65岁及以上)				老少人口系数比			
	1982	1990	2000	2010	1982	1990	2000	2010	1982	1990	2000	2010
全省	40.90	32.70	30.18	25.26	4.70	4.60	5.96	8.71	11.5	14.10	19.78	34.47
汉族	40.50	31.40	28.67	22.94	4.70	4.70	6.26	9.01	11.60	14.80	21.85	39.26
少数民族	—	—	32.64	29.44	—	—	5.47	8.17	—	—	16.78	27.76
苗族	42.90	35.20	32.41	29.66	4.20	4.00	5.33	7.95	10.30	11.40	16.44	26.79
布依族	39.70	33.80	31.67	28.10	5.10	4.70	5.82	9.06	12.80	14.00	18.37	32.23
侗族	40.20	33.10	31.36	25.79	4.30	4.00	6.17	9.56	10.70	12.20	19.68	37.05
土家族	39.80	34.20	33.97	31.42	3.80	3.80	5.42	8.33	9.50	11.20	15.97	26.51
彝族	44.10	37.00	34.02	32.27	4.70	4.20	4.89	6.45	10.70	11.40	14.34	19.99
仡佬族	45.60	34.00	33.33	29.69	2.60	3.80	5.27	8.30	5.70	11.10	15.84	27.97
水族	42.70	37.00	32.69	28.92	4.30	3.90	5.39	7.92	10.10	10.60	16.47	27.40
回族	—	—	36.86	30.38	—	—	4.70	6.09	—	—	12.73	20.04
壮族	—	—	25.80	22.75	—	—	5.21	7.51	—	—	20.16	33.00
瑶族	—	—	29.33	24.76	—	—	5.57	8.53	—	—	18.99	34.47
满族	—	—	28.13	22.76	—	—	6.18	8.30	—	—	21.97	36.47
蒙古族	—	—	37.83	35.15	—	—	4.09	5.11	—	—	10.79	14.54
羌族	—	—	33.05	24.17	—	—	4.97	6.29	—	—	15.01	26.03
仫佬族	—	—	30.07	24.38	—	—	5.96	9.64	—	—	19.79	39.55
毛南族	—	—	30.92	26.74	—	—	6.03	10.70	—	—	19.50	40.01
畲族	—	—	28.94	25.41	—	—	6.24	9.79	—	—	21.56	38.52
白族	—	—	37.49	33.74	—	—	4.36	5.80	—	—	11.62	17.18

资料来源:根据贵州省第三次、第四次、第五次、第六次人口普查资料整理。

从少年儿童人口系数来看,1982年第三次人口普查时,贵州省儿童少年人口系数在40%以上的有汉族、苗族、侗族、彝族、水族、仡佬等,其他如布依族和土家族虽然在40%以下,但是也分别达39.7%和39.8%,几乎接近40%,说明当时各民族都表现为相当典型的年轻型人口。到1990年第四次人口普查时,各民族儿童少年人口系数均降至40%以下,介于30%~40%,其中仡佬族下降幅度最大,比1982年下降了11.6个百分点,各民族人口结构开始进入成年型。2000年第五次人口普查时,贵州省各少数民族从整体上已经进入成年型人口并向成年型人口后期发展,一些民族如壮族、瑶族、满族、畲族已达到了老年型人口的标准。到2010年第六次人口普查时,各民族的少年儿童人口系数继续下降,其中下降幅度最大的是羌族,比1990年下降了8.88个百分点,其次是回族,下降了6.48个百分点。17个世居民族中已有12个民族进入老年型人口,另外处于成年型人口的少数民族也大都进入了成年型人口后期,如回族(30.38%)、土家族(31.42%)等。与第五次人口普查相比,2010年各民族人口年龄结构向老年型人口转变较快。

从老年人口系数来看,1982年第三次人口普查、1990年第四次人口普查时,除了布依族在1982年老年人口系数为5.1%以外,其他民族均在5%以下,说明当时贵州省少数民族总体上处于年轻型人口类型。而且1990年与1982年相比而言,苗族、布依族、侗族、彝族和水族的老年人口系数还在下降,上升的只有仡佬族,土家族则保持原有水平不变。到2000年以后,各民族人口开始陆续进入成年型。2000年第五次人口普查时,除了彝族、回族、蒙古族、羌族、白族的老年人口系数在5%以下,尚还属于年轻型人口外,其他民族的老年人口系数均在5%~10%,进入了成年型人口;2010年第六次人口普查时,毛南族首先进入老年型人口类型,老年人口系数达到10.70%,其他各民族也均已进入成年型人口类型,老年人口系数均介于5%~10%,其中一些民族已处在成年型人口后期,如畲族(9.79%)、仡佬族(9.64%)、侗族(9.56%)、布依族(9.06%)等。

老少比不仅是衡量人口年龄构成类型的一项指标,而且一般来说,当高生育率向低生育率转变阶段,老少比的比值就会呈现上升趋势;反之则是下降趋势。1982年和1990年时贵州省各民族人口的老少比均在15%以下,属于典型的年轻型人口类型,其中仡佬族和土家族在1982年甚至低于10%,说明当时该民族的生育率较高。1990年各民族人口老少比较之1982年有所上升,其中上升最快的是仡佬族,最慢的是水族,表明各民族生育率在逐渐由高向低转变。2000年时,除了彝族、回族、蒙古族、白族老少比低于15%以外,其他民族的老少比均在15%~30%,整体已进入成年型人口类型。其中老少比最低的是蒙古族,为10.79%,其次是白族,为11.62%,说明这两个民族生育率还处在较高的水平。2010年第六次人口普查时,贵州省各民族均已进入成年型人口类型,布依族、侗族、壮族、瑶族、满族、仡佬族、毛南族、畲族等民族的老少比已大于30%,进入了老年型人口类型。2010年与2000年相比,老少比上升最快的是毛南族,上升了20.51个百分点,其次是仡佬族,上升了19.76个百分点,说明这两个民族在十年间生育率的转变幅度之大。

特别需要指出的是,衡量各民族人口年龄构成类型,需要把少年儿童人口系数、老年人口系数、老少比等指标进行综合分析。从中可以看出,贵州省各民族人口年龄构成的变动趋势:1982年第三次人口普查时各民族均处于年轻型人口;1990年第四次人口普查时大部分民族处于从年轻型人口向成年型人口转变的门槛边上,只有少部分民族进入成年型初期;2000年第五次人口普查时各民族人口年龄结构向成年型人口跨进了一大步,虽然个别民族的个别指标还处于年轻型人口标准,但从整体上已是成年型人口,甚至已向成年型人口后期发展,甚至有的民族的个别指标已达到了老年型人口的标准;到2010年第六次人口普查时,贵州各民族人口年龄结构向老年型人口转变较快。

三、人口再生产类型

人口年龄构成类型不仅是人口再生产的结果,而且对今后的人口再生产有着重要的影响。不同的人口年龄构成类型表现出的人口再生产状况亦不相同。如年轻型的人口则意味着将来进入育龄人口的数量多、比重大,在生育率水平不变的情况下,人口将会扩大再生产,导致人口增长较快。成年型人口、老年型人口中的少年儿童系数较小,将来进入育龄人口的数量与比例不大,在生育率水平不变的情况下,人口将是简单再生产甚至是缩减再生产。国际上研究人口再生产类型通常把人口划分为三个年龄组,即0~14岁、15~49岁和50岁以上,并根据这三个年龄组的人口占总人口的比重,将人口再生产类型划分为增加型、静止型和减少型三种类型。按照国际标准,1990年第四次人口普查、2000年第五次人口普查、2010年第六次人口普查时贵州各民族人口再生产类型具体情况详见表 6-6。

按照国际标准,贵州省少数民族人口再生产类型在 2000 年第五次人口普查时虽然属于增加型,但是已经开始向静止型转变。各民族转变的速度与程度不尽相同,但是与 1990 年第四次人口普查相比,各民族人口再生产类型各种指标进一步向静止型接近。到 2010 年第六次人口普查时,贵州省各民族人口再生产大部分已属于静止型,有些甚至已经开始向减少型转变。与 2000 年第五次人口普查时相比,各民族人口再生产类型各种指标进一步向减少型接近。

表 6-6 贵州省各民族人口再生产类型

单位:%

类型	0~14 岁			15~49 岁			50 岁以上		
增加型	40			50			10		
静止型	26.5			50.5			23		
减少型	20			50			30		
民族	1990 年	2000 年	2010 年	1990 年	2000 年	2010 年	1990 年	2000 年	2010 年
全省	—	30.18	25.26	—	52.10	52.10	—	17.72	22.64
汉族	31.40	28.67	22.94	53.90	53.04	53.57	14.56	18.29	23.49
少数民族	34.80	32.64	29.44	51.00	50.57	49.45	13.64	16.77	21.12
苗族	35.20	32.41	29.66	51.00	51.04	49.70	13.31	16.52	20.63
布依族	33.80	31.67	28.10	50.90	50.81	48.77	14.74	17.52	23.12
侗族	33.10	31.36	25.79	52.30	50.24	50.18	14.24	18.41	24.03
土家族	34.20	33.97	31.42	53.10	48.42	47.10	12.64	17.61	21.48
彝族	37.00	34.02	32.27	49.80	51.52	50.29	13.00	14.49	17.44
仡佬族	34.00	33.33	29.69	53.00	48.35	48.81	12.79	17.42	21.50
水族	37.00	32.69	28.92	48.30	51.11	51.31	14.43	16.21	19.77

续表

类型	0-14岁			15-49岁			50岁以上		
民族	1990年	2000年	2010年	1990年	2000年	2010年	1990年	2000年	2010年
回族	34.90	36.86	30.38	52.00	49.55	53.07	13.05	13.60	16.54
壮族	29.30	25.80	22.75	55.60	57.10	58.76	14.73	17.10	18.48
瑶族	35.10	29.33	24.76	51.90	53.33	53.08	12.94	17.28	22.15
满族	29.70	28.13	22.76	54.60	54.65	56.15	15.22	17.20	21.10
蒙古族	40.40	37.83	35.15	48.70	49.26	50.02	10.48	12.92	14.83
羌族	34.90	33.05	24.17	53.00	49.68	57.26	11.97	17.27	18.57
仫佬族	—	30.07	24.38	—	51.82	50.73	—	18.12	24.89
毛南族		30.92	26.74		49.58	47.62		19.50	25.64
畲族	—	28.94	25.41		52.33	50.21		18.75	24.38
白族	40.70	37.49	33.74	40.70	49.84	50.68	11.84	12.68	15.58

资料来源：根据贵州省第四次、第五次、第六次人口普查资料整理。

第三节 贵州少数民族人口的社会经济构成

人口的社会经济构成是根据人口的社会经济特征来划分的，它反映人口的社会属性的各种质的规定性，是按一定的经济特征或者社会特征来划分和组合的人口结构比例关系。人口的社会经济构成包括非经济构成和经济构成两大类。人口经济构成主要包括人口的产业构成、劳动力资源构成、在业人口的行业构成、在业人口的职业构成、在业人口的科学技术等级构成等。人口的非经济的社会构成主要包括人口的文化构成、教育程度构成、婚姻家庭状况构成、民族构成等（李竞能，2001）。这里我们主要讨论贵州少数民族或民族地区人口的文化构成和职业、产业构成。人口的社会经济构成的变动，更明显地取决于社会经济因素及其发展，同时反过来又对社会经济产生影响。

一、文化构成

人口的文化构成反映一个民族人口的文化教育状况,即各种受教育程度的人口占总人口的比例。人口的受教育程度与生产力发展水平、教育事业发展状况等紧密相关,它受到经济社会发展水平的制约,同时反过来又影响着经济社会的发展。

(一)人口的受教育状况

新中国成立后,随着贵州民族教育事业的发展和少数民族升学优惠措施的实施,各民族人口的文化水平和受教育程度不断提高,少数民族拥有的各种文化程度人数也有了大幅度的提高。1982 年,贵州省少数民族小学以上文化程度人口为 178.8 万人,1990 年增加到 574.16 万人,占相应年度总人口的比重也由 24.1% 上升到 51.5%。虽然少数民族文化教育基础较差,起点较低,与全省及汉族人口文化水平相比仍然有差距,但是少数民族人口的文化水平增长的势头迅猛,增幅也较明显。1990 年各世居民族的各种文化程度人口总数也都比 1982 年有所增加,占本民族人口总数的百分比除土家族外,也都有不同程度的提高(详见表 6-7)。一方面,由于民族教育事业的发展;另一方面,还受到恢复民族成分的影响,如土家族各种文化程度人口占总人口的比重 1990 年比 1982 年下降了 16.6 个百分点便是一个突出的例证。

表 6-7 1982 年、1990 年贵州省各民族小学以上文化程度人口状况

民族	人数(万人)			占总人口比例(%)		
	1982 年	1990 年	增减	1982 年	1990 年	增减
全省	—	—	—	43.58	56.80	13.22
汉族	1055.54	1262.92	207.38	50.00	59.80	9.80
少数民族	178.80	574.16	395.36	24.10	51.10	27.40
苗族	77.49	172.23	94.74	30.00	47.00	17.00
布依族	77.62	127.04	49.42	37.00	51.20	14.20

续表

民族	人数(万人)			占总人口比例(%)		
	1982年	1990年	增减	1982年	1990年	增减
侗族	37.63	83.92	46.29	44.20	59.90	15.70
彝族	17.26	32.87	15.61	30.60	46.50	15.90
土家族	0.12	61.04	60.92	75.00	58.40	−16.60
水族	8.19	13.62	5.43	29.70	42.20	12.50
仡佬族	1.82	26.89	25.07	35.30	60.60	25.30

资料来源:根据贵州省第三次、第四次人口普查资料整理。

各民族的各种文化程度人口占其总人口比例的高低,是衡量其人口文化状况的一个重要指标。表6-8显示的是1990年和2000年贵州省少数民族受教育程度人口占6岁及6岁以上人口比例,从表6-8中可以看出,1990年到2000年各民族受教育程度人口占总人口比例均有不同程度的提高。1990年各民族中小学以上文化程度人口占总人口比例最高的是满族,其次依次是蒙古族、羌族、仡佬族和侗族,均达到或接近了60%以上,高于汉族水平,其中满族更是达到了74.7%,比汉族高14.9个百分点;而苗族、彝族、水族、回族和瑶族则相对较低,还不足50%,其中水族为最低,仅占42.4%。2000年小学以上文化程度人口占总人口比例较之1982年有了大幅度的提高,各民族均达到了60%以上,其中最高的是满族,高达83.09%,比汉族高出8.88个百分比,其次依次为羌族、仡佬族、畲族和侗族,均高于汉族水平;回族为最低,仅占60.55%。在受教育程度的人口中,各少数民族小学、初中低学历的人口比例较大,而大学及以上学历的人口比例较小,高中和中专的人口比例也不大。但是各种受教育程度人口占总人口的比例总体在逐年增加,如1990年时各民族大学专科文化程度人口占总人口的比例除个别民族(满族、羌族、壮族)外,其余民族均低于1%,而到2000年时,除苗族、布依族、彝族、水族、瑶族、毛南族、畲族外,其他民族均高于1%,其中满族更是高达8.38%,远远高出汉族6.86个百分点。

表6-8 贵州省少数民族受教育程度人口占6岁及以上人口比例

单位：%

民族	小学以上文化程度人口 1990年	小学以上文化程度人口 2000年	小学 1990年	小学 2000年	初中 1990年	初中 2000年	高中 1990年	高中 2000年	中专 1990年	中专 2000年	大学专科 1990年	大学专科 2000年	大学本科 1990年	大学本科 2000年	研究生 1990年	研究生 2000年
总计	56.80	71.78	37.40	43.56	14.70	20.64	2.70	3.23	1.20	2.44	0.45	1.32	0.30	0.58	—	0.01
汉族	59.80	74.21	37.90	42.83	16.40	22.75	3.20	3.80	1.30	2.59	0.55	1.52	0.40	0.71	—	0.02
少数民族	51.10	67.78	36.30	44.75	11.50	17.17	1.90	2.29	0.95	2.19	0.27	0.99	0.14	0.37	—	—
苗族	46.90	64.74	34.60	44.74	9.70	15.12	1.60	1.92	0.76	1.86	0.21	0.80	0.10	0.30	—	—
布依族	51.20	67.27	37.00	44.91	11.30	17.13	1.60	1.94	0.98	2.19	0.23	0.82	0.10	0.28	—	—
侗族	59.90	75.42	41.30	46.14	14.20	21.62	2.60	3.07	1.20	2.81	0.40	1.32	0.20	0.47	—	—
土家族	58.40	70.16	37.90	42.31	15.80	20.11	2.80	3.12	1.30	2.63	0.40	1.40	0.18	0.57	—	0.01
彝族	46.50	65.04	34.10	45.82	9.80	14.65	1.50	1.79	0.70	1.74	0.19	0.73	0.09	0.31	—	—
仡佬族	60.60	71.86	41.20	44.24	15.50	20.42	2.50	2.89	0.90	2.31	0.30	1.40	0.20	0.58	—	—
水族	42.20	65.68	31.80	48.41	7.90	13.09	1.30	1.50	0.80	1.85	0.17	0.65	0.08	0.17	—	—

续表

民族	小学以上文化程度人口		小学		初中		高中		中专		大学专科		大学本科		研究生	
	1990年	2000年	1990年	2000年	1990年	2000年	1990年	2000年	1990年	2000年	1990年	2000年	1990年	2000年	1990年	2000年
回族	44.50	60.55	24.90	35.35	12.40	14.92	3.70	3.60	1.90	3.40	0.85	2.19	0.60	1.06	—	0.02
白族	57.90	71.61	38.50	43.11	14.90	20.89	2.80	3.00	1.20	2.68	0.40	1.36	0.20	0.57	—	—
壮族	54.80	73.98	27.00	35.39	15.50	21.42	6.20	6.27	3.40	5.83	1.60	3.39	1.00	1.66	—	0.03
瑶族	42.30	68.40	32.80	49.35	6.70	13.96	1.40	1.80	0.80	2.02	0.30	0.87	0.15	0.39	—	0.02
满族	74.70	83.09	28.50	30.36	21.20	21.97	12.40	10.68	5.40	7.16	4.10	8.38	3.10	4.48	—	0.07
蒙古族	62.10	73.65	41.20	43.49	15.20	21.33	3.50	3.76	1.30	2.64	0.60	1.63	0.30	0.80	—	0.01
羌族	61.50	80.08	35.10	40.04	16.90	24.81	5.00	6.36	1.60	3.56	1.60	3.15	1.30	2.17	—	—
仫佬族	—	78.69	—	51.63	—	20.23	—	2.95	—	2.23	—	1.20	—	0.44	—	0.01
毛南族	—	73.33	—	51.94	—	17.31	—	1.46	—	1.86	—	0.63	—	0.12	—	—
畲族	—	76.48	—	56.68	—	15.82	—	1.88	—	1.37	—	0.52	—	0.21	—	—

2000—2010年的10年内,贵州省加快教育发展步伐,重视民族教育工作,民族教育事业得到了不断发展,特别是在高等教育的发展上取得了长足的进步。各民族人口接受初中、高中、大专以上教育的人数不断增加,各民族受教育状况明显改善,各民族人口的文化素质也有了全面的提高。从第五次和第六次人口普查数据比较来看(见表6-9),汉族及其他民族6岁及以上人口中,未上过学人口和小学人口(含扫盲班)占比均有所下降,同时受中等教育和高等教育的人口占比有所上升,特别是高等教育人口所占比例增幅非常明显。虽然汉族受教育状况优于其他民族,如汉族6岁及以上人口中未上过学人口和小学人口(含扫盲班)所占比例低于其他民族,而初中、高中、大学专科、本科和研究生人口占总人口的比重均高于其他民族,但是各民族人口中受中高等教育的比例在十年间有了大幅度上升。2010年"六普"时其他民族未上过学人口和小学人口(含扫盲班)所占比例较之2000年"五普"时均有所下降,分别下降了7.3和7.5个百分点,同时初中、高中、大学专科和本科人口占总人口的比重有所增加,2010年比2000年分别上升了9.6、1.7、2.1和1.4个百分点。

表6-9 贵州省"五普""六普"6岁及以上人口受教育状况

单位:%

民族	未上过学人口占比		小学人口占比（含扫盲班）		初中人口占比		高中人口占比（含中专）	
	2000	2010	2000	2010	2000	2010	2000	2010
汉族	115.2	9.4	49.7	40.3	25.4	35.1	7.1	9.0
其他民族	19.5	12.2	54.2	46.7	19.6	29.2	5.1	6.8

民族	大学专科人口占比		大学本科人口占比		研究生人口占比	
	2000	2010	2000	2010	2000	2010
汉族	1.7	3.8	0.8	2.6	0.02	0.11
其他民族	1.1	3.2	0.4	1.8	—	0.05

资料来源:贵州省第五次、第六次人口普查资料。

具体从2010年常住人口数量较多的5个少数民族受教育状况来看(详见表6-10)。

表6-10 部分民族6岁及以上人口受教育状况

单位:%

民族	未上过学人口占比		小学人口占比		初中人口占比		高中人口占比	
	贵州	全国	贵州	全国	贵州	全国	贵州	全国
汉族	9.4	4.7	40.3	27.8	35.1	42.3	9.0	15.5
苗族	13.9	10.3	49.3	46.1	26.8	32.0	5.9	7.3
布依族	13.4	12.2	46.6	45.0	29.3	31.7	6.3	6.5
土家族	10.4	6.1	42.7	36.6	31.5	37.8	8.2	12.3
侗族	8.1	6.6	42.9	39.1	33.6	38.7	8.8	9.4
彝族	11.8	14.3	50.7	53.8	27.9	22.4	5.6	5.8

民族	大学专科人口占比		大学本科人口占比		研究生人口占比	
	贵州	全国	贵州	全国	贵州	全国
汉族	3.8	5.6	2.3	3.8	0.11	0.35
苗族	2.6	2.8	1.5	1.6	0.04	0.08
布依族	2.9	2.8	1.5	1.7	0.04	0.06
土家族	4.4	4.3	2.5	2.7	0.08	0.19
侗族	4.1	3.9	2.4	2.2	0.05	0.10
彝族	2.6	2.4	1.4	1.4	0.05	0.05

资料来源:全国第六次人口普查资料。

侗族和土家族受教育状况较好,而苗族、彝族和布依族则受教育状况较差。从6岁及以上人口受教育状况来看,土家族和侗族未上过学人口和小学人口占比低于其他民族,而初中、高中、大学专科、本科及研究生人口占比则高于其他民族。从每10万人中拥有的各种受教育程度人口来看,侗族、土家族、苗族、彝族和布依族每10万人中拥有大学文化程度人口分别为5903人、6247人、3745人、3651人和

3951人；拥有高中文化程度人口分别为8004人、7394人、5322人、4962人和5653人；拥有初中文化程度人口分别为30448人、28342人、24048人、24962人和26421人；拥有小学文化程度人口分别为38810人、38576人、44292人、45270人和42070人。与全国相比，贵州彝族人口的受教育状况比全国彝族总体状况较好，贵州彝族未上过学、小学人口占比低于全国彝族人口总体状况，而初中、大学专科、本科、研究生人口则高于或等于全国彝族人口状况。而苗族、布依族、土家族和侗族人口的受教育状况则比全国同民族的状况差，这种差距主要体现在接受初等教育和中等教育人口的比例上，如未上过学和小学人口占比高于全国同民族，而初中和高中人口占比则低于全国同民族，高等教育与全国同民族的差距并不大。

（二）文盲人口状况

文盲率也是反映人口文化构成的一个指标。1990年贵州省各民族文盲率较之1982年来看，都有不同程度的下降（表6-11）。其中下降幅度最大的是水族，文盲率从1982年的64.7%下降到了1990年的33.4%，下降了31.3个百分点。从文盲绝对数来看，只有水族下降了8.4%，其他几个民族都在增多，其中布依族、苗族、侗族分别增多了0.5%、22.8%和24.6%。文盲绝对数的增加表明新生文盲超过或大大超过老年文盲自然减员速度。

表6-11 1982年、1990年贵州几个民族成人文盲情况

民族	文盲人数（万人）		文盲率（%）		
	1982年	1990年	1982年	1990年	增减
苗族	92.29	113.31	64.20	47.80	-16.40
布依族	70.39	70.77	57.30	43.10	-14.20
侗族	24.60	30.64	49.50	32.70	-16.80
水族	10.37	9.50	64.70	33.40	-31.30

资料来源：
1. 1982年为贵州省第三次人口普查1%户抽样资料；
2. 1990年为贵州省第四次人口普查100%资料。

第四次人口普查数据显示，1990年贵州省各民族文盲、半文盲人数占15岁及以上人数的比重有高有低，且悬殊较大，详见表6-12。其中瑶族、水族和回族文

盲、半文盲人口占同龄人口的比重较大,均超过了50%,瑶族最高,达52.86%,其次是水族和回族,分别为52.16%和50%。文盲、半文盲人口占同龄人口比重最低的是满族,为14.36%,羌族和蒙古族相对也较低,分别为27.56%和28.54%。在少数民族分性别的文盲、半文盲人口占15岁及以上人口中,比重悬殊更大,男性为25.44%,女性为62.28%,女性比男性高36.84个百分点。各民族男性文盲、半文盲占同龄人口的比重瑶族最高,为36.37%,最低的是满族,为8.69;女性文盲、半文盲占同龄人口的比重水族最高,高达76.31%,满族最低,为20.27%。

表6-12 1990年贵州省各民族文盲、半文盲人口情况

民族	15岁及以上人口数(人)			文盲、半文盲人口(人)			文盲、半文盲占同龄人口的比重(%)		
	合计	男	女	合计	男	女	合计	男	女
汉族	14492866	7491552	7001314	4586339	1454111	3402228	35.51	19.41	48.59
苗族	2372866	1231645	1141221	1133093	364084	769009	47.75	29.56	67.38
布依族	1641009	832032	808977	707692	203420	504272	13.13	24.45	62.33
侗族	936763	495491	441272	306380	83614	222766	32.71	16.87	50.48
土家族	687500	367699	319801	242480	69295	17385	35.27	18.85	54.15
彝族	444718	231059	213659	215225	74044	141181	48.40	32.05	66.08
仡佬族	284273	155286	128987	94993	28586	66407	33.42	18.41	51.48
水族	203573	104877	98696	106185	30869	75316	52.16	29.43	76.31
回族	82580	42754	39826	41294	16336	24958	50.00	38.21	62.67
白族	730720	39497	33575	24593	8617	15976	33.66	21.82	47.58
壮族	26998	14042	12956	10605	3568	7037	39.28	25.41	54.31
瑶族	19754	10555	9199	10442	3839	6603	52.86	36.37	71.78
满族	11819	6032	5787	1697	524	1173	14.36	8.69	20.27
蒙古族	14329	8280	6049	409	1574	2515	28.54	19.01	41.58
羌族	664	420	244	183	83	100	27.56	19.76	40.98

资料来源:贵州省第四次人口普查资料。

由于第五次和第六次人口普查数据中没有显示各民族15岁及以上文盲人口的数据,因此我们通过对三个民族自治州文盲状况的分析来管窥少数民族人口的

文盲情况。从表6-13可以看出,2000—2010年的十年中,各民族自治州的文盲人口占15岁及以上人口比例均呈下降趋势。2000年时文盲人口占15岁及以上人口比例最高的是黔西南州,2010年仍然为最高,但是十年间下降幅度最大的也是黔西南州,从2000年的25.83%下降到2010年的13.74%,下降了12.09个百分点,黔东南州和黔南州文盲人口占15岁及以上人口的比例也有不同程度的下降,分别下降了5.33和5.6个百分点。从分性别的文盲人口占15岁及以上人口比例来看,不论是2000年还是2010年,全省及各民族自治州的女性文盲率均远远高于男性文盲率,这是女性地位低下的反映,一些少数民族地区往往受重男轻女、"女子无才便是德"等思想的影响,加之义务教育普及力度不够,导致女孩入学率较低。2000年时全省、黔西南州、黔南州女性文盲率均高出男性20个百分点以上,黔东南州虽低于20%,但也几乎接近于20%(19.07%);2010年时差距有所减小,但女性文盲率仍高于男性10个百分点以上,其中全省、黔西南州、黔东南州、黔南州差距分别为11.55%、14.26%、13.06%、12.86%。2000年到2010年的十年间,不论是男性文盲率还是女性文盲率,全省和各民族自治州都有不同程度的下降,其中黔西南州下降幅度最大,男性文盲率和女性文盲率分别下降了6.16和18.7个百分点,下降幅度甚至大于全省水平(全省男性和女性文盲率分别下降了4.25%和13.35%),黔东南州和黔南州虽然下降幅度不及全省,但是也有不同程度的下降,且各地区女性文盲率的下降幅度均高于男性。这一方面是贵州省教育事业特别是义务教育事业蓬勃发展的客观反映,另一方面女性文盲率大幅度下降也说明女性地位在不断上升。

表6-13 贵州省民族自治州15岁及以上文盲人口情况

地区	年份	15岁及15岁以上人口(人)			文盲人口(人)			文盲人口占15岁及以上人口比例(%)		
		合计	男	女	小计	男	女	小计	男	女
黔西南州	2000	1933281	997694	935587	499328	128318	371010	25.83	12.86	39.66
	2010	2019508	1022645	996863	277532	68548	208984	13.74	6.70	20.96
黔东南州	2000	2697398	1407500	1289898	453119	108130	344989	16.80	7.68	26.75
	2010	2615452	1331865	1283587	299953	67407	232546	11.47	5.06	18.12

续表

地区	年份	15岁及15岁以上人口(人)			文盲人口(人)			文盲人口占15岁及以上人口比例(%)		
		合计	男	女	小计	男	女	小计	男	女
黔南州	2000	2516189	1312590	1203599	433075	99506	333569	17.21	7.58	27.71
	2010	2477299	1256429	1220870	287530	66171	221359	11.61	5.27	18.13

资料来源:贵州省第五次、第六次人口普查资料。

二、产业、职业构成

人口的行业、职业构成状况反映其社会经济构成的一个方面,行业、职业构成变化与各民族社会经济发展密切相关,因此,研究各民族人口行业、职业构成,对促进贵州民族地区社会经济的发展有重要作用。在贵州少数民族中,绝大部分民族长期以来一直从事农业生产,并且兼营畜牧业、林业等。如苗族,有聚居在清水江流域的,有居住在雷公山、乌蒙山、武陵山等地区的。这里既适宜于稻谷的生长,又有茂密的森林,同时畜牧业也比较发达。布依、侗、水等民族,在居住地势的选择上有"依山傍水"的习惯,长期以来从事农田水稻的种植,同时也"依山"而靠山,进行一些林业生产活动。居住在贵州的回族,其先民多是因经商而来黔的,这一经商传统在回族中仍有明显表现。此外,其他世居民族多从事农业。随着贵州社会经济的发展,各民族人口的行业构成开始有了一些变化,但在新中国成立前变化不大,新中国成立后则较为突出。特别是新中国成立以后,党和政府积极帮助民族地区发展地方工业。国家不仅从外地派进大批干部和科学技术人员,而且拨出巨额款项,运进大批物资,帮助民族地区发展工业生产,这不仅使民族地区在经济上有了较大的发展,同时也使各民族人口的行业构成发生了变化(张人位,石开忠,1992)。

(一)产业构成

人口产业构成是人口发展和经济发展共同作用的结果,按照国际通行准则,把人口普查资料的13大行业综合为三大产业部门,即把第一行业的农、林、牧、渔、水利业列为第一产业,把工业、地质普查和勘探与建筑业列为第二产业,其余行业合计为第三产业。三大产业结构的划分依据是经济发展水平和科学技术发展状况。

按照就业人口在三大产业中的分布状况来看,当前世界各国的三个产业结构处于三种类型。一是传统型,就业人口在第一产业占50%以上,第二产业占25%左右,第三产业占25%以上;二是发展型,就业人口在第一产业占16%~49%,第二产业占26%~40%,第三产业占26%~40%;三是现代型,就业人口在第一产业占15%以下,第二产业占35%左右,第三产业占50%以上(严天华,陈秀英,1996)。

从贵州省各民族人口在三个产业部门中的分布和现状来看,根据上述标准衡量,1982—1990年贵州各民族人口的产业构成中第一产业占比均在90%以上,第二和第三产业所占比例非常小,仍属于低层次的传统型结构。1982年贵州少数民族就业人口在第一产业占94.7%,各民族中除了土家族相对较低外,其他少数民族占比均在90%以上,苗族、水族、仡佬族甚至超过了95%;到了1990年,各民族就业人口在第一产业所占比例普遍有所下降,但进展速度仍然非常缓慢,大部分还保持在93%左右,其中占比最高的是水族,达94.68,最低的为土家族,占90.61%。同时,侗族和土家族有所上升,特别是土家族1990年比1982年上升了37.57个百分点,这主要与"返本归源"者中大量人口属于农业人口有关。第二产业和第三产业的比重则非常低。第三产业的发展,不仅仅是社会发育层次的提高、经济—文化—科学的进步,也能刺激与推动第一、二产业的更快发展。但是贵州省少数民族的第三产业比例1982年和1990年仅占3.54%和5.04%,虽然十年间提高了1.5个百分点,但是总体来说与全省和汉族水平差距还很大。

随着时间的推移,贵州不论全省还是少数民族就业人口逐渐在向第二、三产业转移。表6-14显示了1990年、2000年和2010年贵州全省及少数民族的人口产业构成,从表中可以看出,少数民族第一产业人口构成高于全省平均水平,1990年、2000年和2010年少数民族分别比全省平均水平高出7.2、6.9和8.17个百分比;而少数民族第二、三产业构成低于全省平均水平,尤其是第三产业构成,少数民族与全省平均水平差距较大,1990年、2000年和2010年分别比全省平均水平低3.63、3.71和5.23个百分点。1990—2010年的20年,少数民族人口第一产业构成稳步下降,下降幅度达到15.63个百分点,但是仍然低于全省下降幅度(16.6%);同时第二、三产业稳步上升,分别上升了6.37和9.26个百分点。可见,虽然少数民族人口的产业构成中第一产业仍占很大比例,但是已有了明显的改善,随着时间的推移,时间越靠后,改善的速度也在逐渐加快。

表 6-14 贵州全省及少数民族人口产业构成

单位：%

指标	年份	第一产业	第二产业	第三产业
全省	1990	85.48	5.55	8.97
	2000	81.83	6.54	11.63
	2010	68.88	11.29	19.83
少数民族	1990	92.68	1.98	5.34
	2000	88.73	3.35	7.92
	2010	77.05	8.35	14.60

资料来源：根据贵州省第四次、第五次、第六次人口普查资料整理。

（二）职业构成

在业人口的职业构成则直接反映了某一地区的社会经济发展程度和就业劳动力的文化科学技术水平。我国的第三次和第四次人口普查资料将职业分为 8 个大类，如果将 1~3 项（各类专业技术人员、政党群企事业单位负责人、办事人员）列为智力型职业，4~8 项（商业人员、服务人员、农业劳动者、工人、其他）列为非智力型职业，一般来说，发达国家二者之间的比例为 1∶1 或 1.5∶1，发展中国家约为 1∶10。从 1982 年和 1990 年贵州省各民族人口的职业构成来看，智力型职业结构与非智力型职业结构的比例约在 1∶24，仍然属于以农业为依托的职业结构。1982 年贵州省各民族从事非智力型职业的人口比例除土家族外，普遍均超过了 95% 以上，到 1990 年虽然比 1982 年有所下降，但是下降比较缓慢，降幅也较小，整体仍然徘徊在 95% 左右。1990 年贵州省少数民族从事非智力型职业人口比例高的原因主要是从事农、林、牧、渔等职业的劳动者比例很高，高达 92.5%，而商业工作人员和服务性工作人员的比例仅分别为 0.7% 和 0.5%。贵州省 1982 年智力型职业的人口比例非常低，到 1990 年虽然有所提高，但增幅不大，进展非常缓慢，少数民族整体仅提高了 0.79 个百分点，各民族智力型职业人口所占比例仍然处于 3%~5% 的低水平，这主要是因为各类专业技术人员占该类职业构成的比例很低所导致的。

第五次人口普查时将人口的职业构成划分为七种职业，从各种职业来看，贵州省各民族人口仍然以从事农、林、牧、渔业为主,从事其他职业的比例均很低,具体情况见表6-15。其中,畲族、水族、毛南族、瑶族、苗族等民族从事农、林、牧、渔、水利业生产人员的比例均超过了90%,其中畲族为最高,达到93.38%;满族最低,为42.71%。

表6-15 2000年贵州省少数民族人口的职业状况(以合计为100)

单位:%

民族	国家机关、党群组织、企业事业单位负责人	专业技术人员	办事人员和有关人员	商业、服务业人员	农、林、牧、渔、水利业生产人员	生产运输设备操作人员及有关人员	不便分类的其他劳动者
全省	0.99	3.76	1.87	5.14	81.75	6.45	0.04
汉族	1.16	4.14	2.23	6.68	77.46	8.28	0.05
少数民族	0.73	3.16	1.30	2.65	88.63	3.51	0.02
蒙古族	1.08	5.54	2.54	4.62	80.14	6.08	—
回族	1.46	5.68	3.30	5.04	79.71	4.80	0.01
苗族	0.61	2.57	1.01	2.36	90.10	3.32	0.02
彝族	0.84	2.78	1.24	2.30	89.32	3.51	0.02
壮族	1.94	8.64	5.09	8.06	65.09	11.15	0.04
布依族	0.63	2.80	1.21	2.24	90.13	2.97	0.02
满族	3.84	15.28	9.61	9.52	42.71	18.95	0.09
侗族	0.87	4.16	1.48	3.37	85.74	4.33	0.05
瑶族	0.70	2.57	1.43	1.91	90.37	3.01	—
白族	1.08	4.67	1.61	4.03	84.25	4.33	0.01
土家族	0.92	4.12	1.86	3.32	85.76	4.00	0.02
畲族	0.34	1.94	0.49	1.68	93.38	2.17	—
水族	4.42	2.31	0.97	1.51	92.89	1.88	—
仫佬族	0.79	2.79	1.88	2.67	87.70	4.18	—

续表

民族	国家机关、党群组织、企业事业单位负责人	专业技术人员	办事人员和有关人员	商业、服务业人员	农、林、牧、渔、水利业生产人员	生产运输设备操作人员及有关人员	不便分类的其他劳动者
羌族	1.27	2.53	6.33	8.86	72.15	8.86	—
毛南族	0.63	3.37	0.86	1.32	90.62	3.20	—
仡佬族	1.07	4.13	1.65	3.25	86.10	3.79	0.01

资料来源：根据贵州省第五次人口普查数据整理。

第七章 贵州少数民族人口与经济发展

贵州省作为一个多民族聚居的省份,自 1949 年以来,其民族人口(指传统口径上的少数民族人口,如没有特别说明,以下相同)与经济经历了一个较长的发展历程,并体现了自身独有的特点与规律,在我国社会经济发展的"新常态"下,揭示这一特点与规律非常有必要。

第一节 贵州少数民族人口与经济变动回顾

一、贵州民族自治地方经济发展迅速

(一)经济总量迅速提升,产业结构大幅度调整

1978—2012 年,民族自治地方生产总值从 16.29 亿元猛增到 1982.78 亿元,绝对值增加了 100 余倍,基本上每隔 3 年翻一番,绝大多数年份增长速度保持在 2 位数以上,个别年份高达 27% 以上;随着经济总量的迅速提升,产业结构也发生了显著的变化。1978 年,一、二、三产构成分别为 61.26%、21.73%、17.00%,到 2012 年,一、二、三产业构成变为 19.95%、33.66%、46.39%,产业结构直接从"一、二、三"传统类型转变为"三、二、一"现代类型,产业结构调整幅度非常大(见图 7-1),这表明民族自治地方生产方式发生了根本性的转变,传统农业社会逐渐成为历史,现代工业社会稳步确立。

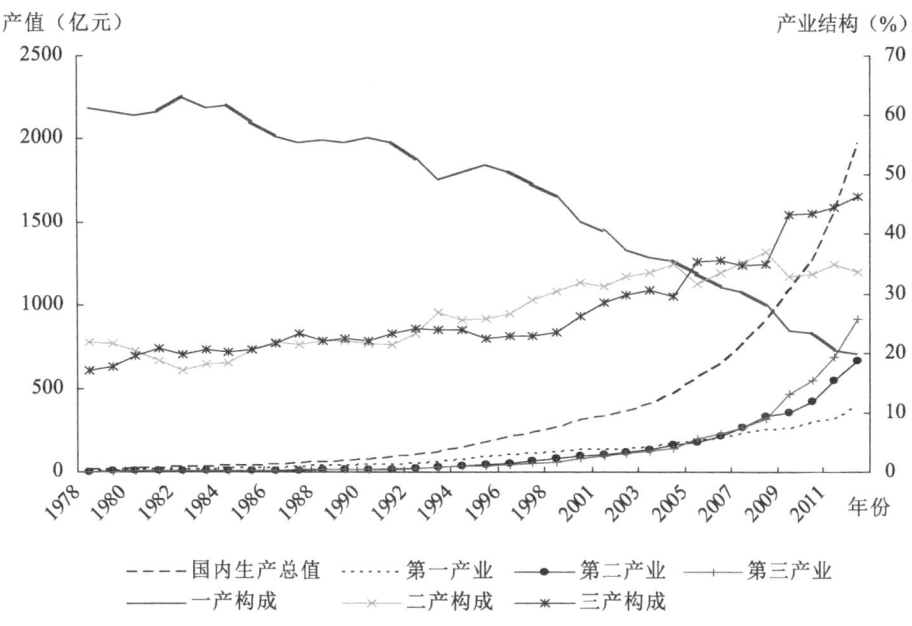

图 7-1 贵州民族自治地方生产总值及其构成变化

资料来源：贵州历年统计年鉴。

（二）地方财政收支稳步增加，固定资产投资提速，经济日趋活跃

1978—2012 年，民族自治地方财政收入、支出、固定资产投资、社会消费品零售总额均有大幅度上升。财政收入从 1.48 亿元增加到 227.66 亿元，增加了 200 多倍，财政支出从 2.62 亿元上升到 830.44 亿元，增加了 300 余倍，财政支出水平远高于其收入，财政收支水平在 21 世纪初加速增长；固定资产投资从 2.35 跃升到 2110.36 亿元，增长了近千倍，经过前期 20 余年的积累，固定资产投资在 2000 年后呈爆发式增长；社会消费品零售总额从 7.07 亿元上升到 530.63 亿元，增加了 70 余倍。这些表明贵州民族自治地方经济活跃度有了较大提高（见图 7-2）。

（三）基础设施体系日益完善，经济发展基础进一步夯实

截至 2012 年，全社会固定资产投资达 2110 亿元，公路通车里程达到 83454 千米，邮路总长度达到 18719 千米，铁路、港口、机场等基础设施建设不断加强，立体交通体系逐渐形成；随着退耕还林、还草的推进，植树造林工作得到进一步加强，森林覆盖率逐渐恢复到 50%，随着生态移民工程、石漠化治理工程、水土流失治理工

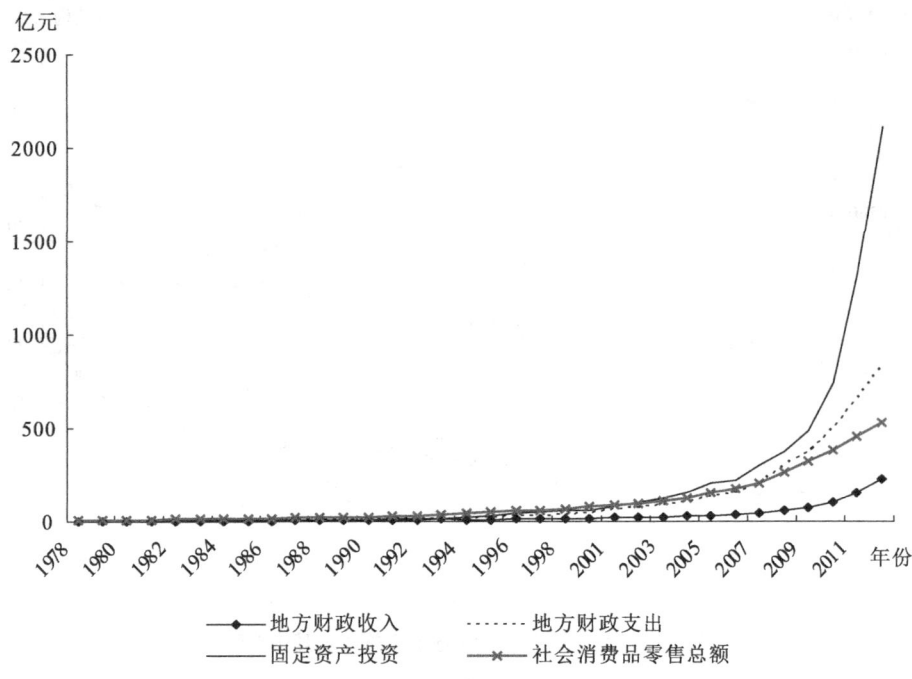

图 7-2　贵州民族自治地方财政收支、固定资产投资、社会消费品零售总额增长趋势

资料来源：贵州历年统计年鉴。

程的逐步展开，局部生态环境恶化趋势得到扭转，生态承载压力得到缓解，节能减排工作稳步推进，环境污染势头得到抑制，生态环境明显改善，为经济发展夯实了基础。

（四）人均收入大幅度提高，人民生活明显改善

随着经济的发展，到 2012 年，贵州民族自治地方人均生产总值达到 14690 元，城乡居民人均储蓄达到 9962 元，人均公共财政收入实现 1687 元，凯里市、兴义市、都匀市的城镇居民人均可支配收入分别达到 18831 元、19472 元、19338 元，黔西南州、黔东南州、黔南州农村居民人均纯收分别达到 4625 元、4625 元、5445 元，均有大幅度增加；各级各类学校大幅度增长，其中，普通高等学校达到 9 所，高中达 155 所，初中达 897 所，小学 5132 所，在校生数超过 270 万人，专任教师队伍超过 15 万人，教育事业发展迅速；随着城乡社会保障的推进，覆盖范围逐步扩大，保障水平不断提高，看病贵的问题改善明显，老有所养正逐步实现；随着城镇建设和新农村建设不断推进，城乡道路、住房等条件不断改善，城乡面貌发生了翻天覆地的变化，极

大地方便了居民的生产生活;随着人均收入的提高,洗衣机、冰箱、电脑、摩托车、轿车等产品进入普通居民家庭,人民生活日益向好,脸上的笑容增多,对未来充满了信心和期望。

二、贵州民族人口与经济发展的简要回顾

对于人口与经济发展的宏观考察,通常采用人口增长弹性系数来进行,见公式(7-1),

$$ce = k/y \qquad (7-1)$$

式中:ce 为人口增长弹性系数;k 为人口年平均增长率;y 为相关因素的年平均增长率。当 ce 大于 1 时,表示人口增长率过高,人口与经济处于不协调状态,当 ce 为 0.20~0.99 时,表示人口增长率有不同程度的可行性,人口与经济处于基本协调状态,当 ce 小于 0.2 时,表示人口与经济处于协调发展状态(李竞能,2001)。

据此,我们计算了从 1978—2012 年贵州民族自治地方的人口增长率和生产总值增长率,由此得到各年的人口增长弹性系数(见图 7-3)。

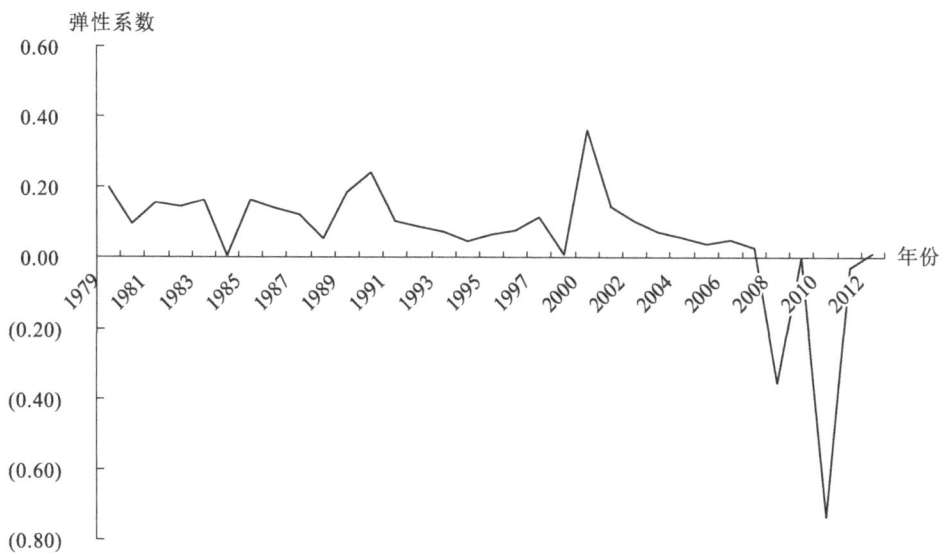

图 7-3 贵州民族自治地方人口增长弹性系数变化趋势

资料来源:贵州历年统计年鉴。

由图 7-3 可观察到,民族自治地方人口增长弹性系数呈波动下降趋势,最高年份达到 0.36,但绝大部分年份的人口增长弹性系数都低于 0.2。自 2000 年以来,人口增长弹性系数进一步走低,2012 年低到 0.01,其间,由于统计口径的变化引起民族自治地方人口负增长,导致人口增长弹性系数为负值。人口增长弹性系数的变化趋势说明民族自治地方人口与经济发展自改革开放以来一直处于协调状态,进入 21 世纪后,随着人口增长率的进一步降低和经济增长率的提高,人口与经济发展更趋协调。

贵州民族自治地方经济发展经历了一个缓慢发展阶段后,开始步入快速发展阶段,经济总量加速增长,经济结构实现了历史性跨越,在人口与经济两种相反力量的推动下,人口与经济从协调状态转向更为协调发展的状态。这一成就是显著而喜人的,在新的基础上,慎思贵州民族人口与经济发展未来走向更显重要。

第二节　贵州少数民族人口与经济发展的当代分析

一、贵州民族人口与经济发展的宏观考察

虽然民族自治地方人口和经济发展迅速,但与贵州全省相比,仍然存在较大的差距。我们采用年末总人口、地区生产总值、全社会固定资产投资、社会消费品零售总额、经济密度(元/千米^2)与贵州全省相应指标进行对比,根据 1978—2012 年的统计资料(见图 7-4),民族自治地方总人口占比一直平稳增长 21 世纪初,直到 2009 年以后才开始下降;地区生产总值占比从 34.94% 波动下降到 28.82%,基本上处于下降趋势;固定资产投资占比从 21.50% 波动下降到 2009 年的 19.75,此后逐渐回升到 36.91%,总体呈先降后升的趋势;社会消费品零售总额占比从 33.30% 波动下降到 26.17%,下降趋势非常明显;经济密度占比从 62.93% 波动下降到 52.11%,降幅也是比较大的。从以上五个指标占比情况看,除了固定资产投资占比近年来有所升高外,其他四项指标占比均呈下降趋势,除了总人口占比下降有积极

影响外,剩余 3 项指标占比的下降趋势表明了民族自治地方经济地位在全省经济地位有进一步弱化的趋势。以上阐述说明,在改革开放以来的 30 余年,民族自治地方人口与经济发展虽然趋于更加协调,但与贵州全省的差距进一步拉大,后发劣势地位并没有得到扭转,反而进一步受到强化。在这种状况下,如何将后发劣势转为后发优势,给民族自治地方社会经济发展提出了严峻的挑战。

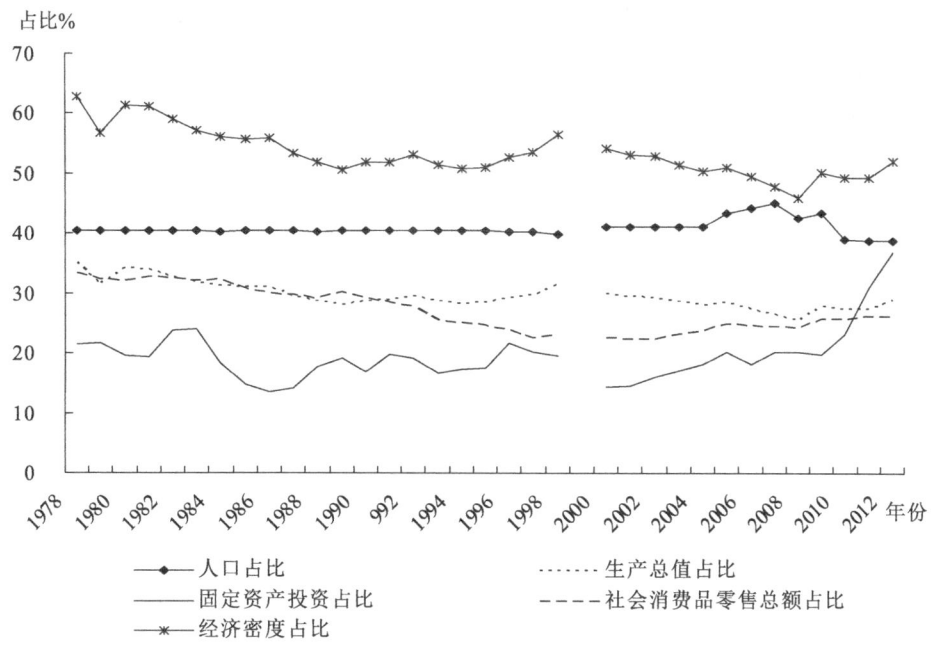

图 7-4 民族自治地方主要经济指标在贵州省占比的变化趋势

资料来源:贵州历年统计年鉴。

二、民族人口生育率的经济分析

(一)相关文献回顾

很多学者观察到生育率与个人收入之间关系密切。美国经济学教授 H.莱宾斯坦基于"成本——效益分析",指出家庭规模取决于夫妇的生育抉择,而夫妇选择所生育的孩子数量则取决于一个新生孩子所提供的满足和效用(效用有正效用和负效用,正效用有消费效用、劳动—经济效用、潜在保障效用,负效用包括直接成本和间接成本;孩子还具有承担家庭经济成败风险、维持家庭地位和扩大与发展家庭的效用），同为抚养一个新生孩子所需负担的成本的对比关系，如果所获得的效用大于所负担的成本，人们便倾向于多生育，反之，如果所获得的效用小于所负担的成本，则人们倾向于少生育。孩子的成本和效用不是固定不变的，经济发展和收入水平的提高会产生收入效应，孩子的全部成本与人均收入呈正相关关系，直接成本和机会成本都会上升。莱宾斯坦还认为，人口可根据社会地位划分为多种集团，各集团内部存在某些共同的生活标准，各个家庭为维持其社会地位，不得不付出一定的开支。在经济发展过程中，社会地位高的家庭为了维持其地位，就要比地位低的家庭更会反映其地位的支出增加到平均水平以上，而在一定的收入制约下，就要减少对孩子这一拘束产品的支出。正因为如此，往往社会地位高家庭孩子数要比社会地位低的家庭少。但在同等社会地位的集团内部，经济上相对富裕的家庭因少受收入制约，因此比收入在平均线上的家庭拥有较多的孩子。弗里德曼1975年提出了相对收入假说，他指出，决定孩子数量的不是家庭的绝对收入水平，而是与其他人相比较的相对收入。孩子的费用并非因家庭收入而是因家庭所属集团的收入不同发生的差异。因此，其收入比其所属集团的平均水平高的父母，可能想要更多的孩子。

美国人口经济学家G.贝克尔在《生育率的经济学分析》《时间分配理论》《论孩子数量与质量的相互作用》等著作中系统论述了家庭生育抉择中孩子数量和质量的替代关系。从微观经济学理论和消费者选择理论来分析家庭生育行为，他认为，当家庭经济处在嗜好不变的情况下，人们要在有限的收入范围内满足多种消费欲望，其行为总是以获得家庭经济最大总效用为原则。他将孩子比做"耐用消费品"，但这并不意味着父母期待孩子本身的劳动或收入，而是意味着孩子本身为一种直接的效用源泉。是否生育孩子，需要根据孩子与其他消费资料之间进行选择。孩子的费用由生育的机会成本来测定，时间价格是人的资本积累，是教育水平的增加函数。母亲的时间价格越高，生育的机会成本就越高，因此妇女有少生的选择。决定生育的内在机制不是根据孩子的质量，而是根据母亲的质量。美国人口经济学家朱利安·林肯·西蒙在《人口增长经济学》系统论述了收入等经济因素对生育率的影响。收入有两种即个人收入或个体家庭收入、人均国民收入，它们作用的领域不同，收入对生育率的影响有短期和长期之分，收入对发达国家生育率有短期影响，但长期直接的影响不大，就发展中国家而言，短期影响显著，长期影响使之与发达国家生育率趋同。

从以上所述可看出,人均收入通过家庭和妇女影响家庭生育抉择,进而影响生育率。

(二)民族自治地方人均收入提高促使人口总和生育率下降

表7-1显示,民族自治地方随着人均收入的增加,总和生育率随之下降,或反之亦然。到底是总和生育率下降促使人均收入增加,还是人均收入增加促使人口总和生育率下降?由于缺乏翔实的资料做实证分析,但从普遍存在的客观事实可以发现些端倪。其一,通过贵州第五次和第六次人口普查资料的对比,可以发现,贵州常住人口出现了负增长,其间原因不难发现,主要是由于人口流动到外省就业引起的;其二,由于贵州乃至民族自治地方社会经济发展不充分,大量的青壮年劳动力不得不流动到外省就业,而21世纪初以来我国沿海经济发达省份相继出现的"民工荒"加速了这一流动趋势;其三,青壮年劳动力的流动会产生两个方面的影响,一是流动需要耗费时间和精力,必然影响婚姻乃至生育,二是流动会促使个人收入提高,相较生育而言,个人机会成本大幅度增加,所以,流动必然影响家庭生育抉择,选择少生少育更符合个人理性预期;其四,孩子抚养费用不断上升,抚养标准也在逐步提高,此外,随着城乡社会保障深入推进,城乡居民社会保障水平大幅度提高,这些都降低了孩子的经济效用;其五,随着收入水平的提高和受教育程度的增加,个人就业圈和社会接触圈的扩大,个人的婚姻观和生育观会发生潜移默化的变化,从传统向现代生育观的转变势必会加快。综合以上五个方面的客观事实,我们更倾向于接受人均收入提高导致了民族自治地方总和生育率的下降,而不是相反。

表7-1 人均收入与总和生育率

地区别	指标	1990年	2000年	2010年
全国	总和生育率(‰)	2.31	1.22	1.18
	人均GDP(元)	1622	7059	29920
贵州	总和生育率(‰)	3.02	2.19	1.75
	人均GDP(元)	810	2759	13228

续表

地区别	指标	1990 年	2000 年	2010 年
黔西南州	总和生育率(‰)	—	2.76	2.03
	人均 GDP(元)	—	2241	10929
黔东南州	总和生育率(‰)	—	2.16	2.10
	人均 GDP(元)	—	2010	8968
黔南州	总和生育率(‰)	—	2.03	1.94
	人均 GDP(元)	—	2776	11025

资料来源:根据贵州和全国第五次、第六次人口普查资料和相应年份统计年鉴整理而得。

(三)民族自治地方人均收入对生育率的影响

莱宾斯坦根据效用和收入假设提出了一个解释模型,如图 7-5,横轴表示人均收入,纵轴表示效用、负效用,曲线 D 表示负效用,随着人均收入的增加而上升,曲线 U 表示效用,随着人均收入的增加而下降,y_1、y_2 表示两个不同水平的收入节点。当人均收入水平低于 y_1 时,效用 U_n 高于负效用 D_n,夫妇愿意生育第 n 个孩子,当收入水平超过 y_1 时,第 n 个孩子所产生的负效用高于效用,因而夫妇不愿意生育第 n 个孩子;当收入水平超过 y_1 但未超过 y_2 时,第 $n-1$ 个孩子的效用将高于负效用,因而夫妇愿意要第 $n-1$ 个孩子;当收入超过 y_2 时,则最多再要第 $n-2$ 个孩子。该模型说明,随着人均收入水平的上升,具有代表性的家庭中的高顺序孩子数将随之减少,社会上的平均希望子女数也将逐渐减少,总和生育率将随着人均收入水平突破节点而下降。

根据莱宾斯坦模型和上述论述,孩子的效用在下降、负效用在增加应是没有疑问的,而关键是对生育率影响的两个收入节点如何确定。表 7-1 所列资料由于时间不够长,以及计划生育政策的原因,使得寻找两个收入节点较为困难。根据中国的经验,总和生育率在没有执行计划生育的条件下,其明显下降趋势始于 1970 年,之前一直在 3.29~7.50 波动,而同期人均 GDP 介于 100~271 元波动;1970—1980 年,由于计划生育工作并没有完全严格执行,可以近似看作自然生育状态,整个 20 世纪 70 年代总和生育率从 5.81 稳步下降到 2.24,同期人均 GDP 稳定从 271 元上升到 458 元;1980—1990 年,尽管计划生育政策执行力度得到加强,由于人口再生

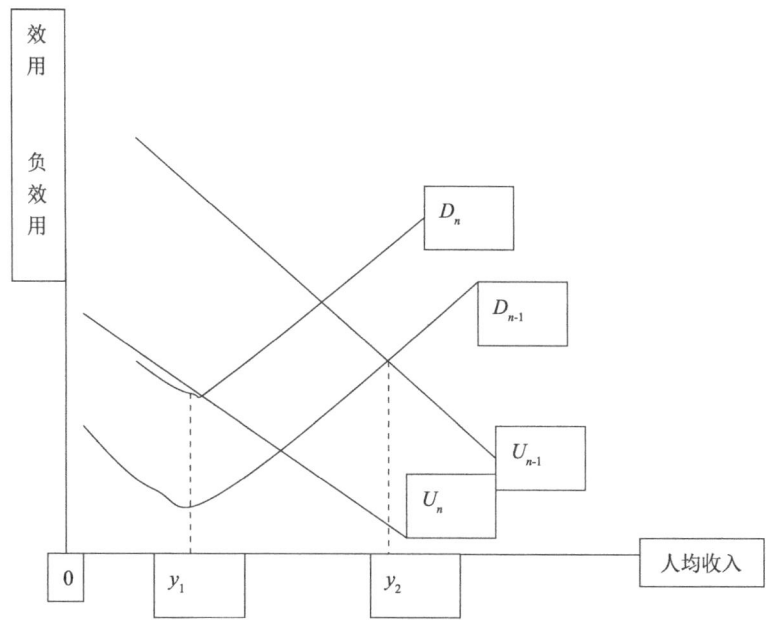

图 7-5 人均收入水平和孩子的效用、负效用模型

产惯性的作用,总和生育率从 2.24 波动回升到 2.31,同期人均 GDP 从 458 元上升到 1622 元,增速明显加快;1990—2010 年,总和生育率基本上稳步下降到 1.18,同期人均 GDP 上升到 29920 元;2010 年后,迫于人口老龄化的压力,中国的计划生育政策有所松动,放松人口管制的各界呼声也日益涌现。尽管 1980 年后的人均 GDP 与总和生育率的关系已变得不可比较,但也不可否认人均 GDP 的提高对总和生育率的下降是有积极影响的。从中国人均 GDP 和总和生育率的变化历程看,大致可以将 1980 年看作总和生育率的第一个转折点,相应的 y_1 收入点可以确定为 450 元,考虑到 2010 年 536.1(1978 = 100)的物价指数,第一个收入节点可以调整为 2455 元,第二个收入节点可以考虑为 2010 年,相应的收入为 29920 元。

参照全国的经验,根据人均 GDP 与总和生育率与全国水平的对比,三个自治州总和生育率下降缓慢,大概与全国平均水平存在 10~20 年的差距,人均 GDP 则存在 10 年以上的差距,所以三个自治州的第一个收入节点大致可以框定在 1990—2000 年,收入水平在 2500 元左右,而第二个收入节点仍未到来。之所以做出这样的判断,主要是基于计划生育执行过程存在民族差异,而贵州民族自治地方是民族人口相对集中的地区,其总和生育率更接近自然生育状态。

综上所述,人均收入对民族自治地方的总和生育率的影响是在逐步加强,第一个关键收入节点已然来临,这也反映了民族人口的收入状况对其生育率的影响。

三、民族人口劳动力的就业分析

(一)贵州民族自治地方人口劳动就业形势发生了明显的变化

从表 7-2 可观察到,1990—2010 年,黔西南州、黔东南州、黔南州劳动年龄构成不断提高,这与全省的趋势一致;年均新增劳动力 1990—2000 年保持正值,而 2000—2010 年由于统计口径的变化,年均新增劳动力变为负值;1990—2000 年,城镇就业人口为正增长,年均新增城镇就业正增长且低于年均新增劳动力人口。2000—2010 年,城镇就业人口增长加快,年均新增城镇就业人口已高于年均新增劳动力人口;与全省相比,年均新增劳动力人口全省为正,而三个自治州为负,年均新增城镇就业增长幅度低于全省。根据刘易斯等人的城乡劳动力转移模型,三自治州城镇就业吸纳能力是非常有限的,远低于全省城镇的就业吸纳能力,这不足以解释年均新增劳动力人口的负增长态势,但放在省域开放社会经济体系下,三个自治州外的城镇吸纳了剩余的劳动力,使其年均新增劳动力为负数。这说明民族自治地方尽管经济较为落后、人口增长相对较快,但整体就业环境趋好,分担了贵州民族自治地方的劳动就业压力。

表 7-2 贵州及三自治州劳动与就业人口变化情况

年份	指标	总人口（万人）	15~64 岁（%）	15~64 岁（万人）	年均新增劳动力（万人）	城镇就业人口（万人）	年均新增城镇就业人口（万人）
1990	全省	3239	62.70	2031	—	249	—
	黔西南州	252	58.97	149	—	11	—
	黔东南州	367	63.00	231	—	21	—
	黔南州	329	62.80	207	—	22	—

续表

年份	指标	总人口（万人）	15~64岁（%）	15~64岁（万人）	年均新增劳动力（万人）	城镇就业人口（万人）	年均新增城镇就业人口（万人）
2000	全省	3524	63.90	2252	22.10	267	1.80
	黔西南州	287	61.73	177	2.86	14	0.30
	黔东南州	384	63.95	246	1.44	33	1.20
	黔南州	356	64.34	229	2.24	23	0.10
2010	全省	3475	66.00	2294	4.17	526	25.90
	黔西南州	280.59	64.16	180	-0.29	22	0.80
	黔东南州	348.06	65.26	227	-1.84	36	0.30
	黔南州	323.12	67.13	217	-1.21	24	0.10

资料来源：根据贵州第四次、第五次、第六次人口普查资料和贵州60年统计资料汇编整理而得。

注：三个自治州2010年的城镇就业人口数据为2008年数据。

（二）民族自治地方劳动就业的刘易斯转折点基本来临

通过上述讨论，是否意味着民族自治地方劳动就业的刘易斯转折点已然来临呢？这显然有些为时过早，上述讨论可以明确的是全省城镇就业吸纳能力高于民族自治地方，为缓解贵州民族自治地方劳动就业压力起到了一定的作用，但这还不足以判断刘易斯转折点已然来临，我们需要进一步从贵州流动人口状况和全国的劳动就业形势方面获取支持。

表7-3显示，2010年，贵州省及9个地州市户籍人口明显高于其常住人口，三个自治州外出半年以上人口占比整体上有些偏低，但仍然高于经济较为发达的贵阳市、六盘水市，总体上接近全省平均水平，而外出半年以上人口中超过70%的人口在劳动年龄段内。这表明三个自治州属于劳动力输出地，这也解释了为什么三个自治州劳动年龄段内人口在2000—2010年呈负增长，而其本身新增城镇就业有限。这说明，外出劳动力与新增城镇就业人口合计超过了新增劳动年龄人口。

表 7-3 贵州省及 9 个地州市 2010 年人口流动情况

地区别	户籍人口（万人）	外出半年以上人口（万人）	外出人口占户籍人口比重（%）
全省	4160.04	1162.97	27.96
贵阳市	373.54	91.53	24.5
六盘水市	314.83	70.97	22.54
遵义市	765.91	246.81	32.22
安顺市	276.87	74.56	26.93
铜仁地区	418.94	132.45	31.62
黔西南州	332.43	78.91	23.74
毕节地区	833.74	228.2	27.37
黔东南州	445.79	134.83	30.24
黔南州	398.01	104.71	26.31

资料来源：贵州人口普查办.迈向小康社会的中国人口（贵州卷）[M].北京：中国统计出版社，2015：251.

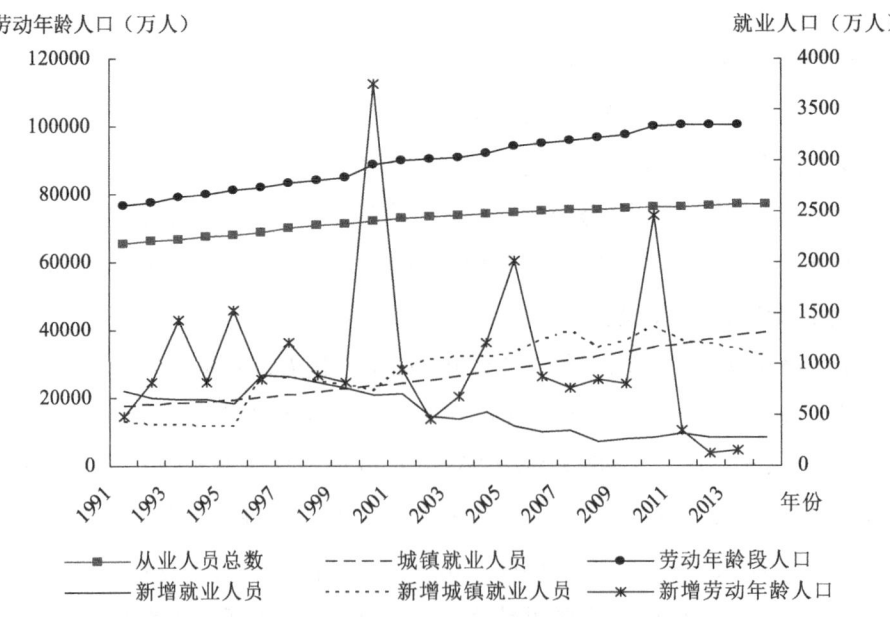

图 7-6 中国就业人口、劳动年龄人口、新增就业人口等指标的变化

资料来源：国家统计局网站。

图 7-6 显示,全国劳动年龄人口高于就业人口,新增就业人数在 2011 年新增劳动年龄人口,新增城镇就业人数在 21 世纪初就有高于新增劳动年龄人口的趋势,这表明全国整体就业形势趋好,城镇逐渐成为吸纳劳动力就业主导就业压力稳步得到缓解,这也为贵州及其民族自治地方劳动力跨地区和城乡转移提供了可能。结合 21 世纪初中国沿海经济发达省份相继出现的民工荒,蔡昉等学者判断中国劳动就业的刘易斯转折点已于 21 世纪初悄然来临。

四、贵州民族人口质量的经济分析

(一)人口质量经济分析的相关文献回顾

很多学者观察到人口质量与经济的密切关系。亚当·斯密观察到劳动技能对提高生产率的作用,舒尔茨把直接用于教育保健及为了取得良好机会而用于迁移的费用都看作是人力资本的直接投资,并将人力资本定义为劳动者受到教育、培训、实践经验、迁移、保健等方面的投资而获得的知识和技能的积累。美国经济学家计算了从 1929—1957 年教育投资、提高人口的文化科技素质所创造国民收入为 495 亿美元,占这一时期经济增长总额的 33%。据日本文部省的计算,日本从 1930—1955 年有 25% 的国民收入是由增加教育投资、提高人口质量取得的。苏联经济学家的研究表明,1961—1975 年有 37.1% 的国民收入是靠教育投资、提高人口的文化科技素质所得的。继之,发达国家越来越多的经济学家投身于人力资本研究,建立人口投资与经济增长之间各种模型,更突出了人口质量对经济重要作用,特别是在人口增长趋缓、国家经济发展模式面临转型时期。

(二)民族人口质量提高明显,对经济的影响显著

表 7-4 反映了贵州民族人口各类学历人数的变化。2000—2010 年,未上过学的和小学学历的人数和比重都呈下降态势,其他学历人数和比重均呈上升态势,随着高学历人数的增加,黔西南州、黔东南州、黔南州平均受教育程度 2010 年分别达到 6.93 年、7.22 年、7.28 年,有了较为明显的增加。这说明贵州民族人口质量有了明显提高。

表 7-4 贵州及民族人口各类学历人数变化情况

年份	指标	总计	未上过学	小学	初中	高中	专科以上
2000	全省(万人)	3128.52	525.82	1608.06	727.48	199.67	67.49
	民族人口(万人)	1167.51	227.54	632.86	229.03	59.74	18.34
	比重(%)	37.32	43.27	39.36	31.48	29.92	27.17
2010	全省(万人)	3183.78	331.39	1354.6	1050.68	261.77	185.33
	民族人口(万人)	1116.01	136.17	521.33	325.34	76.09	57.09
	比重(%)	35.05	41.09	38.49	30.96	29.07	30.80

资料来源:转引自贵州人口普查办,迈向小康社会的中国人口(贵州卷)[M].北京:中国统计出版社,2015:228。

随着民族人口质量的提高,对经济的积极影响变得更为明显。以贵州三个民族自治州为例,假定劳动生产率不变、固投生产率以 2008 年的为基准,经过计算得到表 7-5。三个民族自治州新增劳动力对 2008 年的生产总值贡献非常小,贡献最大的是新增固定资产投资,人口质量和技术进步的贡献高于新增劳动力的贡献,黔西南州、黔东南州、黔南州这一贡献率分别达到 13.16%、22.63%、26.13%,这与其人口受教育程度差距是一致的。也表明,人口质量越高,对经济的贡献率越大。

表 7-5 贵州三自治州 2008 年生产总值来源

单位:亿元

地区别	2000 年	2008 年	新增劳动力创造的生产总值	新增固投创造的GDP	人口质量和技术进步创造的GDP
黔西南州	59.89	201.44	12.70	162.23	26.51
黔东南州	78.84	228.00	0.48	175.92	51.60
黔南州	101.28	265.59	11.75	184.45	69.39

资料来源:根据贵州60年统计资料汇编整理而得。

五、民族自治地方人口城市化与经济发展

(一)人口城市化的理论回顾

许多学者从推动力角度阐述了发展中国家城市化历程。威廉·阿瑟·刘易斯在《无限劳动供给下的经济发展》中提出二元经济结构发展模型,他认为,发展中国家一般存在着二元经济结构,传统自给自足的农业部门和现代工业部门,农业部门由于耕地扩展有限且生产技术简单,而农村人口又持续增长。必然导致劳动力过剩,在其他要素不增加的条件下,部分劳动产值和边际生产率接近于零或负增长,将这些剩余劳动力转移出去,不会减少农业生产;现代工业部门劳动生产率高,生产规模的扩大和生产速度的提高超过人口增长速度,使劳动就业人口的边际效益递增,人均收入不断提高;经济结构和收入的差距,推动农业过剩劳动力源源不断地转向现代工业部门。发展中国家只有把所有农村中的隐蔽性失业的过剩劳动力完全吸收干净为止,才能使收益递减转变为收益递增,国民经济发展方式由停滞转变为稳定增长,这个转移过程引发经济结构的转变。

迈克尔·P.托达罗在《欠发达国家劳动力迁移和城市失业模型》(1969)、《第三世界的经济发展》(1985)、《经济发展》(1999)等著作中指出了刘易斯二元经济结构发展模型有三个关键性的假设前提与大多数发展中国家的经济现实不符。第一,刘易斯模型暗含的假定现代工业部门的劳动转移率和就业创造率与现代部门的资本成正比例的关系而增加;第二,关于农村存在剩余劳动力,而城市实现了充分就业的假定;第三,现代工业部门存在一个竞争劳动力市场,从而保证在农村的剩余劳动力被完全吸收以前城市的实际工资保持不变的假定。

费景汉和古斯塔夫·拉尼斯认为,刘易斯二元经济结构模型忽视了农业部门劳动生产率提高和农业剩余产品的增加使农业劳动力转入现代工业部门的先决条件。人口城市化具有明显的阶段性:第一阶段,传统农业部门存在大量显性失业人口时,农业部门的劳动边际生产率为零,此时劳动力供给弹性是无限大的,农业剩余劳动力的流出不影响农业产出量,流出造成的农业剩余量可以提供给流入工业部门的劳动力;第二阶段,农业劳动力持续减少,农业部门劳动边际生产率提高大于零但低于制度工资,隐性失业流入城市工业部门,这会引起农业总产量的减少,粮食短缺引起农产品价格相对上涨,工业部门不得不提高工资;第三阶段,农业部

门已不存在剩余劳动力,农业部门劳动边际生产率逐渐高于制度工资,这说明农业部门劳动力收入不再取决于制度工资,而是由其边际产值决定。

戴尔·乔根森认为,农业剩余是农村劳动力流动的充要条件,农业剩余占农业总产出的比重等于工业劳动力占总人口的比重;人口增长由经济增长决定,但由于技术进步的力量,当人口增长达到最大时会被经济增长所超过,农业剩余也就会产生并扩大;农村劳动力流向城市的原因在于消费结构的改变,因人们对粮食的需求有限而对工业品的需求无限。刘易斯等人提出的二元结构模型有力解释了发展中国家人口城市化进城的阶段性规律,也为理解贵州民族自治地方人口城市化提供了线索。

舒尔茨等人从人口迁移的角度对人口城市化进行了阐释。舒尔茨把直接用于教育保健及为了取得良好机会而用于迁移的费用都看作是人力资本的直接投资。迁移的发生与否,取决于迁移成本与效益的比较;斯达科将舒尔茨的成本—效益模型用于解释迁移的动因,并进行量化,人口迁移的花费是人口迁移的投资资本,迁移后的所得是效益利润,因此人口迁移行为取决于迁入地的平均收入是否超过迁出地的平均收入加上用于迁移的过程的花费,即净收益。西蒙·库兹涅茨认为,以寻找就业机会为背景的迁移人口会具有更高的生产效率,更能促进经济发展,短期内,人口迁移的成本可能会影响经济的发展,就长期发展而言,人口迁移有助于调整经济结构,从而促进经济的持续发展;约翰·里斯·哈里斯和托达罗的人口城乡迁移模型指出,农民根据城市部门的预期工资与农村收入相比较而决定迁移倾向。

诚然,城市经济和农村经济的发展推动了人口城市化进程,但人口城市化对经济发展积极作用也受到众多学者的关注,并做了有益的探讨。概括起来讲,人口城市化使人口、资本等要素在城市聚集,引致集聚效应,从而刺激城市经济规模的扩大和结构的深化,然后通过扩散效应带动周边地区的发展,进而引起社会经济全方位的变化。在人口城市化的不同阶段,其对经济的刺激作用是有差异的。人口城市化与经济的这种良性互动促进了社会经济的全面发展。

(二)民族自治地方人口城市化与经济互动

2000—2010年,贵州省地区生产总值从1029.92亿元跃升到4602.16亿元,年增长速度保持两位数以上,经济总量成倍增加。随着贵州经济的快速发展,贵州各民族人口城市化水平有了大幅度的提高,但增加幅度差异较大,壮族最低,仅增加了 1.11 个百分点,羌族、仡佬族、仫佬族、白族、侗族、蒙古族等增加幅度都在 10 个百分点以上,上升幅度较小的多属于自然条件较差而社会经济发展不足的地区,这种差异反映了各民族在社会经济发展方面存在的客观差距。

从贵州民族自治地方来看,1990—2010 年,民族自治地方地区生产总值从 74.78 亿元上升到 1261.89 亿元,20 年间增加了 10 余倍,与此相伴,各自治地方的城市化率也取得了较快的发展,由于受经济等因素的影响,各地城市化速度差异较大。表 7-6 显示,三都县 20 年间城镇化率上升幅度最低,仅仅增加了 5.49 个百分点,而玉屏县上升幅度最快,增加了 26.54 个百分点,大部分自治州、县上升幅度均在 10 个百分点以上,与经济增长保持基本同步,反映了两者之间的密切互动关系。

表 7-6　全国及贵州省民族自治地方城市化率

单位:%

地区别	1990 年	2010 年
全国	26.41	49.95
贵州省	19.10	33.78
黔西南	9.50	28.13
黔东南	12.00	26.39
黔南	10.00	28.78
威宁	6.80	18.93
松桃	7.60	17.45
镇宁	5.90	24.53
紫云	4.20	14.78
关岭	8.70	18.41
玉屏	13.20	39.54
印江	2.00	23.34
沿河	4.30	17.22
务川	3.60	26.56
道真	3.60	25.52
三都	7.30	12.79

资料来源:根据贵州及全国第四次、第五次人口普查资料整理而得。

六、民族人口增长的经济分析

(一)人口增长经济分析的文献回顾

安斯利·J.科尔和埃德加·M.胡佛指出,储蓄 S 依存于国民收入和人口 P,并决定投资 I,三者关系为:$I=S=ay-\beta p$。式中,参数 β 的符号为正号,所以人口增长时储蓄会减少。假定投资 I 是由劳动资料 I_c 和福利支出 I_w 构成的,只有劳动资料带来产品的增产,福利支出由现有人口所需要的福利支出 I_{wc} 和新增加人口所需要的福利支出 I_{wi} 构成,即:$I=I_c+I_w=I_c+(I_{wc}+I_{wi})$。该式表明,福利支出的两个因素与人口因素有关,为了保证其他社会资本,I_{wi} 必然要超过 I_{wc},结果表现为人口增长率越高,福利支出的增加越趋向不平衡的状态,导致增产的资本比例下降,从而抑制了经济发展的速度。科尔和胡佛运用柯布—道格拉斯生产函数分析低收入国家人口增长与经济发展状况,他们认为低收入国家生育率较高,人口增长率较快,从而使抚养负担和消费需求不断增加,结果储蓄率和投资率都有所降低,经济发展缓慢。

英国经济学家罗伊·福布斯·哈罗德(1900—1978)在《动态经济学》论证了长期动态理论,研究在人口、生产技术和资本设备能够变动的条件下如何实现稳定的均衡增长。雷格纳·纳克斯(1907—1959)在《论发展中国家的资本形成》中,把资本形成作为经济发展的主要变量,由于资本不足,发展中国家面临贫困的恶性循环,贫困—低人均国民收入—储蓄不足—资本不足—投资减少—低国民收入,摆脱这个恶性循环的锁链就要开拓销路,扩大市场,扩大资本,提高劳动生产率。这种恶性循环状况是同人口增长过快所形成的人口压力有关,这种压力表现为大量隐蔽性失业人口的存在。A.莱宾斯坦在《经济落后和经济增长》中指出,人口是经济发展的内在因素,经济发展的过程是财富与人口增长之间相互抗争的过程,经济发展只有超过人口最低生活水平的程度时才能真正实现经济增长。而发展中国家给经济发展带来的阻力超过财富的增加,所以用微小的经济变化是不能实现经济发展的。要使一个国家经济起飞,需要有足够克服发展抑制因素的努力。这种努力为临界最小努力,是为了摆脱贫困恶性循环所必须付出的最小努力。C.西蒙·库兹涅茨在1952年撰写的《人口增长及有关经济变量的长期波动》一文中,通过对美国经济增长波动和人口变动长期趋势的分析,断定美国经济增长波动的节律是由人口变动中国外移民迁入引起的。1966年,在《现代经济增长、速度、结构及其扩散》一书中,指出人口增长对经济发展有积极的影响,后来的经济学家在其基础上进一步指出,人口增长可以刺激需求,降低劳动力投资风险的能力,通过提供受教育较好的劳动者提高了劳动力的素质;人口压力还可以促进技术进步。理查德·伊斯特林依据库兹涅茨的经济增长长波理论研究美国的人口经济增长,他认为人口和经济增长的长期波动以30年左右为一个波动周期,在人口变量和经济变量演变的过程中,充满着各种变量之间相互影响的复杂过程。人口长波和经济长波本身表现为各自独立演变的时间序列趋势,人口变量变动受收入、劳动参与率、劳动需求和劳动供给等经济条件的制约,对人口规模和劳动力规模起着制约作用,反之,人口变量的变动引起经济变量的变动,起着拉平作用,减缓经济变量波动的波峰。并通过分析人口总量和经济总量变动的长期趋势,寻找人口波动的经济根源。

埃德温·坎南在《初级政治经济学》中指出,在任何一定时期,或者说人的知识和各种条件保持不变的情况下,当人口增加到某点时,就可以获得最大的收益,如超过这个点,就会减少其收益。乌尔里希·塔依其曼在《人口增长和经济增长》中,把经济增长的过程分为退步型和进步型经济,前者随着人口增长使消费增大,其结果阻碍资本形成,并且进入了所谓生产率的下落、低工资、高物价、高利率的一系列的循环过程;后者伴随着人口增长引起资本形成,导致生产率上升,导致进一步的工业化,其结果促进了所得和福利的增大、就业水准的上升、失业的解除、低价格和低利率的一系列循环过程。20世纪50年代西方经济学家从马尔萨斯人口经济理论中概括出来该理论,人口增长、人均收入和国民收入之间存在相互依存的关系,当一国人均收入提高时,由于生活条件改善,人口增长率也随之上升,随着人均收入的上升,人口开始迅速增长,但这种增长有一个自然限度,超过这一限度,人口增长会随人均收入的增加而呈现逐渐下降趋势,在发达国家得到了验证。G.约瑟夫·约翰·斯彭格勒在《面对人口零增长》(1978)和丹尼斯·L.梅多斯等人在《增长的极限》中提出零增长理论,认为一个国家的人口稳定状态与经济稳定状态之间存在着相互依存、相互制约的关系,如果y'表示国民收入增长率,p'表示人口增长率,并假定劳动力人口L在总人口中的比重f不变,d'表示人均产量增长率,则有:$y'=p'+d'$。

人口增长可以产生两种经济效应,一是可以形成规模经济,促进劳动分工和技术进步,在经济资源相对充裕的条件下,人口增长有利于经济增长;其二是可能形成对经济资源的压力,减少投资,降低劳动生产率,在经济资源短缺的条件下,人口增长不利于经济增长。

(二)民族自治地方人口对经济有显著影响

图7-7是根据贵州民族自治地方统计资料编制的人口增长率与生产总值增长率关系的散点图。图中显示,人口增长与经济增长关系密切,由于经济增长波动性较大,排除受政策干扰的特定年份,人口增长较低的年份,经济增长率相对较高,反之已然。

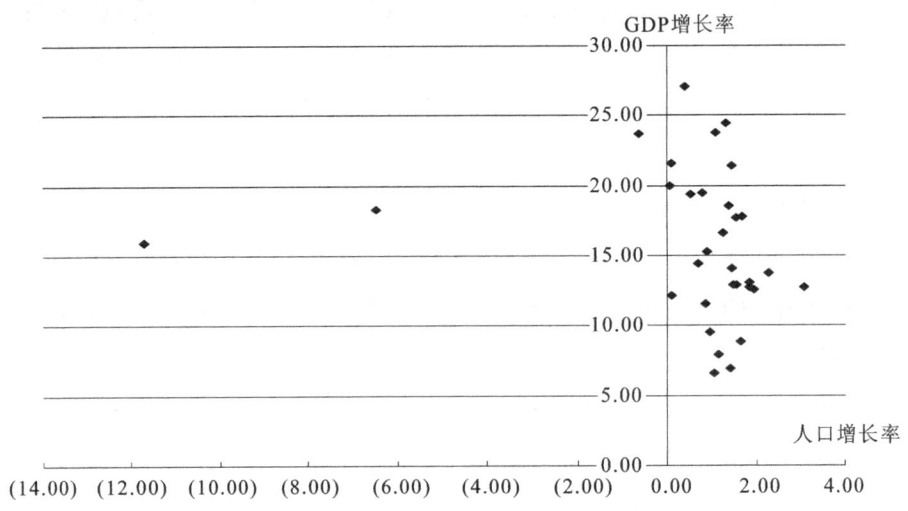

图7-7 贵州民族自治地方人口增长率与生产总值增长率散点图

资料来源:根据贵州统计历年统计年鉴整理而得。

为进一步考察人口增长与经济增长之间的关系,我们利用1978—2012年民族自治地方的人口、生产总值、全社会固定资产投资数据,以生产总值增长率作为因变量,人口增长率和固定资产投资增长率作为自变量,并根据人口增长情况,将之划分为两个时期,即1979—1998年、2001—2012年,分别进行了简单的回归,得到如下结果(见表7-7、表7-8)。

1979—1998年的回归方程为:$y = 14.041 - 1.226p + 0.154i$($y$为生产总值增长率,$p$为人口增长率,$i$为固投增长率)。由于这一时期人口增长率较高,反映在上式中人口增长率的系数为负;2001—2012年回归方程为:$y=10.783+0.083p+0.171i$(y为生产总值增长率,p为人口增长率,i为固投增长率),与前一时期相对应,由于人口增长率较低,式中人口增长率的系数为正。简单回顾结果表明,较高人口增长对经济增长有制约作用,较低的人口增长率则对经济增长有促进作用,这一结果也印证了文献回顾的结论。

表7-7 1979—1998年生产总值、人口、固投回归系数[①]

模型		非标准化系数		标准系数	t	Sig.
		B	标准误差			
1	(常量)	14.041	3.383	—	4.150	0.001
	人口增长率	-1.226	1.723	-.156	-.712	0.486
	固投增长率	0.154	0.084	0.402	1.829	0.085

① 因变量:生产总值增长率。

表7-8 2001—2012年生产总值、人口、固投回归系数[①]

模型		非标准化系数		标准系数	t	Sig.
		B	标准误差			
1	(常量)	10.783	3.254	—	3.314	0.009
	人口增长率	0.083	0.399	0.058	0.208	0.840
	固投增长率	0.171	0.082	0.584	2.075	0.068

① 因变量:生产总值增长率。

七、关于贵州民族人口与经济发展的几点思考

综上几个方面的分析,我们可以得出以下几点结论以供进一步探讨。首先,尽管贵州民族人口与经济发展较为迅速,但在全省的弱势地位仍然没有得到根本性扭转反而进一步强化,而且这一弱势地位自1949年以来保持了快70年,后发劣势转变后发优势有什么可靠的路径可以遵循?其次,随着经济的发展,经济对人口增长的影响正在显现,民族人口总和生育率和人口增长率保持了下降态势,但要与全

省乃至全国靠齐仍然需要较长的时间,加速经济发展无疑能够缩短这一进程;其三,民族人口劳动就业的刘易斯转折点基本来临,加快经济发展和促进劳动力流动更有助于控制民族人口的增长,也即工业化和城镇化成为控制民族人口增长的有力推手,这对于呼吁执行更为严格的民族计划生育政策提出了挑战;其四,民族人口质量的提高在民族自治地方经济发展中有着非常重要的影响,在我国社会经济发展进入新常态的前提下,单纯依靠投资推动的民族自治地方经济发展是难以为继的,民族自治地方在重视投资的基础上,也需要从提高人口质量入手转变经济发展方式,优化经济结构来综合推进人口与经济的协调发展;其五,自21世纪初始,民族人口进入低增长阶段,人口增长对经济发展的影响由消极转化为积极,经济发展的人口压力大为缓解,保持适度的人口增长既可繁荣民族自治地方社会经济,也可为经济发达地区提供必要的劳动力支持。

第八章　贵州少数民族人口与资源环境

贵州民族人口聚居区多属于海拔较高、地势起伏较大、喀斯特地貌较为典型、水资源和土地资源相对较为匮乏、生态环境因之较为脆弱的地区。在这种环境下，世居贵州的各少数民族经过多年的社会生产实践，形成了一套较为独特的处理人与资源环境关系的生态价值体系和生态行为方式，为贵州省在新时期建设生态文明提供了有益的经验。

第一节　贵州少数民族人口生态观与生态行为

一、生态、生态观与生态行为

（一）生态

生态（Eco-）一词源于古希腊 οικος，原意指"住所"或"栖息地"，现指生物在一定的自然环境下生存和发展的状态，也指生物的生理特性和生活习性。生物及其生存的自然环境构成生态系统，所以，生态由多种要素构成，大致包括：气候，如光、热、水、空气等；土壤，一般指土壤中所含的各种物质，如有机物、无机物、空气、水等；地理条件，主要指地理位置、海拔、地形、地质结构等；人为条件，如房屋、排灌沟渠、废弃物等；生物条件，由微生物、动植物所构成的生物链。构成生态的各要素之间存在相互影响、制约、依赖的关系，以能量和生物行为为媒介，各要素紧密连接为一体，并保持一种动态的平衡关系。构成生态的某一要素或多种要素发生改变，必然会打破原有的平衡，造成生态失衡或破坏，从而造成生态问题。现代生态问题多源于工业化,工业化加快了资源开采利用速度、深度和广度,助长了人类征服自然和改造自然的野心,人为条件日新月异,超过了生态的自净能力,使生态问题普遍化。克服生态问题所带来的严重后果,要立足于树立正确的生态观,形成科学、健康的生态行为,这也是生态文明建设的客观要求。

(二) 生态观

简而言之,生态观是人类对生态问题的总的认识或观点。传统的生态观是人与自然长期互动的产物,现代生态观是建立在生态科学所提供的基本概念、基本原理和基本规律的基础上,并在人类——自然全球生态系统层次上进行哲学世界观的概括,能够用以指导人类认识和改造自然的基本思想。生态观寓于哲学观点、宗教信仰、法律法规、文献典籍、村规民约中,通过家庭、学校、社会群体等社会化环节养成。生态观一经形成,在一定时期内具有相当的稳定性,并以之处理人与自然的关系。

(三) 生态行为

生态行为是指人们在一定生态观引导下处理人与自然关系的具体表现。规范的生态行为的养成不是一蹴而就的,需要通过家庭、学校、社会群体等环节,以文献典籍、口传文化、习俗禁忌为媒介,经过不断反复的强化过程,确立生态行为规范,再加以制度化的强化,用以约束、指导个体和群体生态行为。所以,有什么样的生态观就会有什么样的生态行为。根据不同的标准可以将生态行为划分为不同的类型,如根据行为后果可分为破坏性生态行为和建设性生态行为;根据行为主体的能动性可分为积极进取性生态行为和消极等待性生态行为。

二、贵州民族人口的生态观

贵州民族人口"大杂居,小聚居"的分布形态与多样的生态环境条件相结合,形成了朴素而独特的民族人口生态观,主要体现在以下几个方面。

(一) 对立统一的生态观

在《宇宙人文论》等彝族典籍中,乾坤、阴阳、父母、天地、男女、清浊、形影、明晦、昼夜、雷风、水火、大小、上下等都是对立统一的,一方不存在,另一方也不存在,以"五生十成图"和"十生五成图"及"八卦方位图"说明宇宙都是由八卦类要素组成的;水族的《水书》也认为宇宙万物有正反、阴阳、福祸、寿夭等相辅相成的两个方面,并在一定的条件下可以相互转化(杨军昌,2013)。

(二)万物皆有灵的生态观

局限于生产力的低水平和认识的片面性,人们通常对难以解释的自然现象加以人格化和神秘化,这种崇拜客观上起到了对部分生物的保护作用。布依族古歌中的"十二个太阳""十二个月亮",水族骨骼中的人、龙、雷、虎争天下都把自然界日月风雷视为有灵之物。苗族人民不仅赋予了太阳而且赋予其他自然之物诸如月亮、星星、山石、花草、树木、动物等具有与人一样的灵性。认为周围的自然界、动物、之物的关系是一种社会化的个体之间人与人的社会关系,人与自然可以结成良好的社会关系,甚至亲密的血缘关系。《苗族史诗》中说,人类的始祖姜央就与自然物雷公、龙、蛇、牛、虎、象、蜈蚣等都是亲兄弟,是蝴蝶妈妈所产的十二个蛋所生。侗族古歌《人类的起源》也认为,最初的人和动物是兄弟,他们在一起生活,后来人靠自己的智慧,从动物中区分出来。

(三)天佑万物的生态观

寄希望于天神保佑人。侗族信仰其保护神"萨",认为萨能够使人们逢凶化吉、保佑自己战胜敌人,保佑村寨吉庆平安,人畜兴旺。《萨之歌》中对此有明确的表述:"今日吉时引萨进村寨,引着萨老进寨鬼魔进河潭;鬼魔滚进河潭我们引着萨老进村寨,咱们引着萨老进到地方,家家甩掉灾难,让灾难同鬼魔一样进河潭,潭水漩涡搅着鬼魔随浪顺流而下,本土无根,举目不见,砍去祸根,断了坏根,地方得福,村寨受益,众人得个欢乐,免得招来烦恼。得个满肚甜蜜,年过年往、月来月去,过着这样的日子,心没有什么想,有话也没有什么说的,那才是真正好的心安。""山上岭上得到萨子保佑,田里塘里得到萨子照顾。如今请萨来保佑,保佑牛马与咱同耕种,保佑牛、牛让使,保佑马、马让骑。白天自己出圈去吃草,晚上自己进圈把家回。马长得大,牛养得肥。"(杨军昌,2013)

三、贵州民族人口的生态行为

贵州民族人口将自己的生态观践行于习惯法、乡规民约等正式或非正式文献中,并一直身体力行,对于生态的保护主要体现在以下几个方面。

(一)保护森林

森林对于背山面水而居的民族而言,具有非同寻常的意义,它既是生产生活资源的产地,也是劳动技能的训练场,各族人民对于森林的重视和保护贯穿整个发展历程。侗族《款条》第 13 款规定:"向来山林森林,各有可得,山冲大梁为界。……莫贪心不足,过界砍树。"清嘉庆二十五年立于黔东南锦屏县九南乡的碑文规定:"一禁大木如盗伐者,罚银三两,招谢在外;一禁周围水口树林一载之后不准砍伐枝丫。如有犯者,罚银五钱。"道光七年,黎平南泉山立的《永远禁石碑》载:"兹有不法山僧,暗约谋买之辈,私行擅伐。合郡绅士,因而禀命干预,除分别惩治外,理合出示晓谕,再行勒石,以垂久远。自后山中凡一草一木,不得妄砍。"《贵州彝志》卷八"祖宗明训"章里以习惯法的形式定下规矩:"树木枯了匠人来培植,树很茂盛不用刀伤害。祖宗有明训,祖宗定大法,笔之于书,传诸子孙古如此,而今也如此。"苗族的"议榔"和"理词"也规定:"鼓山林"须到社节按规定砍伐,公共山林和牧地也要根据公约保护和使用;"封山才有树,封河才有鱼。封山育林,不准烧山。哪个乱看山林,我们要罚他十二两银子;他若不服,要加倍罚到二十四两至三十六两。"(杨军昌,2013)

通过各种习俗将森林保护贯彻到底,大力开展植树造林活动。每年春季,苗族、侗族村民踊跃过"买树秧节",中老年人买苗为子孙造林,未婚青年男女则互换树苗作为恋爱信物。婚后若是生下孩子,不论男女,长辈亲人都要为其种上 100 株小杉树,18 年后孩子长大,即以成年杉为其操办婚事,当地称之为"种十八年杉"。此外,黔东南州的台江、剑河等地的招龙仪式中也有植树、敬树等活动。

除了这些正式或非正式文献中的生态保护规定之外,民族人口还根据自己的祖先崇拜、图腾崇拜等,将森林神化加以保护,形成生态禁忌。侗族禁忌中规定:"藏木鼓的山上一草一木,都不得攀摘或砍伐。""寨中敬奉的古树和风景树,要以神相待,不准亵渎或砍伐。"彝族禁忌规定:"树上有鸟巢者不砍;雷击之木不砍;坟场之树不砍;独木不砍;泥石流中的树木不砍。"

(二)保护水源

由于民族人口多居于山区,水资源较为欠缺,对于水源的保护受到特别重视。侗款中的五层五部讲到塘水和田水:咱们要遵照祖宗的公约办理。"水共一条沟,田共一眼井。上边是上边,下边只能让上边有水下边干,不能让下边有水上边干。如若哪家孩子,偷水截流,破塘埂、毁沟堤,私自开沟过山坳,他私自引水过山梁,害得上边吵、下边闹,这个人拿来手臂粗的木棒,那个人拿起碗大的石头。咱们要让水往低处流,咱们要理往尺上量(喻按规矩办事)。要让他的父亲出来修平田埂,要让他的母亲出来赔礼道歉。严禁偷水截流,破坏水利设施。如有私自引水翻坡,牵水翻坳,在上面的阻下,在下的阻外,要他父赔工,要他母出钱。"结合森林保护,对水源、林地、水井等进行保护,禁止各种污染破坏活动。

(三)保护土地

贵州民族人口聚居地多属于喀斯特山区,山高坡陡,土层贫薄,所以,他们对土地资源也比较重视。榕江高兴地区碑文中说:"一议众山不许新来人乱挖新土,凡有捍挖,不拘茶子、树木、杂粮平分,不遵革除。一议革昆、歇气坳二处山坡、本放牛之地,凡近田边,不许强挖寸土。"都匀外套地区的《水族乡禁碑》中云:"一议我等地方不准毁田伐地,如有敷重、伤者,传齐人众相帮,出钱上致,无许私致和实磋之人,如私和者罚银二两四钱八分。"

(四)保护动植物

彝族禁忌规定:"路遇猴等动物只能驱赶,不能射杀;禁止在放置祖灵的箐洞附近鸣枪行猎,或砍树烧山;忌平整地基时,挖出蛇、鼠、青蛙等动物,更忌将其打死。"

四、贵州民族人口生态观与生态行为的价值

贵州民族人口通过长期的社会生产实践,形成了一套较为完整的生态价值体系,并以生动、直白的形式普之于大众,不断鼓励积极健康的生态行为,对民族地区的社会经济产生了深远的影响。其价值主要有四:一是促进了人与自然的和谐关系,维持了人口的长期健康发展;二是保护了生态环境,促进了资源的可持续利用;三是奠定了坚实的生态基础,维持了民族地区社会经济发展,为发挥资源禀赋优势发展生态经济提供了可能;四是生态保护的长期实践丰富了生态文明建设的内容,对我们的生态观和生态行为做出了重要的补充。

关于植物,贵州民族地区有诸多的禁忌和戒条。如立于清光绪年间的天柱县"雅地村碑"曰:"出示严禁:不许烧林,尚有违者,鸣锣重罚二千六百四十四文。若坏杉木以及油林,每株赔罚八十八文。禁山栗木每株八文。胆敢违抗,捆送厅按律究治,绝不容情。"❶

---

❶ 姚敦屏.天柱碑刻集[M].内部发行,2013:142.

当然,基于传统渔猎、农耕经验的生态价值观和生态行为有较大的局限性,它是资源、环境相对封闭体系下的产物,尽管其中不乏可取之处,实际上也影响了民族地区社会经济的快速发展。因此,在我国社会经济发展的新时期,引导民族人口传统的生态观和生态行为向现代生态文明价值观转变已显得非常必要而紧迫。

第二节 贵州少数民族人口发展的环境条件及其相互影响

一、人口与资源环境关系认识的发展

(一)悲观派的观点

两个级数论。马尔萨斯在其《人口原理》一书中,从食欲和情欲两个公理出发,将人口与土地联系起来,推断人口按几何级数增长,生活资料按算术级数增长,进而得出三个命题,即人口的增加必然受生活资料的限制,当生活资料增加的时候,人口总是增加,较强的人口增殖力,为贫困和罪恶所抑制,因而实际人口同生活资料保持平衡;进而他提出四点结论,即一国人口会与该国土地生产出的食物保持不变的比例,是一个不容争辩的命题;既然失业和贫困等是人口"自然法则"作用的必然结果,人们就应当服从上帝的安排,不应当用社会改革和社会救济等办法加以干预;只要存在着人口"自然法则",社会自我完善就会遇到不可克服的巨大困难,那些用实行社会改革、实现社会平等来解决失业和贫困以至邪恶等社会弊病的主张,都必然归于失败。最后,针对人口与生活资料之间的矛盾,他提出积极抑制和预防性抑制解决人与资源间的矛盾。

人口增长与土地负载能力有限论。该理论从人口增长对食物或土地资源的压力来论述控制人口增长的必要性,它继承了马尔萨斯关于人口过剩是人口增长超过生活资料增长的必然结果的论点,也强调必须控制人口增长,使人口和食物以至土地负载能力保持平衡。其代表人物为美国学者F.皮尔逊和F.哈珀,在《世界的

饥饿》一书里继续宣扬人口增长必然快于食物增长的观点,声称人类(特别是发展中国家)如果不及早控制人口增长,世界必将面临饥饿。他们认为,无论从增加食物量还是从改进食物结构来看,都不可能满足不断增长的世界人口的需要,因为要想通过扩大耕地面积或者提高耕地单位面积产量来增产食物,都会受到自然条件的限制,特别是未开垦的可耕地已所剩无几。另一方面还受农业技术进步缓慢的限制,若按发展中国家人口的生活水平,世界人口还有30%的余地,若按发达国家的生活标准,世界人口早已有一半过剩。继他们之后,W.福格特在《生存之路》中从人口和土地、人口增长对农业生态资源的破坏来论证控制人口增长的必要性,由于人口过快增长,人类滥用土地,许多土地的生产力已经大大下降,要保持土地负载能力,就必须降低人口增长率、控制人口增长。

人口爆炸与资源枯竭论。在20世纪60年代后期爆发的"石油危机"的警醒下,人们对人口与资源的关系有了更深的认识。人口过快增长会对自然资源,特别是非再生资源形成压力,美国人类生态学家埃利奇夫妇在《人口、资源、环境》《人口爆炸》书中将人口规模的空前膨胀叫作人口爆炸,并且造成了对石油等自然资源的短缺和过度开采,造成资源危机和生态危机,美国学者H.鲁滨逊在《人口与资源》一书里用大量的统计数字说明世界人均资源占有量不断减少的趋势,为协调人口和资源的发展,一方面要控制人口增长减少消费资源人数,控制资源消费水平,杜绝资源浪费;另一方面要发展技术,开发新资源或资源替代品,保护已探明的资源,加强国际协作。

人口爆炸与生态环境恶化论。埃利奇夫妇认为人口过度膨胀,以及资源被过度掠夺是使环境恶化的主要根源,人类生产粮食的能力即将达到极限,企图生产更多粮食来供应不断增长的人口必然导致环境进一步恶化,人类对生态系统的最大破坏是造成环境的严重污染,空气污染、资源耗竭、食物短缺已经发展为全球性问题,地区性的人口与环境问题会引发世界其他地区发生问题,人口增长必然追求更多的福利,这种进化形成的人口增长和追求福利之间的矛盾,迫使人类必须考虑适当控制人口规模。要减少环境负效应,在富裕的发达国家是限制富裕生活,即限制消费量和消费水平,而贫穷国家是限制人口增长。

人口增长与经济增长极限论。1972年罗马俱乐部的麦多斯等人在《增长的极限》里提出,人口增长、经济增长和物质资源消费都必须有其限度,为此,他们建立了一个动态分析模型,着重考察了与人类发展密切相关的5个因素:人口(人口增长)、粮食生产供应、资本投资(工业化,包括相应的工业产出)、资源消耗(特别是非再生资源消耗)、环境污染。这5个因素都是以指数增长率增长(按一定的百分比成复利增长),同时沿反馈环路的方式变化,正环路使因素不断增长,负环路则抑制其增长,5个因素各自构成子系统模型,进而联成一个统一的世界动态模型。如人口增长势必需要更多的粮食供应,为此必须增加农业投资和相应的工业产出,从而引发化肥—农药—自然资源消耗—环境污染等因素的连锁反应,环境污染反过来会形成对粮食增产等一系列因素的影响,如此循环下去,必将导致世界经济体系的崩溃。在《人类处在转折点》报告中进一步论证了前一本书中的观点,在E.拉兹罗1978年出版的《人类的内在限制》中把增长极限分为物质极限(外在极限)和社会极限(内在极限),人口、经济、粮食、资源、环境等只是人类发展的外在极限,内在极限是人类的自我限制,内在极限更重要。

(二)乐观派的观点

乐观派的思想渊源可以追溯到威廉·葛德文,他认为人类理性的发展会掌握和控制自己的情欲,实行公有财产制导致人口过度增加的观点是不能成立的,人类社会也不存在人口增殖比生活资料增加更快的趋势,解决将来人口过剩问题可以通过努力增加食物供给和限制自身的情欲。继之,罗伯特·欧文认为在科学和技术进步的条件下,一个人能够生产出比他的消耗量超出几倍或几十倍的东西,而且人的死亡率会下降,人均寿命会延长;马奎斯·德·孔多塞认为社会不平等和使社会中占总人口最大多数和最勤劳的阶级受到贫困的威胁是由人类理性的缺陷和私有财产制度造成的,人类机体组织和个人才能本身可以不断地得到改进和完善,人类理性的发展表明人类完全有能力解决所面临的人口问题,人口增加超过生活资料增长在某个历史阶段是可能的;一般来讲,生产力发展水平是判断人口不足和人口过剩的主要标志,他对人类发展充满信心,尽管自然资源总有一天要枯绝。马克思主义认为人类认识自然的能力是无限的,因而人类的资源前景也是光明的,但在一定生产力水平下,可供利用的资源是有限的。后来,随着罗马俱乐部买多斯等人提出增长极限理论,以西蒙为代表的学者对其进行了反驳,主要基于如下理由:地球陆地还有大量资源尚未开发利用;人类对海洋资源,包括海底和海水资源的开发利用还处于起步阶段;高速发展的经济条件是治理和优化环境的基础,现在的环境污染和环境退化都是暂时的;科学技术正以跳跃速度发展,随着生产力的发展,深入认识自然规律,在深度和广度上不断提高综合利用现有资源和开发新能源的能力,以满足日益增长的社会需求,扩大人口环境容量。人类社会发展的实践表明,悲观派的预言并未实现,乐观派的观点似乎得到了的印证,虽然资源开发的深度和广度在不断深化,但资源枯竭、环境恶化、人口增长的现实使我们并不应过分乐观。

(三)人口与资源环境关系的现代观点

可持续发展。最初于1972年提出,指既满足当代人的需求,又不损害后代人满足其需求的能力。其坚持三大原则:一是公平性原则,即本代人之间的公平、代际间的公平和资源分配与利用的公平;可持续发展是一种机会、利益均等的发展。它既包括同代内区际间的均衡发展,即一个地区的发展不应以损害其他地区的发展为代价;也包括代际间的均衡发展,即既满足当代人的需要,又不损害后代的发展能力。二是持续性原则,即人类经济和社会的发展不能超越资源和环境的承载能力。三是共同性原则,即各国可持续发展的模式虽然不同,但公平性和持续性原则是共同的。地球的整体性和相互依存性决定全球必须联合起来,认知我们的家园。可持续发展是超越文化与历史的障碍来看待全球问题的。它所讨论的问题是关系到全人类的问题,所要达到的目标是全人类的共同目标。虽然国情不同,实现可持续发展的具体模式不可能是唯一的,但是无论富国还是贫国,公平性原则、协调性原则、持续性原则是共同的,各个国家要实现可持续发展都需要适当调整其国内和国际政策。只有全人类共同努力,才能实现可持续发展的总目标,从而将人类的局部利益与整体利益结合起来。

生态经济。简称ECO,取自"经济的"(economic)和"生态的"(ecological)两个英文单词的词头,生态经济是指在生态系统承载能力范围内,运用生态经济学原理和系统工程方法改变生产和消费方式,挖掘一切可以利用的资源潜力,发展一些经济发达、生态高效的产业,建设体制合理、社会和谐的文化,以及生态健康、景观适宜的环境。生态经济是实现经济腾飞与环境保护、物质文明与精神文明、自然生态与人类生态的高度统一和可持续发展的经济。发展生态经济需坚持以下几个原则:一是时间性原则,指资源利用在时间维上的持续性。在人类社会再生产的漫长过程中,后代人对自然资源应该拥有同等或更美好的享用权和生存权,当代人不应该牺牲后代人的利益换取自己的舒适,应该主动采取"财富转移"的政策,为后代人留下宽松的生存空间,让他们同我们一样拥有均等的发展机会。二是空间性原则,指资源利用在空间维上的持续性。区域的资源开发利用和区域发展不应损害其他区域满足其需求的能力,并要求区域间农业资源环境共享和共建。三是效率性原则,指资源利用在效率维上的高效性。即"低耗、高效"的资源利用方式,它以技术进步为支撑,通过优化资源配置,最大限度地降低单位产出的资源消耗量和环境代价,来不断提高资源的产出效率和社会经济的支撑能力,确保经济持续增长的资源基础和环境条件。

循环经济。"循环经济"一词,首先由美国经济学家K.波尔丁提出,主要指在人、自然资源和科学技术的大系统内,在资源投入、企业生产、产品消费及其废弃的全过程中,把传统的依赖资源消耗的线形增长经济,转变为依靠生态型资源循环来发展的经济。其"宇宙飞船经济理论"可以作为循环经济的早期代表。大致内容是:地球就像在太空中飞行的宇宙飞船,要靠不断消耗自身有限的资源而生存,如果不合理开发资源、破坏环境,就会像宇宙飞船那样走向毁灭。循环经济就是在物质的循环、再生、利用的基础上发展经济,是一种建立在资源回收和循环再利用基础上的经济发展模式。其原则是资源使用的减量化、再利用、资源化再循环。其生产的基本特征是低消耗、低排放、高效率。

低碳经济。"低碳经济"最早见诸政府文件是在2003年的英国能源白皮书《我们能源的未来:创建低碳经济》。低碳经济是指在可持续发展理念指导下,通过技术创新、制度创新、产业转型、新能源开发等多种手段,尽可能地减少煤炭石油等高碳能源消耗,减少温室气体排放,达到经济社会发展与生态环境保护双赢的一种经济发展形态。

二、贵州民族自治地方人口与资源环境的现状

(一)人口与自然资源

自然资源泛指天然存在的并有利用价值的自然物。人类的发展离不开自然资源,它是生产生活资料的来源,包括土地、水、生物、矿产等。

1.人口与土地资源

贵州属于高原山地,喀斯特地貌突出,平均海拔在1100米左右,全省土地面积

占全国国土面积的1.8%。土地资源以山地、丘陵为主,占全省土地面积的92.5%,素有"八山一水一分田"之说。山地占全省土地总面积的61.7%,丘陵占全省土地总面积的30.8%,其余山间盆地(平坝区)仅占全省土地总面积的7.5%。2014年土地利用变更调查显示,全省土地总面积1760.99万公顷(26414.79万亩)。其中:农用地1477.38万公顷(22160.68万亩),占土地总面积的83.90%,耕地454.39万公顷(6815.84万亩),占土地总面积的25.80%;建设用地65.72万公顷(985.79万亩),占土地总面积的3.73%;未利用地217.89万公顷(3268.32万亩),占土地总面积的12.37%。

贵州民族自治地方国土总面积9.78万平方千米,占全省面积的55.53%,受全省地质地貌的制约,土地资源结构与全省类似,以黔南州为例可窥一斑,全州土地总面积26197平方千米,以山地、丘陵为主,山地面积占72.53%,丘陵面积占21.3%,平坝面积占6.17%。土地中,耕地占21.93%,园地占0.54%,居民公矿区用地占1.82%,交通用地占0.37%,水域占0.9%,未利用土地占22.98%。耕地中,水田108725公顷,旱地79794公顷。全州人均耕地0.16公顷。民族自治地方人均耕地少,但相较全省而言,由于人口比重相对较低,人均耕地高于全省平均水平,耕地质量低,土地垦殖率较高,宜农土地后备资源紧缺,人地矛盾突出。

2.人口与水资源

贵州民族自治地方全年气候温暖,年均降水量在1000毫米以上,境内河流众多,受地势影响,河流落差大,水能资源较为富集。以黔西南州为例,其境内共有河长10千米以上、流域面积大于20平方千米的河流102条,多年平均年径流量为500亿立方米以上,河流落差大,水能理论蕴藏量为312.5万千瓦,可供开发的水能资源发电量达1000万千瓦以上。由此可以看出,民族自治地方理论上水资源较为丰富,但由于山地为主,相对海拔差异大,蓄水困难,导致水资源可利用程度低,部分地区仍然人畜饮用水困难,农业用水艰难,生产生活用水较为困难。

3.人口与森林资源

民族自治各地方森林资源分布差异较大,其中,玉屏县森林面积2.04万公顷,森林覆盖率为36.5%,人均森林面积0.155公顷;印江县森林面积89681公顷,森林覆盖率达50%;沿河县有林地8.93万公顷,占36.2%;牧草地3.755万公顷,占15.2%;森林覆盖率达63.74%;松桃县森林覆盖率达57.3%;黔西南州拥有林地6.30

万公顷,牧草地19.83万公顷,2012年末全州森林覆盖率41.6%;关岭县森林覆盖率46.51%;紫云县植被多为次生针阔混交林和灌丛草坡,以用材林和经济林为主,森林覆盖率占47%;黔东南州森林面积190.46万公顷,活立木蓄积量10959.7万立方米,覆盖率达62.78%;黔南州林地占39.5%,牧草占11.96%。由此看来,贵州民族自治地方森林资源相对比较丰富,森林覆盖率和人均森林资源量高于全省平均水平,但与全省类似,也存在分布不均、林分质量不高、结构不合理等问题。

4.人口与矿产资源

矿产资源是指富集于地壳或露出于地表,达到工农业利用要求并具有开采价值的物质。贵州成矿条件较好,矿产资源种类较多,储量丰富,其中相当部分富集于民族自治地方。如道真县有储量超3亿吨的铝土矿国家大型矿床、远景储量1.44亿吨的硫铁矿、储量超1.7亿吨的煤炭资源和铅锌矿、铁矿等20余种矿产资源;印江县花岗石、紫袍玉等产品蜚声全国,炼镁白云岩矿、硅石矿储量超过千万吨;务川县有汞资源储量全国第一,储量2.3万吨,煤炭资源储量1亿吨;松桃县探明锰储量达3亿多吨,远景储量5亿吨以上,是全国最大的锰矿富集区,被誉为"中国锰都",钒矿远景储量1亿多吨,铅锌矿已探明储量200多万吨;威宁县煤炭资源远景储量达50亿吨,铁矿石储量1亿吨,石膏储量59.8万吨,铅锌储量60万吨;关岭县炼镁白云石储量达100亿吨以上,大理石储藏量达2000多万立方米,煤炭资源初步探明储量达7.2亿吨;镇宁县重晶石3303万吨,大理石3000万立方米,煤炭10亿吨,白云石5亿吨,锑矿50万吨,铅锌汞矿4.4万吨,重晶石矿品位高、埋藏浅,开采条件较好,具有很大的开采价值;黔西南州有矿藏41种,占全省发现矿种的一半,正式提交储委批准有开发价值的21种。已探明的地下矿藏有煤、金、锑、铊、铅、锌、铁、汞、铜、铝土、砷、磷、萤石、大理石等。其中煤炭资源是"西南煤海"的重要组成部分,已探明储量75.28亿吨,远景储量190多亿吨,名列全省第三位,可采量39.8亿吨。金矿资源已探明的特大型矿床1处、大型矿床4处、中型矿床1处、小型矿床4处及矿点、矿化点数十处,保有储量占贵州省的90%以上,已探明的地质储量约500吨,远景储量1000吨以上;黔东南州有矿产资源重晶石、黄金、汞、煤、铁、锰、锑等47种,其中重晶石储量居全国第一;黔南州已发现矿产资源有30余种,已探明储量的有磷、煤、铁、汞、铝、锌、锑、金、铝、铜、火黏土、硅石等,其中,磷矿储量比较多,锑矿储量13.5吨,居全省第一位。这些表明,贵州民族自治地方矿产资源种类多,储量较大,品位较高,具有很大的开发价值。

(二)人口与环境

1.水环境

随着工业化的推进和人民生活水平的提高,贵州省水环境发生了明显的变化,也带动民族自治地方水环境的变化。2014年,贵州省地表水总体为良好。全省纳入监测的44条河流85个监测断面中,地表水环境质量总体以Ⅰ~Ⅲ类水质为主,Ⅰ~Ⅲ类水质断面(69个)占81.2%,Ⅳ类、Ⅴ类水质断面(6个)占7%,劣Ⅴ类水质断面(10个)占11.8%。与2013年比,2014年总体水质变化不明显,Ⅰ~Ⅲ类水质断面比例降低了2.4个百分点,劣Ⅴ类水质断面比例比去年降低了1个百分点。流经城镇的河流大都存在不同程度的污染。各水系满足水质功能要求断面百分比分别为:乌江水系64.5%,沅水水系77.8%,赤水河-綦江水系100%,北盘江水系90%,南盘江水系100%,红水河水系100%,柳江水系100%。2014年贵州省各水系满足水质功能要求断面比例,长江流域三大水系中:赤水河水系水质为优;沅水水系水质为良好;乌江水系水质为中度污染。珠江流域四大水系中:北盘江水系水质为优;南盘江水系水质为优;红水河水系水质为优;柳江水系水质为优。全省纳入监测的乌江水库、梭筛水库、虹山水库、万峰湖和草海等8个湖(库)共布设监测垂线25条。其中,达到Ⅲ类及以上水质类别的监测垂线有16条,占总监测垂线数的64%,与去年相比增加了8个百分点。凯里市、兴义市、都匀市饮用水源地水质达标率为100%。各县级城镇143个集中式饮用水源地水质综合达标率为96.2%,比上年提高了4.3个百分点。

2.大气环境

2014年,化学需氧量(COD)排放总量比2013年下降0.46%、氨氮(NH3-N)排放总量比2013年下降0.54%、二氧化硫(SO_2)排放总量比2013年下降6.15%、氮氧化物(NO_x)排放总量比2013年下降11.88%。我省13个设市城市中,凯里市、兴义市、福泉市等执行老标准,全部达到国家环境空气质量二级标准(GB 3095—1996),我省11个城市开展酸雨监测,降水年均pH范围为5.64~8.07,pH最低值出现在都匀市,最高值出现在六盘水市。所有城市年均pH均高于5.60。都匀、凯里等5个城市不同程度出现酸雨。除都匀市酸雨频率为18.4%外,其余4个出现酸雨的城市酸雨频率均低于5%。与去年同期相比,凯里市和都匀市的酸雨率有所下降,其余城市变化不大(贵州省环境保护厅,2014)。

3.生态环境

2014年,全省生态环境质量评价为"良",生态环境质量保持稳定。全省9个市(州)生态环境状况指数最高的是黔东南州为72.89,最低的是六盘水市为54.21。从生态环境指数反映的情况来看,各市(州)生态环境质量状况变化不大。与上年比较,黔南州等6市州生态环境状况指数略微下降,黔东南州、黔西南州等3市州基本保持不变。全省县域生态环境质量状况评价结果均为"良"和"一般",无"差"和"较差"等级的县域。在全省88个县(市、区)中,生态环境质量状况评价为"良"的县域64个,占全省县域总数的72.73%;评价为"一般"的县域有24个,占全省县域总数的27.27%。从县域生态环境质量状况评价结果的空间分布来看,生态环境质量状况评级为"一般"的县域主要分布在我省中部、西部地区。生态环境质量状况评级为"良"的县域主要分布在我省东部、南部和北部地区。由此看来,民族自治地方生态环境有向好的趋势。

4.声环境

2014年,全省9个中心城市开展道路交通声环境监测,平均等效声级范围为64.7dB(A)~78.7dB(A)。其中,凯里市、兴义市等3个城市道路交通声环境质量为好,兴义市等4个城市道路交通声环境质量为较好;全省9个中心城市开展城市区域声环境监测,平均等效声级范围为54.0 dB(A)~59.0 dB(A)。其中,凯里市等3个城市区域环境噪声为较好,都匀市、兴义市等5个城市区域环境噪声为轻度污染。

三、民族人口发展对资源环境的影响

(一)人口发展对资源环境的影响

人口增长使人口数量增加,自新中国成立以来,民族自治地方人口增长了好几倍,导致人均产量和资源量的下降。在保持原有人口消费水平不变的条件下,必然加大自然资源的开发力度,以获取更多的生产生活资料。一是可以通过增加耕地面积,势必导致乱砍、滥伐、滥牧,民族自治地方局部石漠化和水土流失现象的加剧说明了资源环境承载压力的逐步加大;二是提高耕地单位面积产量成为必然选择,这可以通过增加劳动投入和化肥使用量来实现,长期如此将会使土壤肥力下降,而且会带来相应的环境污染和破坏。如保持人均消费水平一定速度的上升,资源环境压力将更突出。人口素质高低将从以下几个方面对资源环境产生影响。首先,人口质量高低会影响资源环境的开发利用程度。随着人口质量的不断提高,能够进入人们开发和利用视野的资源更多,利用程度更深更广,更多替代资源的出现将减缓资源环境压力;其次,人口质量通过科学技术影响资源环境。人口质量的提高有助于环境科研的发展和进步,促进资源环境的保护性利用,减缓资源耗竭和环境破坏的速度;最后,人口质量高低通过作用于生态观,进而影响人们的生态行为,从而对资源环境产生影响。高质量的人口群体更易于接受现代生态文明观,克服不健康、不生态的生产生活行为,民族人口的传统生态观与现代生态文明观不是相互冲突的,而是相互补充的,这更有助于在人口质量难以短期内提高的情况下,树立健康、生态的生产生活行为,极大地减轻民族自治地方的资源环境压力。

（二）人口发展与资源环境保护

随着社会经济的发展,贵州省环保力度逐年加大,环保资金投入逐渐增加。2007—2014年,环保资金投入从48.88亿元增加到175.25亿元,占GDP比重从1.7%上升到1.9%。环境库兹涅茨曲线表明,在经济的低水平发展阶段,环境破坏会在一定程度上加快,当经济发展到一定程度时,环境压力会逐渐得到缓解,人口与资源环境逐步趋向和谐。随着环保投入的增加,人口与资源环境的关系逐渐改善。这主要体现在以下几个方面:①贯彻清洁生产。2014年全省共有68家企业通过清洁生产审核评估,产生清洁生产方案1880个,涉及投资54979.5万元,其中无/低费方案1650个,实施1518个,中/高费方案230个,实施161个。企业培训120次,培训人数2160人次。2014年组织对96家企业清洁生产审核工作进行了验收,验收清洁生产方案2635个,其中无/低费方案2296个,中/高费方案339个。通过实施方案,企业共计投资95104.5万元,实际产生经济效益33827.9万元,年节水246.08万立方米、节电13782.3万瓦·时、节煤16.13万吨、节油1906吨、节天然气58吨、节材38.97万吨,减少废水排放量51.26万立方米/年、减少COD排放量1192.1吨/年、减少NH3-N排放量107.67吨/年、减少总磷排放量0.2吨/年、减少SO_2排放量2490.64吨/年、减少NO_x排放量18532.18吨/年、减少粉尘排放量6265.61吨/年、减少烟尘排放量1737.56吨/年、减少铅排放量360千克/年、减少汞排放量 14.059 吨/年,减少镉排放量0.083 千克/年、减少铬排放量 63.14 千克/年、减少锰排放量 205.8 吨/年、减少氰化物排放量 3.2 千克/年、减少一般工业固体废物排放量 4.98 万吨/年、减少危险废物排放量 0.3 万吨/年,取得了显著的经济、节能和环境效益。②改造提升传统产业。加快淘汰落后产能。通过"上大压小",关停小火电机组,淘汰落后炼钢、炼铁、水泥、焦炭、造纸产能。培育和壮大战略性新兴产业。加快建设省级创新体系,实施知识创新工程和技术创新工程,加强重大技术攻关。推动重点领域节能。实施工业锅炉(窑炉)改造、热电联产、电机系统节能、余热余压利用等十大重点节能工程,开展千家企业节能行动,加强重点耗能企业节能管理,推动能源审计和能效对标活动。开展"车、船、路、港"千家企业低碳交通运输专项行动,大力发展城市公共交通。提高新建建筑强制性节能标准执行率,加快既有建筑节能改造,推动可再生能源在建筑中的应用,对政府机构办公用房进行节能改造。③推广节能技术与节能产品,发展循环经济。根据国家相关政策,实施节能产品惠民工程,通过财政补贴推广高效照明产品、高效空调、节能电机等节能产品,开展节能与新能源汽车示范推广工作,率先在公共服务领域推广使用混合动力、纯电动和燃料电池汽车。建立节能产品优先采购制度,制定了节能产品政府采购清单,对空调、计算机、照明等 9 类节能产品实行强制采购。开展国家"城市矿产"示范基地建设,推进重点城市报废机电设备、废旧家电、废塑料、废橡胶等废弃资源的规模利用、循环利用和高值利用。积极利用合同能源管理、电力需求侧管理、节能自愿协议等市场机制推动节能。完善严寒和寒冷、夏热冬冷和夏热冬暖三个不同气候区居住建筑节能工程设计标准、公共建筑节能设计标准和建筑节能工程施工质量验收规范,加快推进能源价格形成机制改革,实施成品油税费改革,对高耗能行业实施差别电价,对超能耗产品实行惩罚性电价,推动供热计量收费。设立节能减排专项资金,对高效、节能、低碳产品实施进口税收优惠政策;④增加森林碳汇。继续加强重点防护林工程、退耕还林工程、天然林保护工程加强林业经营及可持续管理,提高森林蓄积量,扩大保护性耕作技术实施面积,机械化免耕播种面积,秸秆机械化粉碎还田面积等。⑤加强环保等基础设施建设。推动大规模旱涝保收标准农田建设,开展大型灌区续建配套与大型灌溉排水泵站更新改造,扩大农业灌溉面积、提高灌溉效率,推广农田节水技术,开展农业水价综合改革暨末级渠系节水改造试点工作,提高灾害应对能力。建立和完善农业气象监测与预警系统。编制主要河湖水生态保护规划等专项规划,加强流域管理和水资源调度工作,加快实行最严格水资源管理制度,完善水资源开发、利用、节约、保护政策体系。开工建设一批流域性防洪重点工程,加快骨干水利枢纽和重点水源工程建设。加大水土流失治理力度,大中型和重点小型病险水库除险加固任务,加大城乡环保设施建设力度,确保重点工程顺利完工。

四、协调民族人口与资源环境关系的思考

人口与资源环境关系的协调不是一蹴而就的事情,需要综合考虑各方面的因素。通过以上分析,结合贵州民族自治地方社会经济发展实际和资源环境现状,我们需要从短期和长期来考虑民族人口与资源环境关系的协调。从短期来看,首先,发扬传统的民族生态观,鼓励健康、生态的生产生活行为方式,扩大资源环境保护范围,减轻资源环境压力;其次,加强劳动力培训,利用社会经济发展差距,鼓励走出去,通过外部资源转移来缓解资源环境压力,加大生态移民力度和扶贫工作力度;最后,加强区域内外合作,争取更多的资源转移,确立以生态换取资源的基本框架,减少资源耗费和加大环境保护力度。从长期来看,首先,应积极响应工业化、城镇化带动战略,缩小城乡差距,努力使经济健康快速发展。其次,控制人口数量,提高人口质量,继续坚持稳定低生育水平的计划生育政策,引导各民族树立现代生育观,适当降低人口增长速度,加大教育投入,加强各类学校建设,提高师资队伍质量,完善教育体系,提高教育质量和效果,逐步提高民族人口质量。再次,转变经济发展方式,提高经济发展质量。在新常态下,单纯依靠投资驱动的外延扩张发展模式难以为继,立足现有经济基础,完善产业链,发展循环经济,实行清洁生产,提高投入产出效率,引进技术起点较高,符合生态环保的产业,壮大产业基础,不断提高经济发展质量。最后,引导确立绿色消费观念。多渠道加强健康、生态生产生活方式的宣传力度,逐步引导人们转变观念,推广简单适用的环保技术,促进人口与资源环境的协调发展。

第九章 贵州的民族调查、识别与未识别人们共同体

第一节 民国政府对贵州少数民族的调查

民国时期,由于西南边疆危机严重等诸多原因,人们开始重视西南边疆少数民族问题,曾出现对西南边疆少数民族调查的热潮。民国时期对西南少数民族的调查可分为政府组织的官方调查(包括由政府自上而下组织的调查和政府研究机构开展的调查)、学术团体的调查和个人的调查三类。调查内容包括民族名称、分布地区、人口数目、教育情况、生活习惯、语言文字、宗教、民族源流及土司情况等,它是民国时期西南少数民族情况的真实记录与反映。对贵州少数民族的具体调查有如下方面。

关于贵州土司情况的调查。1929 年 12 月,民国时期制定"现有土司调查表"及"现有盟旗及其他特殊组织调查表",咨请广西、云南、贵州、甘肃、宁夏、青海、西康、湖南、四川、新疆各省政府,"饬令民政厅详加调查,凡与县治相当地方,现未改设县治尚有此类特殊行政组织者,应即依式填表报部,以资稽考。"(内政部年鉴编纂委员会,1935)由于贵州土司在清末均经改土归流,从前土司制度,早已无形消灭,按照要求,时开阳、黄平、兴仁、盘县、黔西、施秉、罗甸、三合、丹江、黎平、册亨、松桃、沿河、织金、朗岱 15 个有改土归流土司的县,上报了《改土归流土司调查表》。填报内容包括土司名称、所在地、管辖境界、何时设置、隶属何处、可否改设县治、现在土官姓名、何时委任等多项内容。该项工作直至 1939 年才结束,历时 10 年。

关于对贵州少数民族基本情况的调查。主要有1934年的"西南苗夷民族调查"和1938年的"西南边区民族调查"。1934年10月,国民政府蒙藏委员会发布第112号咨文:"查我西南各省,苗夷杂处,种族甚多,生活习尚,各有不同,为团结国内各种民族,为防止帝国主义者之利用,对于苗夷民族各项情况,实有深切明了之必要,兹经制定调查表式,拟请住有苗夷民族之各县政府,认真调查、确实填载,俾作施政之参考……"下令对西南边疆各省进行少数民族调查,并由蒙藏委员会制定了《西南苗夷民族调查表》发往西南各省。❶《西南苗夷民族调查表》的内容有民族种类、户籍、人口、语言、教育情况、生活习尚及备考等项。从1934年11月开始,贵州省息烽、台拱、都江、罗甸、三穗、石阡、铜仁、施秉、瓮安、桐梓、三合、安顺、威宁、永从、八寨、榕江、镇宁、平越、贵阳、普安、炉山、修文、大塘、清镇、盘县、关岭、锦屏、册亨、水城、都匀、下江、安龙、黎平、江口、开阳、织金、麻江、松桃、独山、丹江、黔西、剑河、黄平、贵定、广顺、镇远、贞丰、大定、兴仁、龙里、荔波、怀仁、兴义53个县按照贵州省政府要求,填写上报了调查表。❷

关于贵州省少数民族人口的调查。民国政府在1947年两次对贵州省少数民族人口数进行调查。1947年7月,民国政府给贵州省政府的指令:"和平建国纲领为改组后国民政府之施政准绳……本部兹为明了边省少数民族详细数字以便根据上项规定修改现行省县参议会组织及选举条例起见,特再制定某某省少数民族人口数调查表式一种,随电检送务请迅即查填报部,以便汇办……"《某某省少数民族人口数调查表》包括:县(市)、少数民族名称、人口数、合计、全县(市)人口数、少数民族占全县(市)人口百分比、备考等项内容❸。为此,贵州省政府要求各县根据历次少数民族调查的资料,将少数民族人口数按调查表要求汇总报。统计结果:贵州全省人口总数为10489747人,少数民族总数为1228659人,少数民族占全省人口的11.7%。❹

对于边地土著民族人口调查。1947年9月,贵州省民政厅对各县市政府、雷山设治局下发训令,要求"于文到10日内分别详填二份具报,以凭汇转。"❺按照要

---

❶ 国民政府蒙藏委员会112号咨文.贵州省档案馆藏:M1全宗2872卷,1934年10月.
❷ 贵州省档案馆藏:M1全宗2872卷.
❸ 国民政府内政部民字第7522号文.1947年7月9日,贵州省档案馆藏:M8全宗6042卷.
❹ 贵州省少数民族人口数调查表.1947年7月,贵州省档案馆藏:M8全宗6042卷.
❺ 贵州省民政厅(卅六)民四字第5807号训令.1947年9月15日,贵州省档案馆藏:M8全宗6043卷.

求、望谟、修文、盘县、纳雍、安龙、剑河、平坝、赫章、关岭、大定、铜仁、锦屏、榕江、镇宁、松桃、炉山、镇远等县上报了边地土著民族人口调查表。

1948年8月,重庆绥靖公署为明了川康滇黔边区各民族人口、生活、教育、经济、物产等情形,下发了《边区各民族生活状况调查表》。调查表内容有族别、人口(男女)、面积、教育程度(小学、中学、专科)、经济状况(主副食物、通货情况、特产物资、输入主要物资)、武力概况(枪种、弹药)、归化程度等❶。贵州省民政厅令贵阳市、各县、雷山设治局,要求他们"遵照于文到一个月内依式查填具二份呈报,以凭汇转。"❷此次调查,贵州全省都进行了填报。

上述由民国政府自上而下官方组织的民族调查,对贵州民族名称、分布地区、人口数目、教育情况、生活习惯、语言文字、宗教、民族源流及土司情况等都做了较为系统的资料收集和数据统计,它是民国时期贵州少数民族情况的真实记录与反映。此外,贵州省的一些研究机构,如贵州省教育厅的"民俗研究会"和贵州省政府组织的"边胞文化研究会",也对贵州少数民族进行调查研究。其中,边胞文化研究会发行有《边铎旬刊》和《边铎月刊》,并定期辑印边疆文化丛书。文化研究首重资料,故研究会非常重视资料搜集,除由贵州省政府令饬各县征集文物、史籍、图片、填报调查概况外,从1945—1948年,贵州边胞文化研究会组织了对台江、镇宁、望谟、荔波、平越、威宁、施秉等县少数民族的调查,写出了《台江边胞生活概述》《镇宁县边胞概况》《望谟县边胞概况》《荔波县边胞概况》《平越县边胞概况》《威宁县边胞概况》《施秉县边胞概况》等调查报告,均发表在《边铎月刊》上。贵州省民政厅于1935年组织的对贵州苗民的"彻底翔实调查"的成果——《贵州省苗民概况》,于1937年4月出版发行。该书是民国时期贵州少数民族情况的真实描述,是现在研究贵州少数民族不可多得的历史民族学资料。但该书对于贵州少数民族一概用"苗民"来概括,这是不科学的,一定程度上折射了民国时期少数民族名称的混乱状况。

---

❶ 重庆绥靖公署政四字252号代电.1948年8月26日,贵州省档案馆藏:M8全宗6047卷.
❷ 贵州省民政厅(卅七)民四字第5196号代电.1948年9月13日,贵州省档案馆藏:M8全宗6047卷.

第二节　新中国成立后贵州民族识别的历史回顾

新中国成立前,国民党政府实行民族歧视、隔离与压迫政策,不承认我国少数民族的客观存在,剥夺了他们的政治、经济、文化上的平等权利,使许多少数民族被迫更改、隐瞒了自己的民族成分。因此在新中国成立前我国究竟有多少个民族谁也无法回答。只有新中国成立后在中国共产党领导下,经过民族识别调查研究,这个问题才有了比较准确的答案。

贵州自古以来是一个多民族的省份。新中国成立之初,民族称谓纷繁复杂。从贵州民族识别工作的历程来看,新中国成立以前的贵州有100多个民族(包括支系)名称。在1950年中央派出民族访问团到贵州进行实地调查期间,全省上报的民族称谓有80多个。为了更好地宣传党的民族政策,开展民族识别工作,1954年全国人大委员会派出识别调查组到贵州,深入贵州的毕节、安顺等地进行民族识别调查。同时,在1953—1955年,贵州省民族事务委员会和中央民族学院等单位,曾先后对毕节、六盘水、安顺三地区的"穿青人"的民族成分进行调查研究。安顺、遵义、毕节等地的有关单位,对仡佬族的历史开展了调查。省内其他地方也组织专家对境内的民族情况做了大量的调查研究工作。到1956年年底,贵州的民族识别工作取得了几项代表性的成就,如苗族支系名称的统一、布依族名称的公布、仡佬族民族成分的确定、"穿青人"社会历史的调查等。

1965年起,贵州省民族事务委员会组织人员,先后在黔东南苗族侗族自治州和安顺地区开展了民族成分的识别调查。经过不断论证核对重报、错报的族称进行归并和更正,到1981年时,贵州全省除了已由国家正式公布族称的苗、布依、侗、彝、水、回、仡佬、壮、瑶9个少数民族外,还有六甲人、七姓民、卢人、弈人、龙家、南京、穿青、蔡家、喇叭、里民、木佬、僙家、东家、西家、绕家、三撬、下路司、刁族、长袍瑶、莫家、辰州人等23种族称的"人们共同体"共90多万人。这些"民族单位"大致可以区分为以下几种情况:一是有的民族单位历来自认是少数民族,其他民族也承认其为少数民族,但族称尚未正式确定、公布;二是有的民族单位族称和省外已正式确定的族称十分近似;三是有单独名称的一些民族单位,虽是少数民族,但他们的语言和文化特征与另一少数民族十分近似;四是一些民族单位和古代(特别是明代)的汉族移民集团有关;五是还有一些少数民族单位使用旧的族称或支系名称,有待于统一(张正东,1979)。

20世纪80年代,贵州对民族识别工作十分重视。1980年10月,经贵州省人民政府批准,成立了贵州民族识别工作队。从1981年开始,贵州开展了未定族称的人们共同体的全面调查识别工作。其大体过程为。

1980年贵州民族识别工作队首先对木佬人的民族成分进行调查识别,并在年内写出了《关于木佬人的调查报告》。1981年开始对23种未定族称的"人们共同体"进行身份识别。1981年7月3日至7月10日在贵阳召开的贵州省首次民族识别工作座谈会指出:"贵州全省最近的调查统计,全省尚有90万民族人口,要求弄清他们的民族成分,他们自报和自称民族名称,竟达80多种,归并以后还有20多种。这些民族人口中有一部分是属于错报和过去害怕民族歧视而隐瞒民族成分要求更正的,但较大的部分是属于未定民族,必须进行民族识别。"(文海,1981)到1985年年底,贵州省根据专家在族源、语言、文化特征、经济生活和地域等方面的综合论证,结合各个民族单位成员意愿,先后认定了15种未定族称人们共同体的民族成分归属问题。他们是:六甲人152人,主要分布在榕江,认定为汉族。辰州人,主要分布在平塘,认定为汉族。南京人61171人,主要分布在毕节地区、安顺地区和六盘水市的部分县、市,认定为汉族。喇叭和西家认定为苗族,喇叭主要分布在晴隆、普安、六枝、水城、盘县、龙里等地,共有6万余人;西家主要分布在凯里、都匀、麻江等县市,共有9000多人。莫家主要分布在独山和荔波两县交界处,认定为布依族,共有17017人。七姓民,主要分布在水城、威宁、赫章等县,认定为白族,共有7589人。长袍瑶和油迈人,主要分布在荔波县、望谟县,认定为瑶族,有300多人。卢人,主要分布在黔西、金沙、大方三县交界处,认定为满族,有7747人。羿人,主要分布在毕节市,认定为仡佬族,有1015人。刁人和下路司,主要分布在从江,认定为侗族,有984人。三撬,主要分布在黎平县,分别认定为苗族或侗族,有2374人。里民人认定为彝族,主要分布在晴隆、水城、关岭、镇宁等县,有7万余人。上述已认定的15种民族成分23.1万人(见表9-1)。另外,还有穿青、蔡家、龙家、俫家、东家、木佬、绕家、佯僙等约70万人未认定族称(贵州民族事务委员会,

1999)。

表 9-1　1985 年前省民委对 15 个待定民族的认定概况

族称	人口数	分布	归属民族
六甲人	152 人	榕江	汉族
辰州人	—	平塘	汉族
南京人	61171 人	毕节地区、安顺地区和六盘水市的部分县、市	汉族
喇叭	6 万余人	晴隆、普安、六枝、水城、盘县、龙里等	苗族
西家	9000 多人	凯里、都匀、麻江等县市	苗族
莫家	17017 人	独山和荔波两县交界处	布依族
七姓民	7589 人	水城、威宁、赫章等县	白族
长袍瑶、油迈人	300 多人	荔波县、望谟县	瑶族
卢人	7747 人	黔西、金沙、大方三县交界处	满族
羿人	1015 人	毕节	仡佬族
下路司、刁人	984 人	从江	侗族
三撬	2374 人	黎平	苗族或侗族
里民人	7 万余人	晴隆、关岭、镇宁、水城	彝族

资料来源：贵州省民族事务委员会.贵州民族工作五十年[M].贵阳：贵州民族出版社,1999.

此后,贵州省人民政府相继对龙家、佯僙、绕家、木佬、东家等作了认定(见表 9-2)。1988 年 11 月经贵州省人民政府批准,认定龙家 64608 人为白族(贵州民族事务委员会,1999)。1990 年 7 月,贵州省人民政府批复"平塘县佯僙人二万九千四百七十五名认定为毛南族;独山县佯僙人四百五十五名认定为毛南族;惠水县佯僙人一千九百七十四名认定为毛南族。"(贵州省地方志编纂委员会编,2002)至此,佯僙人正式确定为毛南族。1991 年 11 月 7 日,贵州省人民政府批准绕家 6474 人认定为瑶族(贵州民族事务委员会编,1999)。1993 年 2 月,贵州省人民政府批准贵州 2.8 万"木佬人"认定为仡佬族(贵州省地方志编纂委员会编,2002)。1996 年贵州省人民政府批准凯里市东家人 1596 人、麻江县东家人 32366 人、都匀市东家人 2979 人、福泉市东家人 4583 人,认定为畲族(贵州民族事务委员会编,1999)。

表 9-2 20 世纪 90 年代贵州 8 个待定民族的认定概况

族称	人口数	分布	归属民族	认定时间
木佬	2.8 万人	黔东南的麻江、凯里和黔南的都匀、福泉、瓮安	仫佬族	1993 年
佯僙	4 万人	黔南布依族苗族自治州的平塘、独山、惠水、罗甸	毛南族	1990 年
绕家	6000 多人	麻江、都匀	瑶族	1992 年
东家	4 万多人	麻江、凯里、都匀、福泉	畲族	1996 年
龙家	6 万多人	毕节、安顺、六盘水	白族	1988 年
僙家	4 万人	黄平、凯里、关岭、施秉	—	
蔡家	2 万人	毕节地区的黔西、毕节、纳雍、赫章、织金和六盘水市的水城、六枝特区	—	
穿青	60 多万人	毕节地区、安顺、六盘水市,其中半数以上聚居在织金、纳雍两县	—	

资料来源:贵州省民族事务委员会.贵州民族工作五十年[M].贵阳:贵州民族出版社,1999.

这一时期,在调查研究历史遗留未定族称人们共同体的同时,黔东北的一些群众要求恢复自己的土家族、苗族、仫佬族、侗族等民族成分。在充分调查的基础上,通过复查、审核贵州省人民政府于 1982 年 12 月 15 日批准:玉屏县恢复侗族民族成分 63000 人,苗族民族成分 1400 人。万山特区恢复侗族民族成分 2800 人(贵州民族事务委员会编,1999)。1984 年 5 月 28 日贵州省人民政府批准:沿河县恢复土家族民族成分 180298 人,苗族民族成分 2149 人。1986 年,贵州省人民政府(1986)黔府通字 143 号文件批准:印江县恢复土家族民族成分 141036 人,苗族民族成分 32137 人,其他民族成分(侗族、布依族、回族、满族)47 人。德江县恢复土家族民族成分 147644 人,苗族民族成分 5019 人,其他民族成分(回族、仫佬族、壮族)156 人。思南县恢复土家族民族成分 110135 人,苗族民族成分 61153 人,仫佬族民族成分 2860 人。江口县恢复土家族民族成分 43833 人,苗族民族成分 15912 人,侗族民族成分 14976 人,其他民族成分(仫佬、彝、羌族)1154 人(贵州民族事务委员会编,1999)。1984 年 8 月 5 日贵州省人民政府批准:务川县恢复仫佬族民族成分 84785 人,苗族民族成分 64562 人,土家族民族成分 27614 人。道真县恢复仫佬族民族成分 66968 人,苗族民族成分 38475 人,土家族民族成分 12941 人(贵州民族事务委员会编,1999)。1986 年 7 月 4 日贵州省人民政府批准:铜仁市恢复侗族民族成分 56671 人,土家族民族成分 26715 人,苗族民族成分 20808 人,其他民族成分(回、瑶、布依族)2198 人(贵州民族事务委员会编,1999)。1986 年 7 月 4 日贵州省人民政府批准:石阡县恢复仡佬族民族成分 53605 人,侗族民族成分 49004 人,苗族民族成分 10696 人,土家族民族成分 4500 人,蒙古族民族成分 2535 人,瑶族民族成分 1693 人,羌族民族成分 623 人,壮族民族成分 2535 人,布依族民族成分 447 人,彝族民族成分 368 人,回族民族成分 323 人,满族民族成分 131 人(贵州民族事务委员会编,1999)。另外,在江口、石阡两县的部分羌族,在新中国成立前由于民族压迫和歧视,隐瞒自己的民族成分报为汉族。在 20 世纪 80 年代初,他们也要求正本清源。经过调查和考证,1986 年 6 月和 7 月,经贵州省人民政府批准,江口、石阡两县这部分人返本归源,恢复了羌族的民族成分。

上述贵州 20 世纪八九十年代的民族识别工作,具有这几方面的特点:一是民族成分都属于归属问题,并未认定 55 个少数民族之外新的民族成分。二是认定和恢复民族成分同时并举。三是既按照民族识别的标准和依据进行识别,也充分尊重被认定民族的意愿。之后,贵州民族识别工作处于稳定、停止状态。贵州尚有僜家、穿青、蔡家等人们共同体因争议大而未能定论,但仍享受少数民族待遇。到了 2000 年第五次人口普查时期,我国未识别民族人口共有 73.4 万人,而贵州占 71 万人,即全国 96.7% 的未识别民族人口集中在贵州。2010 年第六次人口普查时,贵州尚有待识别民族 612780 人,占全国待识别民族人口总数的 95.73%。即是说,贵州是全国待识别民族人口的集中区域。

第三节 当前贵州未识别民族的地理分布

一、地理分布

由上可知,贵州是我国少数民族集中的省份,也是我国未识别民族人口分布最多的省份。2010 年第六次人口普查表明,我国未识别的民族人口共有 640101 人,而仅贵州省就有 612780 人,即全国 95.73%的未识别民族人口集中在贵州(见表 9-3)。贵州未识别民族人口占全省总人口的 1.76%。

表 9-3　历次人口普查全国未识别的民族人口数

地区	1953 年	1964 年	1982 年	1990 年	2000 年	2010 年
全国(人)	1017299	32411	799705	752347	734438	640101
贵州(人)	37638	2797	748080	733400	710486	612780
贵州占全国的比例(%)	3.7	8.6	93.5	97.5	96.7	95.73

资料来源:根据历年人口普查资料整理。

在贵州省,未识别的民族人口主要分布于毕节市的织金县、纳雍县和大方县,六盘水市的钟山区、水城县和六枝特区,贵阳市的云岩区、南明区及乌当区,黔东南州的黄平县和凯里市等地(见表 9-4),其地理分布特点是沿滇黔、湘黔古驿道一线展开。其中,滇黔线上的织金县 200287 人、纳雍县 193209 人、大方县 36361,3 县共计 429857 人,占贵州待识别民族人口总数的 70.15%;湘黔线上的钟山区 20912 人、水城县 57993 人、黄平县 17231 人、普定县 11753 人,4 县区共计 107889 人,占贵州待识别民族人口总数的 17.61%。上述 7 县区为贵州未识别民族人口的主要分布区域,也是全国未识别民族人口的主要分布区域。

表 9-4　贵州省各地区未识别的民族人口分布表

地区	人口数(人)	男(人)	女(人)	主要分布县区
毕节	440578	229271	211307	织金县 200287 人、纳雍县 193209 人、大方县 36361、毕节市 5083 人、赫章县 1830 人
六盘水	82135	43483	38652	钟山区 20912 人、水城县 57993 人、六枝特区 2433 人
贵阳	42839	22524	20315	南明区 6937 人、云岩区 6986 人、白云区 2283 人、花溪区 2019 人、乌当区 3283 人、小河区 2196 人
黔东南	28189	14771	13418	黄平县 17231 人、凯里市 9623 人、施秉县 1037 人
安顺	16281	8641	7640	普定县 11753 人、西秀区 2499 人、平坝县 1234 人

续表

地区	人口数(人)	男(人)	女(人)	主要分布县区
黔南	998	549	449	都匀市 305 人 福泉市 157 人
黔西南	693	381	312	兴义市 497 人、兴仁县 52 人、安龙县 40 人
遵义	603	304	299	红花岗区 186 人、汇川区 204 人
铜仁	464	201	263	铜仁市 123 人、德江县 98 人、沿河土家族自治县 89 人
总计	612780	320125	192655	

资料来源:根据贵州省第六次人口普查资料整理。

二、未定族称人们共同体

根据 2010 年 8 月贵州省第六次人口普查领导小组办公室、贵州省民族事务委员会下发的《关于认真做好我省未定族称人们共同体人口普查登记的通知》(黔人普办字〔2010〕29 号)精神,贵州尚有穿青人、僬家人、蔡家人、俚民人、龙家人(南京人)5 个"未定族称人们共同体"。兹分别对其作简要概述。

穿青人,主要分布在贵州省西部的毕节、安顺、六盘水及黔西南、黔南 5 个市、州所属的 20 多个县,1954 年普选登记时有 24.8 万多人,"五普"时自报填写穿青人族称的人数约 67 万人。其中,半数以上聚居在织金、纳雍两县,每县均超过 20 万人。从居住地域来说,穿青人与其他民族处于大杂居小聚居的状况。但在一些主要聚居区如织金、纳雍等县,他们居住的村寨连绵百余里。这些大大小小的穿青村寨,多数处于偏僻的山区地带。由于穿青人先民较早接受汉文化的影响,母语已消失。现普遍使用贵州通行的官话。其表面文化特征——服饰在一些边远偏僻地区还明显可见。穿青人信仰——五显坛至今还普遍牢固地保持着。节日、婚姻、丧葬等方面的习俗多数与周围各民族不同,其民族意识与民族感情十分强烈。据史志记载,穿青人的族称早期叫"土人",又叫"里民子",后期叫"穿青"。所以称为"土人",是因为他们"居土日久",是贵州的土著民族;所以称为"里民子",是因为他们先民与早期"里人"(亦泛称"僚")有关;所以称为"穿青",是从"衣尚青"而得名。这几种称呼先是他称,进而"穿青"一名被穿青人接受而成了自称。"穿青"一名最早见于乾隆《威宁州志》,继后是光绪《平远州续志》和民国《大定县志》《镇宁县志》《平坝县志》。《平远州续志》和《大定县志》是在记述同治初年农民起义时提到的,《镇宁县志》则把"穿青"作为该县的第四种民族载入史册。此外,清康熙三年吴三桂平水西之后流传于民间的木刻唱本《水西传》也记有"穿青",把他与水西境内的彝、苗、仡佬、龙、蔡、羿、白家等 8 个共同体并列,统称"九种夷蛮"。与穿青人邻近的少数民族对穿青人也有专门的称呼。剪发仡佬称之为"褒撒",披袍仡佬称之为"沙越",苗族称之为"撒格娄",彝族称之为"撒娄米",布依族称之为"戛敖"。这些民族称穿青人与称汉族都有一个共同的词"褒""沙""撒""戛",含意是"客人"或"另一种人""后来的人",并非专指汉人,也不认为"穿青"是汉人,如彝族称汉族为"撒普",称布依族为"撒土"、称回族为"撒拉"、称穿青为"撒娄米"。此外,汉族还辱称穿青人为"通背猴"。这种辱称是从穿青人的信仰而起。穿青先民居于南方,古时崇拜山魈为神,以猴为自己民族的图腾,自称是"山魈人马",岁首要"迎山魈",故被辱称为"通背猴"。

  1955 年,全国人民代表大会民族委员会在贵州组建工作组,由费孝通带头进入穿青人聚居区实地调查。四个多月后工作组完成《贵州省穿青人民族成分调查报告》,判断穿青人是明朝初年及以后一段时间内进入黔西北少数民族地区的汉族移民,最终认定穿青人是汉族而不是少数民族。1978 年 9 月,费孝通在政协全国委员民族组会议中,重申"穿青是汉人,是汉族中的一部分,并不是少数民族"。同时他强调"必须在政治、经济上对穿青人适当照顾,帮助他们更快地发展起来"。1981 年,贵州省政府开展全省未定民族的识别工作。织金县、纳雍县、大方县民族事务委员会组成工作组,对穿青人民族成分进行第二次调查。1985 年 2 月,工作组在《贵州省穿青人民族成分调查报告》中,提出穿青人是以贵州土著民族为主,与迁入人口融合而生的少数民族。结论"穿青是一个单一的少数民族,不是汉族"。该报告未获政府批准。1986 年中国大陆实施身份证制度。1987 年 4 月,贵州省政府下发《中共贵州省委常委办公会议纪要》(1986) 29 号文件,指示穿青、蔡家等人群的民族成分问题"没有明确解决之前,先维持现状。即凡已经按少数民族对待的仍按少数民族对待,填写民族成分时原来怎么填写仍然怎么填写"。1990 年第四次人口普查后,中国政府正式确认 56 个民族,穿青人被列为"其他未识别民族"。

僙家五六万人,自称"哥蒙"(僙语),僙家的分布主要在黄平、凯里、麻江、关岭、瓮安、福泉、镇宁、兴仁、黔西等地,以重安江两岸的黄平、凯里最多,黄平县有2.1万人,占全国僙家人口的43.2%。主要居住在重兴乡和附近的重安镇、黄飘乡、谷陇镇、崇仁乡、新州镇、浪洞乡的89个村寨,黄平僙家第一大寨的是枫香寨有700多户,3700余人,第二大寨是塘都寨400多户,2000余人。1951年12月,中央人民政府民族事务委员会编印的《中国少数民族简表(补充本)》中,把僙家人(当时写为"亿兜")列为当时我国已承认的54个少数民族之一,排名第44位,在仡佬族之后、瑶族之前。书中明确记载:"亿兜族,居贵州省黄平、炉山、施秉、福泉等县,农业经济,操亿兜语,现有人口3000多人。"1956年,贵州省民族事务委员会编印的《贵州省少数民族分布地图》,明确标明僙族居住的地域,图例栏内写明为僙族,序列亦排在仡佬族之后、瑶族之前。20世纪的60年代和80年代,国家曾先后两次对僙家人进行识别调查。60年代的识别调查,由于各种原因被迫中断。20世纪80年代初,国家再次开展对僙家人的识别调查工作。调查结束后,黄平、凯里两县人民政府,分别具文上报黔东南苗族侗族自治州人民政府、贵州省人民政府,并要求转报国务院审定批准僙家人为单一民族即僙家族。2003年,公安部经商国家民委,下发公安部《关于对贵州省僙家人和穿青人居民身份证民族项目内容填写问题的批复》(公治〔2003〕118号),明确僙家人身份证民族栏目填写为"僙家人"。

蔡家人即"蔡人",为未定民族,是历居毕节、六盘水、安顺、清镇及云南的昭通、彝良、镇雄等地的世居土著民族。蔡家人自称"门你",汉语叫"蔡家",彝语称"啊武哪",苗族称"啊乌"或"斯聂",水族称"楼慢",布依族称"布阿武"等。新中国成立前被贬称为"蔡兜兜"或"蔡家苗"。据资料,蔡家人有自己单一独特的语言——蔡语,有独特的工艺(如祖传的擀毡、种痘)和独特的民族服饰,婚丧礼节与其他民族不同,民族习惯保留较为完整。认为祖先来自蔡国(现在的河南省上蔡县),两千多年来都为蔡家之称,新中国成立初期就在各自不同的居住地域向当地正府填报"蔡族"。20世纪50年代民族学家费孝通在毕节蔡家人居住地区做过考查,但对蔡家人未做族属认定。2010年8月,黔人普办字〔2010〕29号《关于认真做好我省未定族称人们共同体人口普查登记的通知》文件,将蔡家人作"未定族称人们共同体"进行分类普查登记。

俚民人,史称"俚民子",最早出现在清代的汉文文献中,是被当作苗人的一支。清代乾隆十四年爱必达《黔南识略》卷二十四云："苗有棘儿子、保罗、蔡家……俚民子,族类繁多。"俚民人当今主要分布在贵州的安顺市、黔西南州和六盘水市。新中国成立初期时土改工作队或土改武工队可能因"俚"与"黎"二者读音相近而给俚民人以"黎族"相称,但其民族成分至今未划定,仍是"未被识别的族体"。主要原因是专家学者对俚民人的民族成分存有争议:一种观点认为俚民人是由仡佬族演变而来的小民族。一种观点认为俚民人是汉族的一支。一种观点认为俚民人是彝族人的一部分,应当被划为彝族。❶ 一种观点认为他们与海南岛的黎族毫无渊源,对海南省的黎族,"他们根本一无所知"(王献军,2011)。

龙家人,据文献记载:"龙家"是春秋战国乃至汉、晋时期先后入黔"夷化"了的汉族。其名称始见于《新元史》"普定路本普里路蛮,元初内附置普定衬。至元二十七年(1290年)初,斡罗思、吕国瑞入贿丞相桑哥,请创罗甸宣慰司。奏言招到罗甸国扎哇并龙家、蔡家、仡佬、苗人诸种蛮夷四万六千六百户"(柯劭忞,2007),于是始有"龙家"之名。"龙家"的核心部分是贵州境内的原始先民,又于汉、晋时期先后吸收了进入贵州境内的部分汉族人口。明"靖难之役"后,明成祖对忠于建文帝的臣民大肆搜捕杀害,幸存的臣子及其眷属,纷纷遁出南京,寻随建文帝迹而西进,在渡乌江入贵州后,因生存发展之需,明永乐五年(1407年)正月,"南京人"与"龙家"在今息烽县鹿窝乡西望山合姓联盟,"以夏变夷",将南京人中的三十六姓与龙家合为赵、谢两大姓。尊赵、谢为盟主,对外以赵、谢为明姓,其余为暗姓(即本姓),各家铭记,世代相传。明天启二年(公元1622年),水西土司安邦彦起兵叛明。明廷命贵州巡抚王三善领兵讨伐,于是明军与水西兵在今贵阳附近发生了强烈的争夺战。"龙家(南京人)"为了生存,被迫离开水东,逃往明军威胁较小的土司腹地水西。进入水西后,依其习俗,听其统属,分散在土司大片荒野上,"插标为界,请照管业"。到了清朝清军镇压贵州少数民族起义时,为了生存,"南京人"采取了应急措施,出示物证,公开其南京应天府籍分。大方县《赵氏宗谱》、黔西《华氏家谱》说:"出示朝笏、大印、官服官帽,公开我南京应天府籍分,才免遭杀害,拯救了不少生灵。"至此,他们又由原来的"龙家"改为"南京人"。但之后,"南京人"再未声称自己属于汉人。现龙家人主要分布在毕节地区、安顺地区和六盘水市的

---

❶ 郑培贤.贵州省黎族里民人民族成分问题的调查报告(讨论稿)[M].内部印刷,1983.

部分县、市,云南省的昭通也有部分居住。

尽管穿青人、僳家人、蔡家人、俚民人、龙家人的民族成分尚未定论,但其民族意愿和权利一直得到政府的尊重和保护。1987年5月6日贵州省公安厅、贵州省民族事务委员会文件黔族(1987)36号《关于填写居民身份证民族成分等问题的几项规定》规定:"……三、对已认定为少数民族,但未明确是单一民族的,其民族成分过去怎么填写,现在仍怎么填写。如'僳家''木佬'等应填写为'僳家人''木佬人'。对国家尚未正式认定为少数民族,新中国成立后一直未填报为汉族,其民族成分过去怎么填写,现在仍怎么填写。如'穿青'应该填写为'穿青人'。四、对未定民族中有自己意愿申报为国家已认定的且与之相近的某一民族,经办理更改民族成分手续后,可按更改的民族成分填写。五、对我省八个未定民族(僳家、穿青、蔡家、龙家(南京)、东家、木佬、绕家、傣僙),过去享受少数民族待遇的,现在仍享受少数民族待遇"。1996年贵州省民族事务委员会、贵州省公安厅关于印发《贵州省实施<关于中国公民确定民族成分的规定>办法》的通知(黔族(政)发字第(1996)19号)第二条规定:"确定个人的民族成分必须以国家正式认定的民族族称为准,任何人不得以国家未确认的族称作为自己的民族成分。已认定为少数民族尚未确定具体民族族称的待认定民族人们共同体,其成员的民族成分暂填为'XX人'(其人们共同体名称后加'人'字)。"在2003年8月28日中华人民共和国公安部针对贵州省公安厅《关于能否办理僳家人、穿青人居民身份证的请示》(黔公请〔2003〕46号)发出的《关于对贵州省僳家人和穿青人居民身份证民族项目内容填写问题的批复》(公治〔2003〕118号)强调:"一、为维护民族团结和社会稳定的大局,对你省僳家人、穿青人按照'凡已按照少数民族对待的仍按少数民族对待,填写民族成分时原来怎么填写仍怎么填写'的原则,在办理居民身份证时,采取一种过渡办法,可填写为'僳家人''穿青人'。二、对部分僳家人、穿青人因居民身份证民族项目填写可能引发的不满和上访问题,应予高度重视,及时向党委、政府和上级公安机关报告,并会同民族事务部门认真做好有关政策的宣传、解释工作,防止矛盾激化,切实做好维护稳定的工作。"该文件实施十年多来,贵州待识别民族聚居区域社会和谐、经济发展,民族历史文化保护、研究、传承与发展取得了前所未有的成绩。2010年8月,经国务院人口普查办批准同意,贵州省第六次人口普查领导小组办公室、贵州省民族事务委员会下发《关于认真做好我省未定族称人们共同体人口普查登记的通知》（黔人普办字〔2010〕29号）（以下简称《通知》）。《通知》认为"我省是多民族聚居省份,由于多方原因,我省未识别民族还有相当数量","为准确掌握我省现有的穿青人、僙家人、蔡家人、俚民人、龙家人（南京人）5个未定族称人们共同体的数量、构成、分布及其他人口信息情况,为制定和落实有关民族政策提供依据,促进社会和谐,经省人普办与省民委共同研究并报经国务院人普办批准同意,决定在第六次人口普查中对我省上述5种未定族称人们共同体进行分类普查登记。"《通知》的下达及其执行,保证了贵州待识别民族人口底数的摸清摸实,为下一步的民族识别等工作的开展提供了翔实的资政素材。

未识别的民族作为一个独特存在的社会群体,自他产生伊始,在与其他民族接触和交往的历史进程中,就不可避免地由于其身份的不确定而造成定位这一独特社会群体的社会地位困难。贵州未识别的民族人口有61万多,如何正确、科学认识未识别民族,如何从政治上和法律上保障未识别民族的正当合法的权益,如何正确呼应和处理未识别民族正当合理的利益诉求,是当下进一步开展民族工作时需要认真思考和做出解答的重要问题。

第四节 贵州待识别民族人口众多的原因

贵州待识别民族人口众多,是由多重因素共同作用的结果。其中,历史渊源、自然地理、民族迁移、政治军事、文化传播等都在其中发生着重要作用,总体可从如下几个方面来分析。

一、地理位置与民族迁移

贵州地处四川盆地和广西盆地之间的高原上,西部与云南相接,北与四川盆地相连。东与湖南接壤,南与广西为界。历来的经商、逃难等多集散于此,也是各民族人口迁徙往来的集散地。同时贵州又是西南古代氐羌族系、百濮族系、白越族系和苗瑶族系四大族系,也就是现今的彝、白、壮、侗、苗、瑶等民族的交汇处；加之后来的汉、满等民族相继进入贵州,因而民族关系复杂,各民族文化互相影响、互相渗透,使得众多的少数民族被同化于其他族中,或彼此同化或重新组合成一个新的民族。但各民族的族际边缘部分,其民族文化和特点仍然存在,即"异源"又尚未完全"同流"的,则成为新的人们共同体,即现今待识别民族的一部分。

民族迁移和历史渊源是民族识别的前提,历史上的民族迁移和汉族移民构成了贵州的多元文化,也是我们了解贵州未识别民族的前提。从历史上看,东西向的滇黔、湘黔驿道是贵州的移民文化走廊,贵州的民族分化与融合集中在此进行,贵州的未识别民族的形成和分布与东西向的驿道相关。历史资料显示,从汉而后的历代沿滇黔、湘黔干线的民族迁移均加速了贵州民族分化进程,以至贵州的民族种类众多,名称复杂多样。如明清时期,"苗蛮"作为对贵州少数民族的统称,其种类十分繁多。《明一统志》记载的"苗蛮"有13种,清代田雯《黔书》有29种,乾隆《贵州通志》列举42种,嘉庆陈浩《苗图并说》有82种,光绪邹元吉《黔苗图泳》达100种,民国《贵州通志·土民志》将贵州民族分成6个族系85种人(黄才贵,1996)。贵州众多"苗蛮"的存在是民族关系复杂的体现。

二、文化的交相作用

明代以前贵州主要是少数民族聚居,这些少数民族主要属于西南四大族系,汉族人数不多,且多零星分散杂居于当地少数民族的汪洋大海之中,天长日久渐被"夷化"。因此,明代前移入的汉人,大多已同化为当地的少数民族。如相传战国时被楚国放逐而来的"宋家""蔡家""龙家",唐代太原杨氏家族人守播州后形成的"杨保""偟僙"等,都被后来进入的汉族视为当地"苗夷"中的一部分。自明洪武"调北征南"讨伐滇黔战争,卫、所、屯、堡在贵州自东而西大量建立,汉族人口源源涌入贵州起,渐使贵州形成了"汉多夷少""汉夷杂处""夷多汉少"并存的民族人口居住格局。汉族移民从四面八方进入贵州,他们与其他民族互相穿插,一方面使民族发生分化,出现不同的支系;另一方面又使民族出现融合的趋势,一些少数民族在与汉族的交往中,不同程度对汉文化进行了采借和吸纳,使其文化不同程度有着汉文化的元素。但由于地形的制约和自古以来外界交通的阻隔,各民族大多恪守自己的文化传统,在与汉族文化的交流中,出现的是"融而未合,分而未化"的状况。而贵州历代移民基于对贵州土著文化认同感的偏差,始终尽可能地保留着故土的传统文化,加上地形复杂封闭,以至在通道沿线形成许多文化孤岛(严奇岩,

2009)。进入现代社会以来,由于贵州各民族来源的族系不同,加之受汉族影响程度不一,其社会发展程度不尽一致,使得各民族,甚至同一段族内的民族特征上也有所侧重和不同,进而导致了在一些民族中支系众多的状况。当某些支系的民族人口出于政治、经济及其他原因,将其支系的名称作为一个待识别民族的名称上报,提出对其进行识别的要求时,这些人就成了待识别民族人口。

三、政治、经济因素的影响

由于贵州历代封建统治者及至国民党统治时期,均推行民族压迫和民族融合的政策,少数民族备受歧视、压迫甚至血洗。有的民族在种族濒于灭绝的困境下,为了生存和繁衍,不得不违心地隐瞒民族成分。就是汉族在遭受封建统治者压迫时,也有瞒报汉族改称少数民族以图自保的状况,如明代军屯里不少移民因不堪明廷的欺诈,纷纷逃离交通沿线投入土司的门下就是事实。当时贵州最大的水西、水东土司都收容了不少逃离卫所的汉户屯军充作力役。正因为如此,民族融合中出现不同的族群,如"宋家""蔡家""龙家""穿青"等。这些族群的人口占贵州现有待识别民族单位的 70% 以上,是贵州彻底解决民族识别问题的主要对象(姜永兴,1985)。新中国成立后,党和国家十分重视民族问题,重视民族政策的落实。国家民委先后于 1981 年下达了第 601 号文件,1982 年下达第 240 号文件强调重视和尊重民族同胞的民族成分意愿和选择。贵州省人民政府也于 1981 年下达了 112 号文件,规定:"不论何时出于何种原因未能正确表达自己的民族成分者,均可申请恢复民族成分。"之后,又积极而又慎重地开展了民族成分的识别和恢复工作,这是导致贵州省待识别民族人口突然由 1964 年的 790 人上升到 1981 年的 74 万(普查数)、至 1982 年达 90 余万的重要原因。1990 年第四次人口普查时,贵州待识别民族人口较 1982 年虽有所下降,但占全国待识别民族人口总数的比重却由 85% 上升到 97% 以上。另一方面,为消灭历史上遗留下来的各民族间事实上的不平等状况,帮助少数民族地区发展其政治、经济、文化,党和政府在政治,经济及其他各个方面,对少数民族人口采取了一系列特殊的优惠和照顾政策。如人大、政协等机构都要有各单一民族的代表;培养干部、招干时对少数民族要照顾,招生时对少数民族考生要降低录取分数线;已实现自治的少数民族地区有自治"两权";在生育上,如夫妇双方都是少数民族者,可以生育两个孩子;在副食品的供应上,对回族要特殊照顾,等等。由于以上原因,除导致了一部分人更改其民族成分外,也使得一些人们共同体中的待识别民族人口增多,并强烈要求成为单一民族。

四、民族识别工作本身的艰巨性、敏感性和复杂性

贵州的民族识别工作,自 20 世纪 50 年代初即已开始,经历了 50 年代初期中央访问团的调查、1955 年费孝通带领中央民族识别调查组的调查、1965 年贵州省民委、民族研究所对僷家的民族成分调查、1981 年全省民族识别工作、1985 年贵州省民委对 8 个人们共同体的民族成分调查、1988 年贵州省民委组织的对龙家人的认定以及 20 世纪 90 年代佯僙人、绕家人、木佬人、东家人的调查和认定等工作,体现了人民政府对待识别人们共同体的高度重视和关怀。

虽然民族有其人种、肤色和血统上的生物学基础,但民族的本质是一个历史的、社会的范畴,是在一定地理条件下,经过相当长一段时期发展产生的。贵州省由于地理、历史上的原因,以及以前各时期统治阶级及相应的政治、经济制度长期对少数民族进行压迫和融合,形成了其民族构成极其复杂和混乱的状况。贵州省民委在国家民委、贵州省政府的领导下,本着科学依据第一,民族意愿第二的原则,参考斯大林关于现代民族的四个特征(共同的语言、地域、经济活动、心理素质)的理论,根据贵州省各民族及人们共同体的实际,从其现实特征出发,据其历史、族源、政治、制度、民族关系等情况,结合其服饰、民族称谓的自称与他称等因素,经过分析研究,对于相互近似的人们共同体,尽可能相互合为一体,认为同一民族。有的则确定为某一单一民族,有的确定为某个少数民族的支系,有的则确定为汉族。

在民族识别的过程中,一些人们共同体的识别因多种原因呈现反复的过程。主要分布在黄平、关岭、麻江等地的僷家,虽然其话言、服饰及许多民族特征上与苗族很接近,地域也相连,但由于历史上僷家人与苗族留下了很深的积怨,因而僷家人不愿意认同为苗族。穿青人的识别历史较长,也较复杂。居于贵州西北部穿青人,1955 年以费孝通为首的民族成分调查将其确认为汉族。但穿青人要求识别为单一少数民族的呼声从未中断,认为"穿青"是祖祖辈辈流传下来的名称不能更改,本民族学者和地方民族工作人员也为之努力不息,使得"穿青"作为已识别待定民族引发了许多讨论。20 世纪 80 年代,"自己识别自己"的《贵州省穿青人民族成分重新调查报告》,从调查典型的选取、史料选择、民族认同标准等方面质疑

1955年《贵州省穿青人民族成分调查报告》,强调穿青人与汉族的差异性,认为穿青人直接来源于因战乱而从土家族地区迁徙而来的"土人",要求将其识别为单一少数民族。虽然报告未获批准,但穿青人自我识别的努力不曾中断,相关的讨论也日见其多。其中,1996年,杨然在其博士论文《穿青人问题研究》中认为,"穿青"是多个族群人们的松散联合体,其形成过程是一个汉化过程,并遭受着双重边缘化的命运:既不能融入主流社会,又不被少数民族接纳,处于非汉非苗、非汉非彝的尴尬境地。因此,对于穿青人的民族识别和认同,必须充分关照其边缘化、中间化心理。另外,双重边缘化处境与新中国"民族化"进程的合力倾向于强化其整体意识。鉴于以上两点,加上其族群建构本来就存在"土人"—"俚民子"—"穿青人"的过程,借鉴土家族识别和认同实践的经验,做出了穿青人认同土家族的建言(杨然,2006)。而之,却始终未得到穿青人的肯定性的响应。就是划定为白族的俚民人,部分成员对之也持否定态度。贵州"黎族"人口在黎族总人口中比重1964年、1982年、1990年、2000年分别为0.01%、7.9%、7.3%、4.5%的资料显示,因贵州境内未识别民族"俚民"与"黎"汉语谐音,就挂靠到黎族,也得到了国家承认,贵州"黎族"人口在1982—1990年逐渐增多,而一旦某地部分人群在科学依据上被严格要求而从"黎族"改回去,即排除出"黎族"时,则贵州黎族的总人口数就突然回落(如1990—2000年的变化所示),未认同为黎族的俚民人就成了待识别人们共同体。当然,人们共同体虽然语言、服饰等与汉族相同,地域上与汉族、苗族、瑶族、侗族及其他少数民族共居,国家也确定其为汉族但这些人仍认为自己是一个单一民族,仍保留其民族自称。

总而言之,由于贵州省民族构成状况的复杂性,以及民族识别工作本身的艰巨性、敏感性,决定了民族识别是一个曲折而复杂的过程。虽然现在贵州省实际上只有5种人们共同体60余万人的待识别民族人口,但有的已识别的人们共同体由于某些原因,不愿意遵从国家根据科学依据得出的识别结论,仍保留了待识别时的民族自称,故而造成了贵州省待识别民族人口数量的居高不下。因此,当待识别民族人口的意愿同以科学依据识别出的结论相冲突时,要坚持科学依据第一的原则,同时还需要做大量的、耐心细致的思想工作,尽量不伤害待识别民族人口的民族感情,并使其接受已识别出的科学结论,但这一目标的实现,显然会有一个较长的过程。

第十章 贵州少数民族人口发展预测与分析

第一节 研究方法简介

本次预测基于生命表对贵州2011—2025年人口发展态势进行预测,以获得比较科学合理的预测结果。

首先,以贵州省第六次人口普查提供数据为来源,绘制0~100岁贵州少数民族简略生命表。

然后,利用生命表,使用年龄移算法计算以下数据:

1.育龄妇女人口测算

根据贵州少数民族女性生命表,以2010年贵州少数民族女性人口为依据,我们测算出2011—2025年少数民族育龄妇女人口数量。

2.0岁人口测算

关于0岁人口测算选用了年龄别生育率法建立0岁人口预测模型。

年龄别生育率法从当前育龄妇女的标准化生育频率分布曲线模式$g(x)$(假定为生育模式)出发,设定各预测年的总和生育率和标准化生育率以后,根据$F(x)=g(x)TFR$,得到预测中所需要的$F(x)$,即年龄别生育率,求出每年的女孩出生数[式(10-1)]。

$$B = \sum_{x=15}^{49} W_x \cdot (g_x \cdot \text{TFR}) \qquad (10-1)$$

式中：W_x 为 x 岁妇女人数；g_x 为 x 岁妇女标准化生育率；TFR 为总和生育率。TFR 和 g_x 假设见前文，$x = 15, 16, \cdots, 48, 49$。

然后，假定从 2011—2035 年出生性别比不变，根据出生性别比测算出各年出生男孩数量。

3. 构建 1~100 岁人口存活转移矩阵

矩阵见式（10-2）。

$$_nP_{t_2}(x+n) = {_nP_{t_1}(x)} \cdot \frac{_nL(x+n)}{_nL(x)} \qquad (10-2)$$

式中：x 的取值范围是 0~100 岁；$_nP_{t_1}(x)$ 是在 t_1 时刻年龄在 x 岁至 $x+n$ 岁的人口数；$_nP_{t_2}(x+n)$ 是在 t_2 时刻年龄在 $x+n$ 岁至 $x+2n$ 岁的人口数；$_nL(x)$ 是确切年龄在 x 至 $x+n$ 队列存活人年数；$_nL(x+n)$ 是确切年龄在 $x+n$ 至 $x+2n$ 队列存活人年数。

采用因素法预测，一方面能较好地预测未来时期人口总量的变动趋势，另一方面可以较好地反映不同时期分性别年龄人口状态。在本次预测过程中，只考虑出生和死亡两个因素的影响，抽象掉了贵州人口的国际、省际迁移因素，从而对未来贵州省少数民族分性别年龄人口和总人口等进行预测。本研究主要采用分因素人口预测模型，这种预测方法能够更好地反映未来时期分性别年龄人口的发展状态，预测结果较为准确。

第二节 贵州少数民族人口预测

一、育龄妇女人口测算

根据贵州省第六次人口普查提供民族人口数据和少数民族女性人口生命表，可以比较容易测算出 2011—2025 年民族育龄妇女人口。

根据测算得出数据绘制图 10-1 如下：

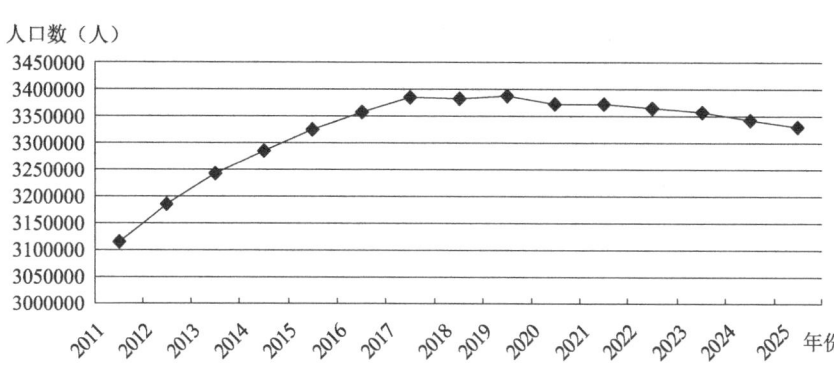

图 10-1 2011—2025 年贵州民族育龄妇女变化情况

从图 10-1 看，贵州育龄妇女人口从 2011 年开始逐年增加，2018 年出现小幅下降，但 2019 年就达到增长峰值 3388608 人。此后则逐年下降，可以看到下降幅度较小，预测终年 2025 年，人口数量依然比 2011 年多 214631 人。

表 10-1 2011—2025 年贵州民族育龄妇女年龄结构变化情况

单位：人

年龄	2011 年	2012 年	2013 年	2014 年	2015 年	2016 年	2017 年	2018 年	2019 年	2020 年	2021 年	2022 年	2023 年	2024 年	2025 年
15~19 岁	560732	608799	652652	676099	680487	675121	647796	603205	569736	528123	496300	476141	462713	453578	453564
20~24 岁	417638	421419	442063	468189	504875	559052	606965	650687	674044	678404	673046	645792	601338	567477	526490
25~29 岁	364510	368141	382684	397326	416476	416023	419792	440355	466384	502934	556898	604627	648178	671441	675785
30~34 岁	389086	391809	378446	371299	362373	363055	366678	381165	395750	414821	414364	418122	438601	464533	500948
35~39 岁	492936	475059	460311	430272	407723	387062	389768	376477	369362	360484	361161	364778	379193	393701	412671
40~44 岁	470436	485339	477317	490376	487083	490034	472539	457479	427714	405315	384775	387473	374251	367181	358349
45~49 岁	419656	434866	448274	450852	464958	466425	481159	473334	486119	482919	485827	468175	453529	424029	401818

数据来源：根据贵州省第六次人口普查统计数据计算。

从表 10-1 各年育龄妇女年龄结构看，发现 2011—2025 年，15~19 岁、20~24 岁、25~29 岁三个年组育龄妇女人数都呈现出波浪形状，而且波动较大，一般最大值与最小值之差在22~32万人,具体表现为15~19岁波峰出现在2015年,20~24岁波峰出现在2020年,25~29岁波峰出现在2025年,每隔5年出现一次峰值。比对2010年贵州少数民族女性人口,发现出现这种现象的原因主要是2010年10~14岁人口有681666人,在所有10~49岁女性人口中数量最多,而测算以5岁为一个年龄组,所以,这批人每五年都会对育龄妇女数量造成影响。

再分析30~34岁、35~39岁、40~44岁、45~49岁四个年龄组人口,可以发现四个年龄组人口相对稳定,人口数量总是在35万~50万人,没有出现较大波动。

二、出生人口测算

有关出生人口测算,我们在分析了第六次人口普查统计数据后,决定采用三个方案预测:方案一,以贵州省少数民族总和生育率2.20计算;方案二,以贵州省第六次人口普查全省总和生育率1.70~1.75计算;方案三,假定总和生育率为1.50计算。

首先,需要计算出2011—2025年贵州少数民族育龄妇女标准化生育率,并绘制生育曲线作为生育模式。

然后,以标准化生育率为依据,测算出在三个方案下2011—2025年贵州少数民族出生女孩数,根据测算绘制出图10-2。

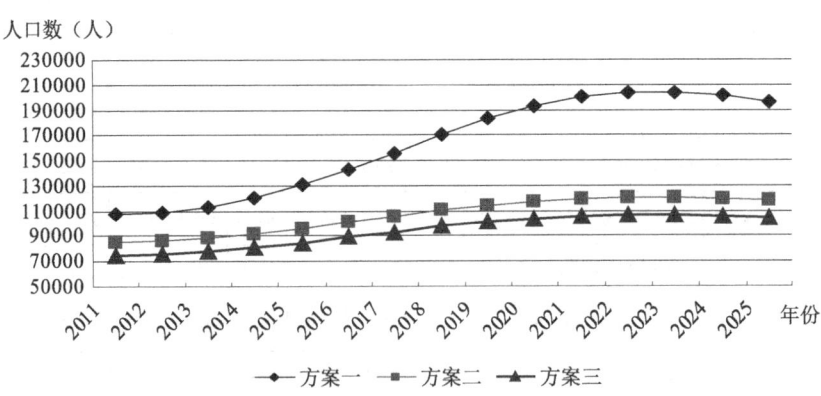

图10-2 2011—2025年不同方案下贵州民族出生人口(女孩)变化情况

从图10-2看到,方案一下贵州民族出生女孩最多,且增长幅度最大,在2022年达到峰值203134人;方案二和方案三出生女孩的增长幅度较小,同样也在2022年达到峰值,分别为方案二120390人,方案三106226人。与方案一相比方案二少

82744人,方案三与方案一相比少96907人。

在出生男孩预测方面,由于出生人口性别比缺乏必要的较多年份的统计数据,所以我们假定第六次人口普查时贵州省少数民族出生人口性别比131为计算标准,并且假定这个数值在未来15年内不变。然后,测算出三个方案下出生男孩数。测算后结果为:三个方案下峰值均出现在2022年,明显方案一增长幅度和速度均快于方案二和方案三。在三个方案下合计出生人口情况如下表。

表10-2 2011—2025年贵州少数民族各主要年份出生人口

单位:人

方案一				
2011年	2015年	2020年	2022年	2025年
248124	301345	445243	469239	452917
方案二				
2011年	2015年	2020年	2022年	2025年
195511	221280	270694	278101	272068
方案三				
2011年	2015年	2020年	2022年	2025年
172510	195247	238848	245383	240060

数据来源:根据贵州省第六次人口普查数据计算。

三个方案下,2022年出生人口均达到最高峰,但从数量看方案一比方案二多出生19万人,比方案三多出生22万人。就三个方案出生人口年均增长率分析,方案一年均增长率4.47%,方案二和方案三一样为2.41%,方案一是方案二和方案三的1.85倍。说明,进一步降低少数民族总和生育率在未来一段时间仍旧不能放松。此外,有一点必须说明,虽然没有对出生人口性别比做预测,但可以判断降低出生人口性别比也对降低出生人口数量有一定帮助。

三、人口总量测算

利用第六次人口普查资料,整理、计算后,绘制出贵州省少数民族简略生命表。

为比较计划生育政策对未来人口的影响,分别使用三个方案对未来贵州民族人口进行预测,方案一:拟定育龄妇女总和生育率为 2.2 测算;方案二:拟定育龄妇女总和生育率 1.7 测算;方案三:拟定育龄妇女总和生育率 1.5 测算。

根据计算结果显示,在预测期内方案一、二、三下,贵州少数民族人口数量都出现增长,仅在增长速度和量度有所区别,具体情况如图 10-3~图 10-5。

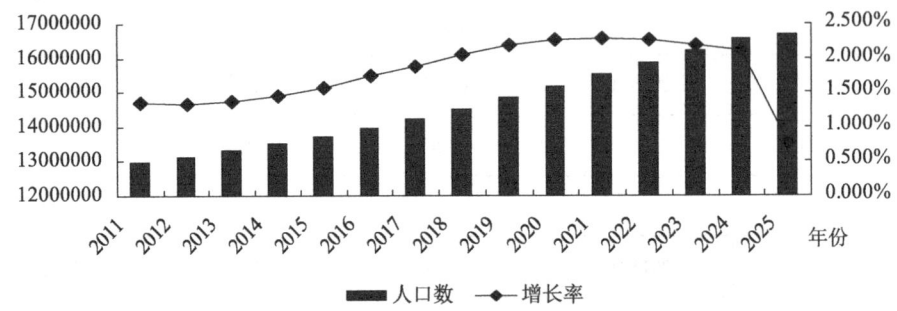

图 10-3　2011—2025 年方案一下贵州民族人口变化情况

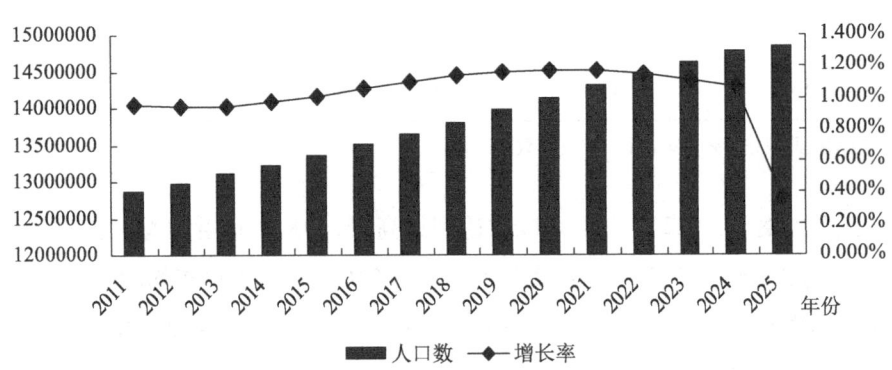

图 10-4　2011—2025 年方案二下贵州民族人口变化情况

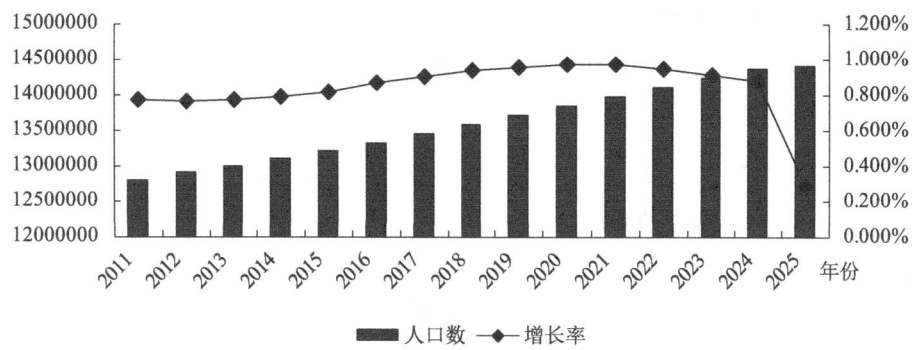

图 10-5 2011—2025 年方案三下贵州民族人口变化情况

从图 10-3~图 10-5 看,方案一增幅最大,方案二和方案三较相似。从具体数据看,方案一到预测期末(2025 年)人口总量比预测期初(2011 年)多 372 万人,而方案二则增加 198 万人,方案三增加 159 万人,方案二和方案三之和也仅为方案一的 96%。

就增长率而言,方案一年均增长率 1.786%,方案二年均增长率 1.022%,方案三为 0.837%,简单比较,方案一增长率是方案二的 1.75 倍,是方案三的 2.13 倍。有个现象值得注意,三个方案下,人口增长率在 2025 年都出现大幅下降,我们判断这种现象应是人口增长达到峰值,或快达到峰值时的表现。为说明这个判断,我们使用 SPSS 软件对 2025 年以后,2026—2035 年贵州民族人口发展状况做预测,预测结果表明 2025 年贵州省少数民族人口发展达到峰值,然后开始逐年下降,如图 10-6 所示。

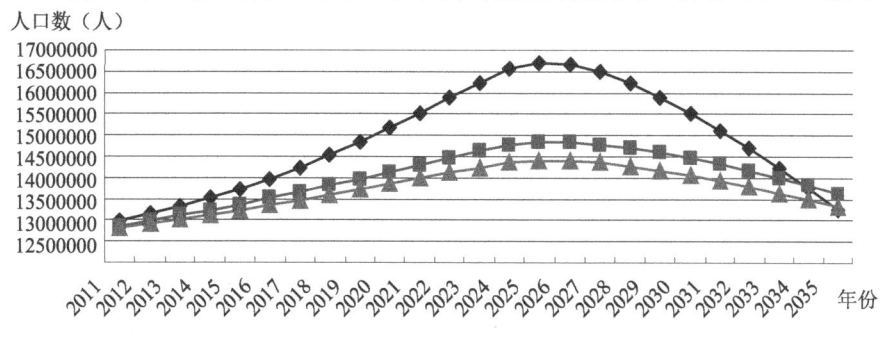

图 10-6 2011—2035 年贵州民族人口变化情况

(四) 人口年龄结构

从少数民族人口年龄结构看,以总和生育率 2.2 为例。绘制出图 10-7 和图 10-8,比较两图发现,2011 年是贵州少数民族人口年龄金字塔是典型的增长型金字塔,然而到 2025 年,即民族人口增长达到峰值时,贵州省民族人口年龄金字塔呈现出静止型年龄金字塔的特征。

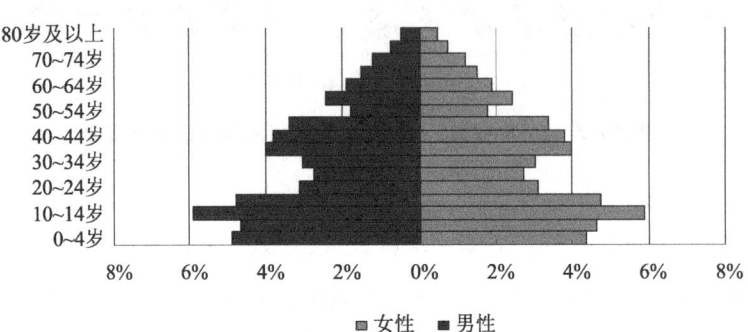

图 10-7 总和生育率 2.2 下贵州民族人口年龄金字塔(2011)

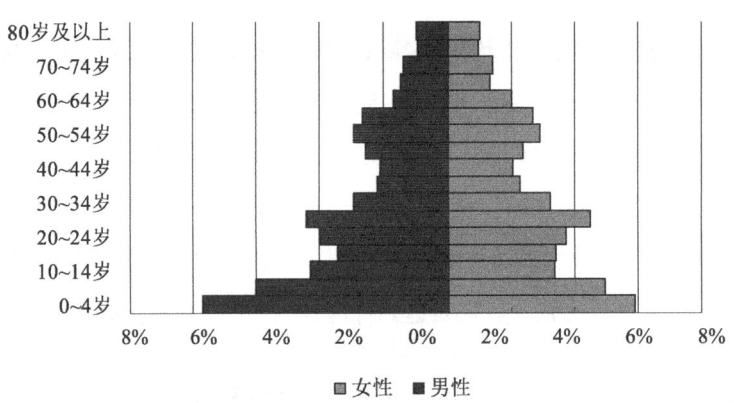

图 10-8 总和生育率 2.2 下贵州民族人口年龄金字塔(2025)

第三节 预测结果分析讨论

从上面预测我们做如下结论:

贵州省少数民族育龄妇女人口和出生人口分别在 2019 年和 2022 年达到峰值

后下降，由于人口的惯性作用，在预测期内（2011—2025年）贵州少数民族人口总量没有出现下降，但是，经过对人口总量年均增长率研究，发现2025年是少数民族人口增长达到最大值的一年，此后人口逐年下降。

对于出生人口讨论，我们假设三个方案。通过分析，三个方案出生人口达到最大值时都在2022年，但区别在于，三个方案下出生人口总量和增长率不同。总和生育率越高，出生人口总量越大，增长率越高。

出生人口性别比虽然没有作为变量进行讨论。但是，根据对出生人口的预测和讨论，可以判定：出生人口性别比如果能进一步下降，出生人口总量将可能更进一步减少。

人口年龄结构看，贵州少数民族人口年龄金字塔在2011年时，是较典型的增长型年龄金字塔，随着时间的推移，高龄人口逐年增加，到2025年其人口年龄金字塔呈现出静止型的特征。同时，使用SPSS进行ARIMA(3,2)模型预测后，结果显示，2025年贵州少数民族人口增长达到最高峰，此后逐年下降。

第十一章　贵州少数民族人口现代化基本战略与实现路径

少数民族人口与发展问题始终是人口学研究中一个经久不衰且十分重要的议题,研究民族人口现代化,本质上是研究少数民族人口发展与民族地区社会经济发展的关系问题。对贵州少数民族人口现代化的研究,不仅对民族自身的发展具有重要的意义,而且具有重要的社会经济意义。首先,民族人口现代化研究对于民族发展具有重要意义。贵州省作为一个多民族聚居省份,各民族人口的数量、质量、结构及其变迁,在很大程度上影响着民族的存在和发展。民族学研究民族形成、发展和消亡的规律,人口是一个不可忽视的重要因素(林耀华,1997)。因此,对少数民族人口现代化的研究,能够加深对民族共同体的认识,从而实现各民族共同繁荣、共同发展的最终目标。其次,人口现代化建设不仅是我国现代化建设的重要内容,而且对于促进民族地区人口、社会、经济、资源环境现代化及可持续发展具有重要意义。人是社会经济活动的主体,因此,人的现代化也是整个现代化建设大业的前提条件和重要内容和根本保障。无论是实现农业现代化、工业现代化,还是实现国防现代化、科学技术的现代化,都不能离开人口的现代化。同样地,我们要进行民族地区现代化建设,少数民族人口现代化是关键,必须超前于整个社会现代化的历史进程(中国人口学会,中国人民大学人口研究所,1994)。因此,实现人口现代化对实现贵州民族地区现代化建设具有重要意义,有利于解决贵州民族地区人口与发展问题。

第一节　少数民族人口现代化基本战略

一、少数民族人口现代化的内涵与内容

(一)少数民族人口现代化的内涵

人口现代化的概念最初是由刘铮在1992年提出的,后来人口现代化逐渐成为国内学术界与相关部门的热点研究问题之一。但是,由于人口现代化问题的复杂性和综合性,学术界对人口现代化的内涵也是众说纷纭,并未达成一致的认识。综观学者们已有的研究,具有代表性的如刘铮(1992)指出,为了更全面、更科学地认识和解决我国的人口问题应该提出人口现代化的问题,并认为人口现代化包含两个方面:一是人口再生产类型的现代化,即向现代人口再生产类型转变;二是人口素质的现代化。顾宝昌(1992)则进一步提出了生育现代化的概念及"三维"观点,认为作为社会现代化与人口现代化的一部分,生育现代化是从传统形态向现代形态的转变,而现代生育形态应该是一个生育率接近于更替水平、晚婚晚育蔚然成风、生男生女没有偏好的局面,认为生育具有三维性:数量、时间与性别。随后穆光宗(1993)对顾宝昌的观点做了进一步的修订与补充,认为生育具有五维性:数量、时间、性别、质量与方式,即生育现代化是生育数量、生育质量、生育时间、生育性别偏好、生育方式从传统型向现代型的转变、过渡或发展。查瑞传(1994)从人口自然变动、人口年龄结构、人口文化教育、人口行业职业分布与人口迁移五个方面对人口现代化特征进行了阐述。张开敏(1994)从生育模式、人口构成与人口素质三个方面阐述了人口现代化所应具有的标准。邬沧萍(1996)从人口再生产类型、人口素质、人口结构、人口迁移和分布的现代化四个方面对人口现代化的内涵进行了阐述。彭希哲(2001)则指出,人口现代化概念的主体是对一国或一个地区人口发展状况的综合描述,至少应包括人口过程(出生、死亡、迁移及城市化)、人口结构和人口质量,并认为发达国家的人口态势从整体上将处于较为现代化的地位。王银秀(2002)认为人口现代化是人口类型或人口变量自传统向现代的演进、转化过程。

陈友华(2003)则认为人口现代化是人口再生产类型由传统型向现代、人口素质不断提高、工业化与城市化齐头并进、经济发展区域现代化的发展变化过程,包含生育现代化、人口素质现代化、人口结构现代化与经济现代化四个方面的内容。

少数民族人口现代化,是指伴随现代化过程产生且与现代化互动或互为基础、互为前提的,以少数民族人口再生产类型、人口素质、人口结构等相关变量从传统向现代转变为标志的,体现了社会历史性、动态性、渐进性、相对性特点(王学义,2005)的少数民族人口发展过程。简而言之,少数民族人口现代化即少数民族人口的各种要素特征或变量由传统型向现代型的转变过程。这里所说的少数民族人口的要素特征不仅仅包括与人口再生产有关的人口数量、规模、出生率、死亡率、人口再生产类型等要素,而且包括人口的质量、构成、分布等要素。可见,少数民族人口现代化的研究,一方面要回答在社会经济发展中如何实现少数民族人口自身的优化、良性发展的问题,另一方面还要回答少数民族人口如何与社会经济发展相协调、相适应并最终实现可持续发展的问题,进而最终实现人的全面发展的终极目标。

(二)少数民族人口现代化的内容

从少数民族人口的各种要素或变量出发,少数民族人口现代化主要应包括三个方面的内容,即少数民族人口数量现代化、少数民族人口素质现代化和少数民族人口结构现代化。

1.人口数量现代化

所谓人口数量的现代化,不能简单地理解为人口总体的规模和水平,更不能片面地认为存在现代化的人口数量和非现代化的人口数量。关于这一点,可以从两个方面进行理解:一是人口总量与其赖以生存和发展的资源总量、资源结构之间的动态协调性,这里之所以强调动态协调性,是因为我们关注的重点是协调的过程、协调的方式和协调的质量,而不将其看作是一种简单的数量关系或数量比例;二是人口再生产类型,人口再生产类型与人口数量有紧密的联系,从"高出生率高死亡率""高出生率低死亡率""低出生率低死亡率"等几种再生产类型看,除了"高出生率高死亡率"型不符合人类发展的基本规律外,其他两种类型都有其合理性(王朝科,2003)。可见,人口数量现代化应包括人口总量现代化和生育现代化。其中,生育现代化主要是生育模式或生育形态由"传统型"向"现代型"逐渐转变或演进的过程,是少数民族人口现代化的基础和保障。无论是从近200余年的世界历史发展进程,还是从人口内在的发展规律来看,没有生育现代化,就没有现代人口转变的完成及人口再生产类型的现代化,也就不会出现建立在现代人口再生产类型基础上的趋于稳定的人口低增长,或零增长,或负增长的现代人口增长模式(王银秀,2002)。并且人口数量及人口增长对一个地区经济社会发展的影响是不言而喻的。人口数量过多、增长过快对一个地区的社会经济发展、资源环境的利用会产生阻碍作用,同时,人口数量过少,会抑制经济生活的消费和需求,也不利于社会经济的发展。因此,人口生育现代化是基础和前提。

如果从生育和生育文化的内涵上来考察一个已经实现了生育现代化的社会,其一定具有以下特征:①生育率达到或接近更替水平后趋于稳定,外界的任何干扰都不致引起生育率的大幅度波动;②严禁近亲结婚、婚前检查等优生优育、努力降低出生缺陷的发生率等预防措施被群众广泛接受,并成为他们的自觉行动,努力提高生育质量成为人们共同追求的目标;③具有现代生育观念,晚婚晚育与少生优生成为人们的自觉行动;④无明显的性别偏好,生男生女都一样,歧视虐待女婴与非医疗或优生优育目的的性别选择性人工流产现象基本绝迹,妇女儿童地位大大提高;⑤生育方式现代化,育龄妇女能接受到优质的生殖保健服务(陈友华,1998)。可见,生育现代化应是包含了人们的生育行为、生育意愿、生育方式、优生优育等内容的现代化。

2.人口素质现代化

人口素质现代化是指人口的生理、心理、科学文化素质对现代社会的适应过程,即人口素质不断提高的过程(陈友华,2003),是人口现代化的核心内容。人口素质,特别是人口文化素质不仅对人口自身的发展具有影响,而且在经济增长的过程中发挥着关键作用,因此,人口素质现代化在实现经济现代化、社会制度现代化过程中的地位和重要作用是显而易见的。

一般来说,人口素质包括身体素质、科学文化素质和思想道德素质,由于思想道德素质很难进行测量,因此,为了方便开展研究,一般在考察人口素质现代化的主要特征时,主要从身体素质和科学文化素质两个方面入手。人口身体素质现代化指人口身体能力适应现代化要求的发展过程,即人口身体素质不断提高的过程。因此,身心健康与协调、延年益寿构成人口身体素质现代化的主要特征;人口科学文化素质现代化指人口群体的科学文化能力适应现代化要求的发展过程,即人口科学文化素质不断提高的过程。因此,平均受教育时间延长、义务教育的普及与提高、文盲半文盲人口及其比例的下降成为人口科学文化素质现代化的主要标志(陈友华,2008)。

3.人口结构现代化

人口结构现代化是指人口内部各构成部分之间的构成方式和比例关系与现代社会、经济、政治、文化、资源环境之间的动态适应性(王朝科,2003),即是人口结构不断优化,从"传统型"向"现代型"转变的过程,是人口现代化的重要组成部分。人口结构,也称人口构成,包括人口的自然构成、地域构成和社会构成三个组成部分。人口的自然结构主要是人口的性别结构和年龄结构;人口的地域构成包括人口的自然地理构成、行政区域构成和城乡构成;人口的社会构成则又分为人口的经济构成和非经济构成,其中经济构成包括产业构成、行业构成、职业构成等,非经济构成包括人口的文化程度构成、婚姻状况构成、家庭状况构成等内容。

人口结构现代化事实上就是使人口结构不断趋于合理优化的过程。如出生性别比正常,各年龄组人口性别比的变动合乎规律,性别结构始终保持一种动态的平衡关系是人口性别结构现代化的主要标志;年龄结构趋于稳定,人口再生产类型由增加型逐渐向静止型转变则是人口年龄结构现代化的主要特征;人口城乡分布合理,城市化率达到一定标准是人口城乡构成现代化的主要内容;文盲人口减少,人口的受教育程度普遍提高是人口文化构成现代化的主要特征;人口在三大产业中的分布合理,产业构成逐渐从传统型向发展型、现代型转变是人口产业结构现代化的主要内容。

二、少数民族人口现代化的战略目标

要以邓小平理论和"三个代表"重要思想为指导,牢固树立和认真落实科学发展观,促进贵州少数民族人口各要素特征或变量由传统型向现代型的转变,实现少数民族人口自身优化、良性发展及人口与社会经济可持续协调发展的目标,进而最终实现人的全面发展的终极目标。为此,首先要转变生育观念,构建科学的人口生育文化,使得少数民族人口生育率达到并稳定在更替水平,实现人口数量现代化;其次要继续加大教育力度,不断提高少数民族人口的科学文化素质,大力发展少数民族地区卫生事业,提高少数民族人口的身体素质,实现人口素质现代化;最后要优化少数民族人口的地区分布及城乡分布,控制并治理出生性别比失调问题,普遍提高少数民族人口的受教育程度,合理布局人口在三大产业中的分布,实现人口结构现代化。

三、实现少数民族人口现代化的基本原则

(一)必须坚持以人为本

由于少数民族人口问题具有特殊性,它不仅仅关系到人自身的发展,还关系到民族发展及民族地区社会经济建设,特别是人口问题与人民群众密切相关,任何一项人口政策的制定与实施都直接关系到人民群众的切身利益,直接影响到人民群众的生活质量和发展机会。因此,我们在制定人口现代化战略决策时,必须要坚持以人为本的原则,以保障人的权利和促进人的全面发展为基本宗旨和基本原则。

(二)必须坚持发展性原则

人口的变动和发展都遵循一定的内在客观规律,且人口发展不是一个静止的现象,而是一个长期变化的动态过程,任何"顾前不顾后,顾左不顾右"的观念都可能导致少数民族人口的加剧或新人口问题的产生,因此我们在制定人口现代化发展战略时就必须具有发展性思维,以动态发展的眼光统筹决策。

(三)必须坚持系统性原则

人口不仅仅是一个单个的变量,更是与社会、经济、资源、环境等方面密切联系又息息相关的,可以说人口与社会经济资源环境等构成了一个大的社会体系,几者相互联系又相互制约,因此,我们在制定人口现代化发展战略时,就必须要坚持系统性原则,不仅要促进人口自身的现代化发展,更要将人口纳入整个大的社会体系当中通盘考虑,促进人口与社会经济资源环境的协调可持续发展。

第二节 贵州民族人口现代化实现路径

虽然贵州省少数民族人口的发展已逐渐在向现代化方向发展,且已取得了一定的成效,但仍存在一些问题,如经济发展相对滞后,欠发达欠开发的省情在一定程度上制约了人口现代化的发展;重男轻女、多子多福等传统生育文化的影响仍然

存在,对转变人口生育模式造成了一定的障碍;教育及医疗卫生事业的发展还需进一步加强,人口素质有待进一步提高;人口性别比失调特别是出生人口性别比失调问题仍然突出,人口老龄化问题日益凸显,人口城市化水平与全省及全国差距较大等人口结构问题亟待解决;人口与资源、环境可持续发展问题还需重视等。因此,鉴于贵州省少数民族人口现代化存在的一系列问题及困境,可以从以下几个方面逐步实现贵州少数民族人口的现代化。

一、加快经济发展,为人口现代化创造良好的经济条件

人口问题是贵州省经济之所以不能迅速发展的最重要的原因之一,而经济落后、生产力不发达又是人口问题产生的一个关键因素。首先,生产力水平提高了,才能创造出更多的能够满足人们各种需要的物质资料,人们的生活水平也就随之有所提高,人口增长与经济发展之间的矛盾可以得到一定的缓和。其次,生产力水平低下,经济落后,导致消费水平低,对孩子抚养教育所投入的费用相应的就少,同时,对家庭经济的贡献也就更多地取决于劳动力数量而非质量,这就更加激发了人们多生的倾向,一些地方因此而陷入了"越穷越生,越生越穷"的恶性循环。最后,经济发展落后,对医疗卫生事业和教育事业等的投入相对就少,也不利于人口素质的提高。因此,要彻底打破人口与社会经济发展不协调的现状,发展经济是必然出路之一。只有经济发展了,生产力水平提高了,才能实现人口与社会经济的协调可持续发展,才能为人口的现代化发展提供一个良好的经济环境。

首先,要加快推进产业结构调整升级。按照新型工业化要求,坚持以市场为导向和政府推动相结合,坚持集聚发展、节约发展和可持续发展,坚持深化体制机制改革和优化工业发展环境,改造提升传统产业,发展壮大支柱产业,培育发展新兴产业,推进优势资源转化,加快建设国家重要能源、资源深加工、装备制造业、特色轻工产业和战略性新兴产业五大基地,着力扩大总量,在扩大总量、增加投资中调整优化结构,转变经济发展方式,实现转型升级,基本形成特色工业经济体系,通过工业的主导带动作用,促进三大产业加快提速、协调发展,促进工业化、城镇化、农业产业化协调互动发展。依托特有优势,积极发展以优质烟酒和民族制药、特色食品、旅游商品为主的特色产业,大力发展龙头企业,支持中小企业、非公经济发展壮大。

其次,大力发展服务业,将民族文化生态旅游培育成为重要的支柱产业。合理

开发和保护各种生态、文化资源,促进优势特色资源转化为经济优势的速度和程度,要充分利用自然风光与民族文化相结合的旅游资源优势,高起点地搞好旅游规划和项目开发,搞好重点风景名胜区、自然保护区和历史文化名城的保护与建设,加强旅游区的旅游基础设施建设,大力提高旅游业管理水平和服务质量,逐步把旅游业培育成为支柱产业。以发展民族地区生态旅游业为先导,加快开发一批新的特色旅游区和景点,力争黔东南州、黔南州等地的生态和民族文化旅游实现突破,发展乌蒙山文化旅游。积极发展森林旅游,规划和建设好一批生态博物馆、民族村镇、旅游度假区和较高档次的旅游接待设施。加快发展商贸流通、交通运输、餐饮服务、金融保险等服务业,运用现代经营方式和服务技术改造传统服务业,积极发展连锁经营、物流配送、电子商务和多式联运等多种组织形式和服务方式,扶持发展一批跨地区、跨行业的多元化投资主体的大型流通企业管理。

最后,不断提高人民生活水平,消除贫困。借助国家"精准扶贫"战略的有利时机,多方面广角度地综合治理贫困问题。一方面要加快贫困地区经济发展的步伐和社会财富的积累;另一方面,要对贫困问题进行综合治理,创新工作机制,整合扶贫资源,完善各项措施,加大扶持和开发力度,增强贫困地区自我发展能力,增强自身"造血"功能,加快脱贫致富步伐。第一,改善生态环境和生产条件。贵州省的贫困问题是与恶劣的自然生态环境联系在一起的,因此,要消除贫困,必须改善这些地区的生态环境和生产条件,改变恶性循环的现状。第二,增强贫困地区群众自身的能力建设,增加教育等社会投入,提高人口的文化素质,注重信息的交流和观念的更新,将贫困人口自觉提高素质与脱贫致富有机地结合起来。第三,积极开发贫困地区的优势资源,把贫困地区的资源优势转变为经济优势、产业优势,大力推进以特色农业为重点的产业化扶贫,促进贫困地区增强自我发展能力。第四,积极改变传统的生活方式,实现贫困地区群众生活方式的现代化。

二、人口生育现代化实现路径

贵州省民族人口的过度增长与经济社会的发展不相协调,已经影响到了贵州省经济社会的可持续发展,因此,控制民族人口的过度增长,适度调节人口规模,稳定低生育水平,实现物质资料的再生产和人口的再生产相协调和平衡,对贵州省经济社会的发展具有重要意义。要控制人口数量,改变人口再生产的现状,促进区域经济社会的可持续发展,必须综合考虑和分析各方面的因素,结合贵州省的实际情况,寻求行之有效的解决途径。

首先,继续贯彻执行现行计划生育政策,尤其在少数民族农村地区稳定低生育水平,在此基础上针对具体情况,逐步推开全面放开"二孩"的生育政策。当前贵州少数民族人口自然增长率虽然有所下降,但这种下降并不是在生产力大力发展、经济高速增长、各项社会事业高水平发展、物质基础雄厚的基础上出现的,而是在人口严重压迫生产力发展、冲击各项社会事业、大大延缓经济发展和社会进步的情况下出现的,因此,在这种情况下出生率的下降并不稳固,稍有松懈,出生率反弹回升的情况随时可能发生。因此,要以科学发展观为指导,继续贯彻实行计划生育基本国策,控制人口数量,提高人口素质,改善人口结构,尤其在农村地区,要不断稳定低生育水平。在此基础上,根据具体情况,对一些人口结构老龄化严重的地区及民族实施全面放开"二孩"的生育政策,鼓励其生育。同时,要切实强化创新人口和计划生育工作机制:保障群众的合法权益,建立和完善依法管理机制;满足群众计划生育和生殖需求,进一步完善农村基层计划生育服务体系建设,重点加强边远山区和少数民族地区计划生育服务机构建设;建立完善适应社会主义市场经济体制的科学管理考核机制。

其次,转变传统生育观念,培育新型生育文化。正如前文所述,现在贵州省虽然已经进入了低生育水平,但并不是十分牢固,尤其在农村地区和民族地区,传统的生育观念依然根深蒂固,这也是民族地区人口问题突出的主要原因。因此,要改变这种传统的生育观念,就必须培育建设新型生育文化。一是要加强宣传教育,可以充分利用现代化的宣传媒介,通过报纸、广播、电视、网络等影响大、覆盖面广的媒介工具来宣传晚婚晚育、男女平等的新型的生育文化,从而引导人们树立正确的生育观。在农村地区,还可以建立专门的计划生育宣传栏、宣传橱窗,同时还可以通过文艺演出的形式开展计划生育"三下乡"活动,挖掘素材,把计划生育法律法规、优生优育、避孕节育知识等融于节目之中,寓教于乐,从而深入到农村进行宣传教育。二是要完善计划生育的相关法律法规,使广大人民群众通过相关的法律法规来规范自己的生育行为。三是加强社区生育文化建设。要通过城市社区和农村村民小组来推广计划生育村民自治、社区居民自治。在农村织牢村级计生组织网络,把责任心强、文化素质高的人员选拔充实到村级领导班子,建立健全计生协会组织,由村民开展自我管理、自我教育、自我服务、自我监督等工作。

最后,不断建立和完善社会保障制度,消除人们的后顾之忧。"多子多福"、"养儿防老"的传统观念在各族群众中根深蒂固,这种观念的产生一方面与我国传统文化相关,另一方面,更多的是与社会保障体系不完备有密切的关系。正如著名经济学家西蒙·库兹涅茨在解释发展中国家人口快速增长原因时所说"多子多孙是由于在它们的经济和社会条件下,很大一部分人认为,他们的经济利益和社会利益在于孩子是家庭劳动的供给,是传宗接代的储备,是在一个由财富构成的、没有保护的社会里的经济和社会保障。"(迈克尔·P 托达罗,1999)因此,建立和完善医疗保障制度、最低生活保障制度、养老保险制度并做好相关的配套措施,特别是在农村地区,同时尽快制订、出台有关农村社会保障的相关政策和法规,使农村社会保障有法可依。与此同时,还要做好相应的宣传工作,使各民族民众能真正"生有所靠、老有所养、病有所医",这样才能有助于消除人们"养儿防老"的心理,促进人们生育观的转变,从而抑制人口的快速增长。

三、人口素质现代化实现路径

人口文化素质特别是科学文化素质的提高,对解决人口与经济社会发展的矛盾具有重要意义。一方面,人口科学文化素质的提高能为经济发展提供技术熟练的劳动力,从而可以提高劳动生产率,促进经济的发展;另一方面,人口文化素质的提高,特别是育龄妇女文化素质的提高,不仅对生育意愿与生育行为起着直接的制约作用,而且还对优生优育、降低婴儿死亡率和提高下一代人口生活质量以及推进国民经济的现代化方面,都起着关键性的作用。因此,要实现人口与经济社会的协调发展,必须要重视教育发展,提升教育发展水平,提高人口的文化素质。

首先,加大教育投资力度,多渠道筹措教育资金。目前我国的教育资金主要来自于国家财政性经费,而我国教育经济占 GDP 的比重偏低。对贵州省而言,特别是一些少数民族偏远地区,GDP 总量本身就不高,使得本身就少的教育经费更少,形成了教育经费少→人力资本积累少→流失严重→经济发展水平低→教育经费少的恶性循环,另外,教育经费被挪用、教育基金利用率低等现象在一定程度上也存在。因此,要坚定不移地继续实施科教兴黔战略,不断加大教育的投资力度。教育在继续争取财政支持的同时,努力开拓其他的资金来源,包括学校自身投入、社会集资、捐赠等。要拓宽办学渠道;发展教育金融,努力提高现有教育经费的使用效率等。

其次,继续高度重视基础教育。要加大宣传和执行《中华人民共和国九年义务教育法》的力度,特别是在农村地区,加强基础教育。一是要加大力度建立"以县为主"的农村教育管理体制;二是要加快九年制义务教育的普及与巩固,确保适龄儿童的入学率,减少适龄儿童的辍学率,特别是要切实解决农村 12~15 岁的儿童受教育问题;三是要增加农村基础教育的经费投入,保证免费九年义务教育在贵州农村的全面实施,特别是加大贫困地区基础教育的投入,完善经费保障机制,将农村教育的经费列为县级政府财政预算支出的范围。同时,要优化教育资源的配置,调整学校布局,降低教育成本,提高教育质量;四是要积极推进教育信息化建设,提高中小学现代化教育程度,加快实施中小学现代远程教育工程,健全中小学计算机教师、卫星教学收视点、教学光盘播放点,以教育的信息化带动教育不断向现代化方向发展。

最后,推动成人教育与职业培训教育的快速发展。面对贵州省的具体情况,在继续抓好基础教育、巩固"两基"成果的基础上,应以服务为宗旨,以就业为导向,大力发展职业教育和成人教育,力争在扩大中等职业教育办学规模和抓好技能型人才培养等方面取得新突破,以期逐步形成以基础教育为基础、职业技术教育和成人继续教育同步发展的教育体系,以不断为贵州经济发展服务。在农村地区,开展农村实用技术和劳动力转移培训,着力培养观念新、有文化、懂技术、会经营的新型农民。将农民职业培训纳入各级公共财政的开支范围,建立政府主导、多方筹集的投入机制,坚持以地方财政投入为主,设立农村劳动力培训专项资金;统筹发展农村基础教育、成人教育、职业教育,完善农村教育培训机制,充分利用农村各种培训资源,举办远程教育、短期培训班、专题讲座和夜校等,多渠道、多形式开展培训。

四、人口结构现代化路径

人口结构是和人口数量、人口质量同一层次、同等重要的范畴,它不仅对人口再生产和人口发展具有重要作用,而且对社会经济的发展也具有不容忽视的影响。如人口的年龄构成,如果少年儿童人口比重增长得过快过大,就会使社会的少年儿童抚养系数日益增大,同时人口发展有失控的危险;反之,少年儿童人口比重如果下降过猛,其比重过小而老年人口比重过大,则老年抚养系数日益增大,长久以往人口发展的非可持续问题也将日益严重,最终必然会影响到社会经济发展。因此,要多举措优化人口结构,使人口的性别构成、年龄构成、城乡构成、文化构成、产业职业构成等与社会经济发展相协调。

首先,控制并进一步遏制出生性别比升高的势头。一要加大宣传力度,建立先进文明的生育文化,对民族婚育习俗采取批判继承的态度,废除不合理的婚育习俗,树立婚育新风,正确对待、利用和发掘民族优秀人口文化;二要提高公民法制意识,加强普法工作,为出生性别比治理创造良好的法制环境。对于计划生育行政,要建立长远规划,进行目标责任考核,并加强执法力度,坚决打击"两非"行为,加强禁止"两非"专项及综合治理措施的执行力度,做好部门组织协调工作,对出生性别比失调进行综合治理;三要改善女性社会地位,创造女性成长生活的有利环境。如提高女孩入学率,对独女户或二女户家庭女孩入学提供照顾,为女性创造良好的工作就业环境,实现男女同工同酬;四要建立利益导向机制,加大对"独女户"和"二女户"家庭的奖励和扶持力度,建立社会养老保障制度,提高老人自养能力,减轻家庭养老负担,从根本上解决女孩家庭和无后家庭的后顾之忧。

其次,积极应对人口老龄化。一要在人口结构老龄化严重、人口红利消失的少数民族地区,积极推行"二孩"生育政策,鼓励生育二孩;二要完善覆盖城乡的基本养老保险制度,为老人养老提供保障;三要加强社区老年服务机构和基础设施建设,加强农村乡镇敬老院、老年活动中心和综合性老年福利服务中心建设;四要大力发展老龄产业,鼓励社会开办各种形式的养老机构和老年护理机构,为老年群体提供医、养、乐等多方面的市场服务;五要倡导"积极老龄社会",加强敬老爱老教育,切实保障老年人合法权利。

最后,继续推进城市化建设。完善推进人口城市化的相关制度,主要包括:第一,深化户籍制度改革。要本着降低门槛、放宽政策、简化手续、规范管理的原则,逐步建立起城乡统一的户籍管理制度。要调整城市户口迁移政策,放宽农民进城、办理城市常住户口的条件,取消"农转非"计划指标限制,逐步实行按居住地划分城乡人口、按职业确定身份的户籍登记制度,最终过渡到用身份证制度代替户籍制度。第二,完善土地制度改革。要正确处理好城市发展与合理用地、切实保护耕地的关系。对于城镇地区,从保护耕地出发,做好城镇土地利用总体规划,合理利用有限的土地资源。对于农村地区,在保持集体土地产权不变的大前提下,赋予集体土地与国有土地平等的交易权,减少中间环节,防止对农地的非法征用,确保农民的土地收益权;积极探索农民进入小城镇、城市后原有承包地和宅基地的流转制度;对已办理城镇居民户口的农民应退出原有承包地和自留地,由集体经济组织统一安排转包,加快土地适度规模经营的推广步伐,促进广大农村剩余劳动力向非农产业转移;对异地新建村民住宅或已经在城镇购买商品房的,应退出原宅基地,由镇或村统一规划使用。第三,完善社会保障制度。实行强有力的城镇就业、入学、养老、失业、医疗等社会保障制度。建立以养老、失业、医疗保险为主体,政府、企业、个人三方共同负担,社会统筹和个人账户相结合,管理和服务社会化,覆盖全省的统一的城乡居民社会保障体系。第四,探索就业制度创新。建立健全劳务输出的民工管理制度,引导民工合理、有序流动,并依法保障农民进城务工的合法权益不受侵犯,对民工就业提供相关的医疗、失业、养老、工伤等制度保障。加大对农民培训和教育力度,大力开展多渠道、多层次、多形式的农民职业技术教育和培训。同时不断促进城镇化发展,充分发挥小城镇在推进人口城镇化中的积极作用,促进少数民族人口城市化的进程。

五、人口、资源环境与经济可持续发展路径

要实现区域可持续发展,就必须要实现人口、资源环境与经济的协调可持续发展。要用科学发展观统领全局,既要"金山银山",又要"碧水青天"。要正确处理经济发展与生态环境保护的关系,不能把发展经济与环境保护对立起来。贵州省委提出的"环境立省"发展战略,提出"保住青山绿水也是政绩"的理念,提出要加快建设资源节约型和环境友好型社会,这些发展战略、理念以及发展目标都与生态环境保护紧密相连,在此基础上,要不断加大生态环境保护力度,走可持续发展道路,为贵州省经济社会发展提供创造良好的生态环境。

1.把转变经济增长方式与可持续发展相结合

传统的以高投入、高污染换取产量的经济增长方式是不可持续的,因此,必须转变经济增长方式。按照可持续发展的要求,经济增长应该从主要依赖物质资本和劳动力数量的增加,逐渐转变到更多地依赖科学技术进步和人力资本提高的轨道上来。为实现经济增长方式的转变,在资源的利用上,就应该坚持资源开发与资源节约并举,在保护中开发,在开发中保护,在生产活动和消费活动的过程中都要

充分考虑到环境和资源的保护和合理开发。努力提高资源的利用率,防止生态破坏和环境污染。

2.发展循环经济,实现人口、资源环境与经济发展的良性互动

循环经济是一种把物质、能量进行梯次和闭路循环使用,在环境方面表现为污染低排放、甚至零排放的一种经济运行模式。传统经济发展模式给贵州资源、环境带来了巨大压力,要保护青山绿水,要节约能源资源,只有将传统经济发展模式转变为循环经济发展模式。发展循环经济,就是要引导今后的产业结构调整方向,改变当前单纯依赖资源优势发展经济的模式。要牢固树立和落实以人为本、全面协调可持续发展理念,紧紧围绕实现经济增长方式的根本性转变,以提高资源利用率为核心,以调整经济结构为主线,以制度创新为动力,完善循环经济发展的基本政策和相关制度措施,建立循环经济的评价考核制度,完善有利于节约资源的财税政策,推进循环型生产方式,建立健全资源循环利用回收体系,建立循环经济促进机制,强化节约意识,完善政策措施,建立长效机制,以资源的高效利用促进经济社会的可持续发展。

3.将资源优势转变为比较经济优势

资源优势是贵州省发展的最大优势,但技术条件、生态环境、市场需求、产品成本等制约性因素的影响使得资源优势与经济优势之间还存在着差距,因此,要发展资源优势产业,变资源优势为经济优势。第一,建立生态、经济复合系统的生态农业模式。目前,贵州省喀斯特山区的农业生产方式为传统的粗放经济方式,无法摆脱农业生产与环境保护这一固有矛盾。要从根本上化解这对矛盾,就必须转变思路,同时进行技术探索,大力发展集经济、社会、环境效益于一体的生态农业,转变传统的农业生产方式为生态农业生产方式。要建立木本粮油生态经济复合系统、优质水果生态经济复合系统、茶叶生态经济复合系统和中药材生态经济复合系统。第二,合理开发与利用丰富的旅游资源,发展生态旅游。生态旅游通过资源开发与保护之间的相互促进,经济效益与社会效益之间的相互协调,以实现资源的可持续利用和区域的可持续发展。在开发之前,应该对环境影响进行评价,明确生态风险,以减少不利影响。在发展生态旅游的过程中,还应注意两点:一是要注重结合当地居民的利益开发生态旅游项目;二是要对游客进行生态环境保护的意识教育,防止各类废弃物的污染。

参考文献

阿伍.布依族的人口分布[J].贵州民族研究,2003(3).

安定江.黔西北彝族婚俗:谈婚[C]//贵州计划生育协会.贵阳:贵州民族出版社,2012:74.

北京经济学院人口所.镇宁、关岭布依族苗族自治县人口调查纪实[J].人口与经济,1987(4).

才让加.对民族地区人口规模动态变化的分析[J].西北民族大学学报(哲学社会科学版),2005(6).

蔡昉,都阳.中国人口与劳动问题报告:刘易斯转折点及其政策挑战[M].北京:社会科学文献出版社,2007.

蔡昉.人口转变、人口红利与刘易斯转折点[J].经济研究,2010.

陈化育.西北地区信仰伊斯兰教人口较少民族经济发展问题研究[J].青海民族学院学报,2008(4).

陈友华.关于人口现代化几个问题的理论探讨[J].人口研究,1998(6).

陈友华.人口现代评价指标体系研究[J].中国人口科学,2003(3).

程聪.贵州民族地区人口素质与旅游业发展刍议——以贵州省三个民族自治州为例[C]//"社会与贵州'十一五'社会发展"学术研讨会暨贵州省社会学学会第四节会员代表大会论文集,2007.

辞海编辑委员会.辞海[M].上海:上海辞书出版社,2007:1211.

邓正琦.重庆少数民族人口数量变动分析[J].重庆师范大学学报,2003(2).

杜鹃.人力资源开发与贵州民族地区的经济发展[C]//"社会学与贵州十一五社会发展"学术研讨会论文集,2006.

贵州侗学会.侗学研究[M].贵阳:贵州民族出版社,1988:150.

参考文献

贵州民族事务委员会.贵州民族工作五十年[M].贵阳:贵州民族出版社,1999.

贵州黔东南州第五次人口普查办公室.黔东南人口的现状与未来[M].成都:四川出版集团·巴蜀书社,2004:25.

贵州省地方志编纂委员会.贵州省志·地理志[M].贵阳:贵州民族出版社,1985.

贵州省地方志编纂委员会.贵州省志·民族志[M].贵阳:贵州民族出版社,2002.

贵州省第六次人口普查办公室.迈向小康社会的中国人口(贵州卷)[M].北京:中国统计出版社,2015.

贵州省第三次人口普查领导小组,贵州省公安厅,贵州省统计局.贵州省人口统计资料汇编(1949—1984)[M].内部发行,1986.

贵州省环境保护厅.2014年度贵州省环境状况公报[OB].http://www.gzhjbh.gov.cn

贵州省计划生育协会.关雎[M].贵阳:贵州民族出版社,2012.

贵州省人口普查办公室.贵州人口发展研究[M].贵阳:贵州人民出版社,2003.

贵州省人口普查办公室.贵州省1990年人口普查资料[M].北京:中国统计出版社,1992.

贵州省人口普查办公室.贵州省2000年人口普查资料[M].北京:中国统计出版社,2002.

贵州省人口普查办公室.贵州省2010年人口普查资料[M].北京:中国统计出版社,2012.

贵州省人口普查办公室.世纪之交的中国人口—贵州卷[M].北京:中国统计出版社,2005.

郭璇.社会性别与贵州民族人口发展[D].贵阳:贵州大学,2009.

国家统计局人口和就业统计司,国家民族事务委员会经济发展司.中国2010年人口普查分民族人口资料[M].北京:民族出版社,2012.

(清)方享咸.苗俗纪闻[M].霞举堂刊本.

何江.贵州少数民族男性生殖健康状况调查研究[D].贵阳:贵州大学,2009.

胡鸿保,张丽梅.民族识别原则的变化与民族人口[J].西南民族大学学报(人文社科版),2009(4).

华骅.贵州少数民族地区人才资源开发现状及对策研究[C]//贵州省社会科学学会年会论文集,2011.

黄才贵.《黔苗图说》与民族识别[J].贵州民族研究,1996(3).

黄荣清.中国各民族人口的增长[M].北京:北京经济学院出版社,1995.

黄荣清.当前我国少数民族人口发展形势分析[J].西北人口,2006(2).

黄荣清.中国各民族人口发展状况的度量[J].人口学刊,2009(6).

贾效儒.安顺市各民族人口受教育程度对当地族群关系的影响研究[D].贵阳:贵州民族大学,2014.

姜永兴.从贵州民族识别工作谈起[C]//广西民族学院民族研究所.民族研究集刊,1985.

蒋焕洲.贵州少数民族地区农村人口城镇化的制约因素及发展路径[J].安徽农业科学,2010(9).

蒋荣.中国少数民族人口布局的变迁及其诱因分析[J].黑龙江民族丛刊,2006(90).

金枫.辽宁省少数民族人口现状、特点及存在问题[J].满族研究,2005(2).

柯劭忞.新元史·卷四十九(地理志)[M].台北:艺人图书馆,2007.

粮丽萍.都市少数民族流动人口的边缘人状况分析——贵州凯里苗族擦鞋群体在昆明的生存状况研究[J].黔南民族师范学院学报,2008(1).

李国和.贵州民族地区人口文化素质与劳动力就业[J].南方论刊,2009(12).

李竞能.人口理论新编[M].北京:中国人口出版社,2001.

李黔滨,杨庭硕,唐文元.贵州民族民俗概览[M].贵阳:贵州人民出版社,2006.

李旭东,张善余.贵州高原少数民族传统生育文化生成的地理背景——从地理环境与文化生成的角度阐述[J].西北人口,2007(5).

李旭东.贵州少数民族人口增长及其地区差异研究[J].贵州民族大学学报(哲学社会科学版),2006(5).

李英勤,梁珊.生态脆弱地区人口较少民族发展问题研究——以贵州毛南族为例[J].凯里学院学报,2011(5).

李英勤.贵州人口较少民族区域发展、扶贫开发与生态建设良性互动机制探析》[J].凯里学院学报,2013(4).

李仲生.人口经济学[M].北京:清华大学出版社,2013.

(清)李宗昉.黔记[M].北京:中华书局,1985.

梁中堂.我国五个民族自治区经济发展与人口变动研究[J].人口学刊,2008(4).

廖艳.民族习惯法对占里人口发展的影响[C]//新中国60周年与贵州社会变迁学术研讨会暨贵州省社会学学会年会论文集,2010.

林耀华.民族学通论[M].北京:中央民族大学出版社,1997.

刘贵清.少数民族地区人口、资源、环境与经济协调发展问题研究[J].贵州民族研究,2013(3).

刘国琴.民族亚文化人群健康状况研究[D].成都:四川大学,2007.

刘萍.浅谈贵州农村少数民族地区养老问题——以家庭养老为研究视角[J].法治与社会,2010(22).

龙翠芳.少数民族人口流动对民族婚姻的影响——以贵州两个村寨为例[J].人口与社会,2009(4).

娄自昌.18世纪末到20世纪中叶苗族从贵州等地向滇东南和中印半岛北部的迁徙[J].文山学院学报,2011(5).

路正.民族地区农村贫困老年人卫生服务需要及利用研究[D].贵阳:贵州财经大学,2012.

罗贤贵.少数民族人口流动与村落变迁——以贵州9个少数民族村落为典型[J].贵州社会科学,2015(7).

骆为祥.少数民族人口分布及其变动分析[J].南方人口,2008(1).

吕华.我国西部少数民族人口的发展趋势与特点研究[J].烟台教育学院学报,2005(28).

吕左.中国·贵州人口研究[M].贵阳:贵州教育出版社,1999.

马克思,恩格斯.马克思恩格斯全集:第3卷[M].北京:人民出版社,2008.

马玉华.试论民国政府对贵州少数民族的调查[J].贵州民族研究,2005(2).

迈克尔·P·托达罗.经济发展[M].第6版.北京:中国经济出版社,1999.

内政部年鉴编纂委员会.内政年鉴(一)[M].北京:商务印书馆,1935.

潘钦瑞.贵州少数民族地区ABO新生儿溶血症[J].中国生育健康杂志,2005(1).

潘治富.中国人口——贵州分册[M].北京:中国财经出版社,1988.

濮予.国家民委、公安部发出通知:暂停更改民族成份的工作[N].中国民族,1990(1).

朴莲玉.黑龙江人口较少民族和谐文化建设研究[J].黑龙江省社会主义学院学报,

2008(1).

任录.贵州少数民族人口和经济发展的宏观认识和思考[J].贵州民族研究,1996(2).

石开忠.鉴村侗族人口长期保持恒定数量探析[J].民族研究,1997(1).

石伶亚.苗族人口的历史变迁及其发展趋势分析[J].湖南省社会主义学院学报,2002(3).

史巧灵,杨文浩,陆卫群.民族人口政策与贵州民族人口均衡发展[J].宜春学院学报,2014(4).

(清)田雯.黔书[M].贵阳:贵州人民出版社,2010.

童玉芬.国外人口与环境关系研究的理论与方法综述[J].中国人口资源与环境,2004(5).

万力.贵州少数民族人口状况及其发展变化分析[J].中国经济,2009(11).

王朝科.贵州省少数民族人口展望[J].中国人口科学,1997(2).

王朝科.民族人口现代化初探[J].西藏大学学报,2003(2).

王献军.贵州"里民人"探寻[J].中南民族大学学报(人文社会科学版),2011(3).

王学义.人口现代化的理论分析框架[J].天府新论,2005(2).

王银秀.关于人口现代化的几点思考[J].人口研究,2002(4).

韦民.民族人口与民族繁荣——关岭布依族苗族自治县调查小记[J].中国民族,1989(6).

温军.中国少数民族地区人口、资源、环境与社会协调发展问题研究[J].资源科学,1999(3).

文海.贵州省首次民族识别工作座谈会在贵阳召开[J].贵州民族研究,1981(3):95-96.

文新宇.苗族婚姻礼俗及其与婚姻法的冲突——贵州省黔东南州雷山县上朗德村苗族婚姻状况调查[EB/OL].中国西部经济法律网,2004-03-30.

吴安华.贵州待识民族人口的初步分析[J].人口研究,1992(4).

吴克尧.黑龙江少数民族人口变化探析[J].黑龙江史志,2004(3).

吴文.彝族人口状况初探[J].人口与经济,1982(6).

(民国)吴泽霖,陈国钧等.贵州苗夷社会研究[M].北京:民族出版社,2004.

谢红梅.贵州省少数民族地方人口素质研究[J].贵州民族研究,2004(2).

严奇岩.贵州未识别民族人口的分布特点和历史成因[J].民办教育研究,2009(2).

严天华,陈秀英.贵州少数民族人口发展与问题研究[M].北京:中国人口出版社,1996.

颜峰.贵州民族人口法律文化研究[D].贵阳:贵州大学,2008.

杨斌.贵州人与全面建设小康社会的关系研究[M].贵阳:贵州民族出版社,2005:90.

杨坚白,胡伟略.人口经济论[M].北京:社会科学文献出版社,2007.

杨军昌.贵州人口与计划生育的形势分析与对策建议[J].贵州大学学报(社会科学版),2001(3).

杨军昌.侗寨占里长期实行计划生育的绩效与启示[J].中国人口科学,2001(4).

杨军昌.贵州民族自治地区的人口与可持续发展问题研究[M].贵阳:贵州人民出版社,2003.

杨军昌.文化、人口文化与民族人口文化研究刍论[J].西北人口,2008(6).

杨军昌.区域人口与社会发展问题研究[M].北京:知识产权出版社,2009.

杨军昌.改革开放以来的贵州人口研究状况述论[J].人口·社会·法制研究,2010(1).

杨军昌.改革开放以来的贵州人口研究状况述论[M]//杨军昌,蒳继志.人口·社会·法制研究:2010年卷.北京:知识产权出版社,2011.

杨军昌.传统与跨越——贵州民族人口文化研究[M].北京:知识产权出版社,2013.

杨军昌.贵州毛南族人口与社会发展问题试论[J].西南民族大学学报(社会科学版),2014(2).

杨军昌,陈萧洁.贵州少数民族地区高龄人口状况与生活质量保障体系建设——基于黔东7个民族县的实证资料分析[J].中国人口科学,2010(S1).

杨军昌,丁仁船,罗凌.欠发达民族社区特困人口迁移扶贫开发与安置问题实证研究[J].贵州民族大学学报(哲学社会科学版),2003(2).

杨军昌,华骅.贵州毛南族人口与社会发展问题试论[J].西南民族大学学报(人文社科版),2014(2).

杨军昌,罗婧.贵州民族地区高龄人口与长寿文化——基于黔东七个民族县的实证资料分析[J].中央民族学院学报(哲学社会科学版),2011(2).

杨军昌,王希隆.黔东南苗族侗族自治州出生性别比失调问题研究[J].妇女研究论丛,2008(4).

杨然.穿青人问题研究[D].北京:中央民族大学,2009.

杨山.贵州三江水族乡强化新任村级人口计生队伍建设[J].人口与计划生育,2011(6).

杨益华.贵州少数民族人口状况与经济发展浅析[C]//贵州省社会学会"民族、区域、社会发展研讨会"暨学术年会论文集,2004.

杨益华,刘中黎.贵州省少数民族地区的教育发展与人力资源开发[J].西北人口,2003(4).

杨应旭.贵州少数民族地区人力资源开发研究[J].西北人口,2008(1).

杨蕴希.贵州民族地区农村女性老年人口养老问题研究——以黔东南苗族侗族自治州为个案[J].学理论,2011(19).

杨宗贵.试析影响少数民族生育的文化基因——以贵州少数民族为例[J].中国人口科学,1994(5).

袁本罡.对人口流动影响下的少数民族村寨权力格局的人类学解读——以贵州省黔东南州旺寨为例[D].北京:中央民族大学,2013.

张昌拥.人口流动对贵州少数民族地区经济发展的影响[J].经济研究导刊,2013(19).

张敏.贵州少数民族地区人口生态文化研究[D].贵阳:贵州大学,2009.

张人位,石开忠.贵州民族人口[M].贵阳:贵州民族出版社,1992.

张天路.贵州民族人口发展和民族繁荣问题[J].中央民族学院学报,1983(1).

张天路.中国少数民族人口五十年[J].民族团结,1999(5).

张兴华.少数民族人口转变阶段探析[J].商品与质量,2010(5).

张正东.关于开展贵州民族识别工作的建议[J].贵州民族研究,1979(1).

张正东.试论贵州少数民族人口问题[J].贵州民族大学学报(哲学社会科学版),1982(1).

赵清源.少数民族地区人口素质对劳动力就业问题的影响分析——以贵州为例[J].中国管理信息化,2013(13).

郑长德.凉山彝族自治州少数民族人口变化研究[J].西北人口,2008(4).

中国人口学会,中国人民大学人口研究所.刘铮人口论文选[M].北京:中国人口出版社,1994.

钟立灿.贵州少数民族人口结构变动对养老保险的影响[J].贵州民族研究,2004(3).

后 记

贵州是一个民族人口大省,民族人口问题历来为社会各界所关注,相关贵州民族人口的研究成果自改革开放以来便迭出不断,内容涉及人口分布与流动、人口结构与发展、人口数量与质量、人口文化、人口政策、人口与经济社会资源环境可持续发展等方面。其中,具有代表性的论著有张人位、石开忠著的《贵州民族人口》(贵州民族出版社,1992 版)和严天华主编的《贵州少数民族人口发展与问题研究》(中国人口出版社,1996 版),两本著作均讨论了新中国成立后至 1990 年第四次人口普查时贵州民族人口的发展状况,并做了相关的分析和预测,是研究贵州民族人口的重要力作,也是本书借鉴、参考的重要著述。

笔者于 2000 年便涉足贵州民族人口的研究事宜,标志是 2001 年在《中国人口科学》第 4 期发表《占里侗寨长期实行计划生育的绩效与启示》一文。之后,也有专著出版和多篇论文发表。虽研究不深,分析不力,但也为本书的写作奠定了一定的基础素材。

《贵州少数民族人口与经济社会发展问题研究》的写作与出版是如下几个因素共同催生的结果。一是第六次人口普查数据汇总面世后,贵州省人口普查办即着手数据的开发研究工作,拟定了一批针对性强、具有理论和现实意义的研究课题,面向全省科研机构、大专院校和政府部门等单位进行公开招标研究,其中笔者申报的课题七"贵州省民族人口发展问题研究"获立项研究,研究阶段性成果以"贵州省少数民族人口变动特点、未来趋向与发展路径"为题发表于《贵州大学学报》(社会科学版)2013 年第 2 期。课题结项后,又载入《贵州人口发展研究(第三辑)——贵州省 2010 年第六次人口普查资料开发课题集》(贵州科技出版社 2014 年 3 月版),2014 年研究报告以"贵州少数民族人口"为题作《迈向小康社会的中国人口·贵州卷》第 9 章,由中国统计出版社 2015 年 1 月出版刊出。二是 2013 年,值贵州大学民族学长江学者团队"学术丛书"报拟选题、撰著出版之机,笔者即以上述研究成果为基础申请选题计划,并开展了研究的拓展工作,断断续续,数至十万有余。三是 2015 年年初,研究项目再被列入贵州大学人文社科奖励性项目的资助。即在原有纲目上,增篇扩目,添新补缺,在课题组成员的分工协作、共同努力下,终于 2016 年年初脱稿送出版社出版。

在书稿写作的过程中,国家先后出台并实行"单独二孩"和放开"全面二孩"生育政策,作为多民族的贵州,实际的政策生育空间并未受到较大影响,而政策效应又需要一定时段才有明显的呈现。因此,本书对"单独二孩"和放开"全面二孩"生育政策对贵州民族人口的影响未有讨论,相关问题下一步我们将进行专题调查分析,特以说明。

《贵州民族人口与经济社会发展问题研究》是一项集体成果汇集。全书共十一章,其中杨军昌撰写第一章、第二章、第三章、第四章、第九章、第十章,杨应旭撰写第七章、第八章,常岚撰写第五章、第六章、第十一章。本书在撰写过程中,得到了省人口普查办、省民研所、贵州大学哲学社会科学研究院、贵州大学明德学院、贵州师大历史与政治学院等单位的支持,也得到了不少专家学者的关心和帮助,在此谨致以深深的谢意。

由于我们知识积累与研究水平有限,书中肯定有不少不足和值得商榷的问题,诚请阅读者赐教指正!

杨军昌 2016 年仲冬于花溪榕筑